U0660722

数据要素赋能商业银行变革

中国建设银行研究院
中国人民大学重阳金融研究院 　课题组　著

中国金融出版社

责任编辑：张怡姮
责任校对：潘　洁
责任印制：陈晓川

图书在版编目（CIP）数据

数据要素赋能商业银行变革／中国建设银行研究院课题组，中国人民大学重阳金融研究院课题组著 .—北京：中国金融出版社，2023.8

ISBN 978-7-5220-2016-7

Ⅰ.①数…　Ⅱ.①中…　②中…　Ⅲ.①商业银行—银行改革—研究—中国　Ⅳ.①F832.33

中国国家版本馆 CIP 数据核字（2023）第 089506 号

数据要素赋能商业银行变革

SHUJU YAOSU FUNENG SHANGYE YINHANG BIANGE

出版
发行　中国金融出版社

社址　北京市丰台区益泽路 2 号
市场开发部　（010）66024766，63805472，63439533（传真）
网 上 书 店　www.cfph.cn
　　　　　　　（010）66024766，63372837（传真）
读者服务部　（010）66070833，62568380
邮编　100071
经销　新华书店
印刷　河北松源印刷有限公司
尺寸　169 毫米×239 毫米
印张　23.5
字数　268 千
版次　2023 年 8 月第 1 版
印次　2023 年 8 月第 1 次印刷
定价　98.00 元
ISBN 978-7-5220-2016-7
如出现印装错误本社负责调换　联系电话(010)63263947

数据要素赋能商业银行变革
编委会

课题总牵头人：彭　钢　王　文

课题总撰稿：邱志刚

撰　　　稿：曹世祥　徐星美　伍　聪

　　　　　　胡睿清　贺　清　刘珂迪

　　　　　　陈　越　朱洋逸

FOREWORD / 序言 /

　　当今世界，百年未有之大变局加速演进，动荡变革的时代对全球金融体系提出了巨大的挑战，同时也赋予了更多的机遇。首先，金融体系呈现出割裂与碎片化发展的态势。2022年乌克兰爆发危机以来，金融领域再次成为欧美实施制裁的关键环节，金融体系受到地缘政治、地区安全等不确定因素的影响陡然加大。与此同时，欧美国家开启了加息进程，为本就脆弱的金融体系蒙上一层阴影。全球金融公共品被"武器化""政治化"，全球金融治理陷入了失调状态；其次，技术成为金融体系变革的重要推动力。数据成为生产要素标志着数字时代已经来临，技术与金融的融合正以前所未有的速度展开。数字科技、人工智能、低碳技术或将成为下一个科技风口，金融的服务方式、生产方式在技术的驱动下正在发生深刻变革，与之带来的是金融服务成本的下降、效率的提高以及覆盖面的扩大，越来越多的长尾人群正在享受到金融服务所带来的红利；再次，解决气候问题已经成为金融体系的重要使命。气候变化问题愈演愈烈，已经成为当前各国必须面对的最紧迫问题。金融在如何更好地支持绿色产业转型方面正在进行探索，然而绿色金融的发展要面临理念的转变、服务方式的升级以及诸多体制机制障碍，全球碳中和进程任重道远。

　　面对全球格局的重塑期与调整期，中国金融业应充分认识到自身的使命，紧抓时代赋予的使命，顺势而为、应时而变，推动金融领域深化改革，朝着金融强国的目标大踏步迈进。

目前，中国的金融体系处于深度转型的进程中。二十大报告对我国金融领域的要求是：深化金融体制改革，建设现代中央银行制度，加强和完善现代金融监管，强化金融稳定保障体系，依法将各类金融活动全部纳入监管，守住不发生系统性风险底线。当前，我国金融法律面临着许多新的议题与挑战，例如，在金融科技时代下，一些新的金融业态在涌现，金融领域的跨区域、跨行业风险加大，发生系统性金融风险的概率在增加，如何完善金融监管法律法规来防范新型金融风险成为新时代完善金融法律体系的重要议题；在支持平台企业"走出去"的过程中，境内金融机构与境外金融机构应更好地服务于海外企业、为其提供全方位金融支持，同时确保海外资产的安全性和收益性。在这个过程中，离不开中国金融法律体系与其他国家乃至国际金融法律在隐私保护、金融数据跨境流动等相关条款的协调。目前，中国已经对金融监管的组织架构做出了深度调整，组建了国家金融监督管理总局，并且加强了金融法律的制定工作。未来，将通过继续完善金融监管体系，支持我国金融业不断扩大对外开放水平，加强我国海外金融机构的利益保护等方面，塑造我国建设金融强国的软实力。

商业银行作为中国金融体系最主要的力量，其形象与品牌价值是展现中国金融实力的重要窗口。根据 Brand Finance 联合英国《银行家》杂志发布《2023 年全球银行品牌价值 500 强》榜单显示，榜单前 50 名银行中，品牌价值缩水的银行比品牌价值上升的银行数量多，工行、建行、农行、中行排名虽未发生变化，品牌价值却出现缩水。提升商业银行的品牌价值以服务我国经济高质量发展、扩大商业银行的全球竞争力是应对国际局势变化的重要途径。商业银行品牌价值的提升应深度融入中国式现代化和中华

民族伟大复兴的进程之中，以金融之力解决中国在新的发展阶段
中遇到的痛点问题，切实提高金融服务能力，发挥金融血脉的作
用，更好地服务小微企业、服务科技创新、服务绿色经济发展。
同时，商业银行品牌价值的提升也是应对全球性的金融风险，积
极参与全球金融治理，构建更加公平的世界金融体系的必要
抓手。

　　本系列丛书旨在看清百年变局之下世界形势的变化，对世界
金融体系所产生的影响，把脉中国金融体系的变革与未来发展，
对决策者、研究者、金融从业者以及社会各界对世界以及中国金
融发展感兴趣的人士提供参考。书中做出的探索仍需要持续深
化，存在诸多不当之处，还请各位读者提出宝贵建议。

数字经济时代的数字要素发展赋能
商业银行变革

第四次工业革命以来，以大数据、云计算、互联网为代表的新一代数字技术蓬勃发展，以数据资源为核心的互联网经济、平台经济、共享经济等新业态、新模式不断涌现，助力中国数字经济的腾飞。数字经济（Digital Economy）是指以数字技术为依托，以数据的生产、流通、消费为支柱的全新经济业态。在数字经济下，数字技术渗透到社会生活的各个领域，人类生活的细节逐渐被数据所利用，数据体量前所未有，数字经济蓬勃发展。2010 年以来，各主要经济体开始将数据相关技术产业的发展上升至国家战略层面，一国拥有的数据规模与数据治理能力，已经成为其国家竞争力的重要组成部分。在中国，随着社会生产的网络化、数字化和智能化，数据作为生产要素发挥的作用日益凸显，2014 年到 2020 年，中国数字经济对 GDP 增长贡献超过 50%，数字产业化增加值规模突破 10 万亿元，成为新冠疫情以来助推中国经济增长的核心力量。

事实上，对数据与经济的探索已经成为近年来学术界研究的热点和前沿。美国社会科学联合会（ASSA）在 2020 年年会上专门举办了大数据子论坛，在 2021 年美国经济学联合会（AEA）年会中，也将大数据在经济中的运用问题作为讨论的重要主题。在国内，一批重要的围绕理论与实践的文章正如雨后春笋般不断涌现。数据，指"进行各种统计、计算、科学研究或技术设计所依赖的数值"，从经济活动角度，数据也可以定义为"可以被编码为一系列 0 和 1 的二进制序列信息"。对于作为生产要素的数据而言，"数据"可以被视为"信息"（information）中不属于"知识"（knowledge）和"创意"（idea）的部分。信息是由二进制位串（bit strings）表示的经济物品（economic goods），知识和创意是信息的子集。因此，知识和创意外的其他信息都是数据，具有即时性、衍生性、外部性、零成本性、非排他性、非竞争性、规模报酬递增等经济属性。作为生产要素，数据本身不能被直接用于经济物品的生产，但却能在生产过程中发挥作用，如创造新知识、预测未来、指导经济物品的生产等。

数字经济时代，数据要素作为新型的生产要素，已成为经济系统的"石油"。中国是数据生产大国，通过数据聚合过程，催化从量变到质变，从而创造更多社会价值。随着数据累积不断加速，数据涵盖领域不断延伸，数据储量不断丰富，数据在政策、经济、社会及技术层面的重要性逐渐凸显。

数据要素发展赋能商业银行变革恰逢其时，"得数据者得天下"，本书系统性地总结了数据要素赋能商业银行变革的理论前沿和试点实践。当前，数字经济蓬勃发展，金融科技方兴未艾，银行转型迫在眉睫。对于商业银行而言，数据要素是新时代商业银行的核心竞争力，认识、了解、开发、应用、维护数据要素，对于实现商业银行内部数字化转型，更好地融入新发展格局，服务实体经济具有重要意义。作为数字经济和金融科技的研究学者，本书参考了国内外大量权威、经典、前沿文献，将学术研究的前沿与具体业务实践结合，将商业银行中大量的示范典型案例进行分析，同时运用规范的学术研究方法对相关案例、论点加以阐述，以期为银行业从业人员、金融监管部门人员和有志于从事数据要素等领域研究的学者提供些许思路和参考。

本书大量吸收了各地区、各类型商业银行数据要素开发利用的先进做法和示范经验，得到了众多机构和专家学者及从业人员的大力支持。中国人民大学重阳金融研究院课题组组织中国人民大学财政金融学院多位学生奔赴全国各地商业银行调研，先后走访了多位一线银行业从业人员和管理人员，了解他们在商业银行业务发展、结构转型中对数据要素应用的看法与面临的困难，在充分调研的基础上整理出了大量第一手资料，在学术界和业界多位专家的反复酝酿下形成了本书最后的逻辑与框架。本书得以顺利出版得到了中国建设银行研究院、中国人民大学重阳金融研究院、中国人民大学财政金融学院在内的多家学术和研究机构的大力支持，在此，谨向各位帮助、关心、支持本书出版的所有单位和个人致以诚挚的感谢！

数字经济时代，金融领域已经成为各路先进生产力和生产要素的突出代表。始终坚守在经济社会发展的第一线，商业银行作为中国金融业的"领头雁"，在百年未有之大变局下，其经营环境、服务对象、技术手段已沧桑巨变，数据要素已经成为商业银行迈向新时代的必由之路。商业银行数据要素蕴含巨大的生产潜力，能否用好数据要素关乎商业银行经营成败。我们首次总结了数据要素赋能商业银行的理论与实践，但一切才刚刚起步，长风破浪会有时，我们愿意同金融业各界一道，紧跟时代步伐，积极探索新时代数据要素赋能商业银行实践，为推动数据要素转化为生产力贡献更多的智慧和方案。

附：主要参与本书相关工作的研究助理有：

胡睿清　贺　清　刘珂迪　陈　越　朱洋逸

CONTENT 目录

第一章 数据要素发展赋能商业银行变革的研究设计

第一节 数据要素市场化改革赋能商业银行转型的时代背景

一、数字经济的蓬勃发展为商业银行转型提供了革命性机遇

数字经济是以数据要素作为关键生产要素，以互联网为基本载体、以信息科技的广泛使用作为结构优化、效率提升的重要推动力的一系列经济活动及其总和。当前，以大数据、云计算、区块链、物联网、人工智能等前沿信息技术为代表的通用目的技术与实体经济深度融合，推动全球数字经济快速发展，带动传统生产方式和产业结构发生深刻变革，加快新兴产业的形成。作为传统成熟行业，银行业首当其冲，数字经济成为重组银行业数据要素资源、重塑全国乃至全球银行业竞争结构、改变商业银行竞争格局的关键力量。

作为新的经济形态，数字经济已经成为后疫情时代推动经济增长的新引擎，数字经济推动全要素生产率的提升。传统生产要素如劳动、资本等对经济增长的贡献率逐渐降低，数字经济成为提升全要素生产率的重要途径。从微观上看，信息技术

的广泛使用最大限度地提高了企业的生产效率和核心竞争力，成为企业绩效的重要来源；从宏观上看，数字经济提升了传统生产要素的生产率，缓解了信息不对称，降低了交易成本，引领新兴产业的持续发展，推动国家核心竞争力的提升。

数字技术与实体经济深度融合，推动了资源配置效率的显著提升。数字技术为实体经济发展提供了融入现实世界的网络空间，通过生产系统、生活系统、自然系统、社交系统的深度融合为实体经济提供支撑，将经济活动中的行为主体信息通过网络迅速联动，推动经济系统中的资源融合渗透，使资源优化得以持续重组聚合，从而降低市场交易和资源配置成本。

数字经济在经济发展中的角色越发重要。2020 年，全球主要国家数字经济增加值达 32.6 万亿美元，数字经济 GDP 比重达 43.7%，到 2023 年，数字经济占比将达 62%。自新冠疫情以来，数字经济为疫情背景下经济复苏作出了重要贡献，2020 年全球 GDP 平均增长 -3.6%，而数字经济依旧保持稳步发展，平均增长 3.0%，成为全球经济下行压力的稳定器，可见，全球已经进入数字经济时代。

数字经济催生数据要素，突破了传统生产要素的边际递减限制和资源禀赋约束。数据要素渗透性高，应用范围广，在各行业、各领域、各生产环节广泛投入应用，改变了传统经济活动中生产要素的参与方式和使用结构，推动产业结构迈向知识密集型、技术密集型、信息密集型、数字密集型转变，突破了传统生产要素的边际收益递减规律的限制，数据要素与劳动要素、资本要素等传统生产要素有机结合，融入生产、消费、交换、分配等各个环境，优化了资源配置效率，颠覆了商业模式，推动了产业结构升级，促进了创业创新，提高了全要素生产率，多方面、多渠道、多途径促进了经济发展（见图 1-1）。

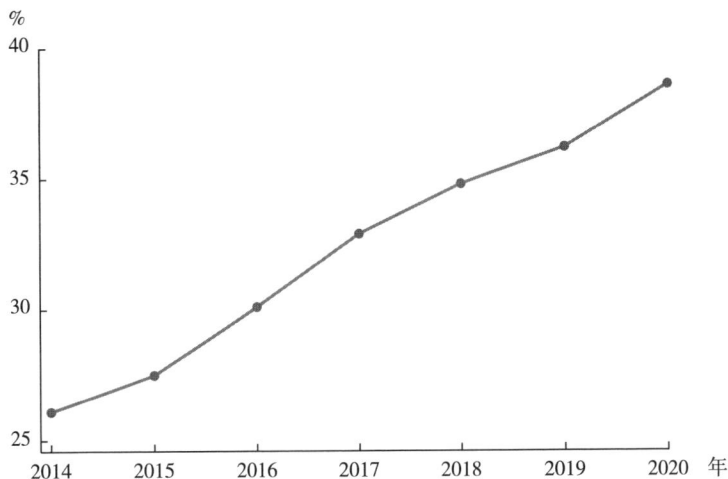

图 1-1　2014—2020 年全国数字经济 GDP 占 GDP 比重

（数据来源：中国信息通信产业研究院，中国人民大学重阳金融研究院课题组整理）

二、金融科技的广泛应用是推动商业银行转型的技术前提和根本保障

金融科技（FinTech），是指金融与科技的动态融合，即大数据、云计算、物联网等新兴技术为金融行业提供全新的解决方案。20 世纪 50 年代以来，科学技术在诸多领域取得了跨越式发展。银行业发展的历史就是一部科学技术发展的历史。20 世纪 50 年代，芯片和磁条技术的广泛使用推动了信用卡的诞生。60 年代，ATM、POS 机等交易机具发明并在银行业迅速普及。70 年代，互联网技术从军用转为民用，并到 90 年代大规模普及，银行业是最重要的参与行业之一。随着移动通信技术的应用普及，银行网银技术日益成熟，客户移动金融需求得到充分满足。

金融科技是一个复杂的生态系统，重塑了银行业竞争格局。金融科技以金融发展的现实问题为导向，在前沿科技创新的引领下实现快速迭代，打破了银行业的竞争边界，带来了全新的金融生态和业务形态。金融科技的市场参与者包括金融机构、科技企业、互联网企业、金融监管机构、消费者、电信运营商等。当前，金融科技主要包括第三方支付、数字信贷、智能投顾、移动银行、数字货币、智能合约等。全球多项技术变革涉及金融科技，技术的成熟使原有的竞争边界和竞争格局被打破，科技金融公司成为传统银行业有力的竞争对手。周小川曾评论道："网络科技、数据货币、区块链等新技术的发展将对行业产生难以想象的影响。"

中国金融科技走在了世界前列。在数字经济背景下，通信技术、电子商务、社交网络的爆发式进步，中国互联网和移动网络普及率全球领先，中国的线上消费、电子支付、大数据征信等技术位居世界前沿，中国对于人工智能、虚拟现实、自动驾驶、工业机器人等第四代科技革命前沿技术的风险投资位居全球前三。中国互联网基础设施超前，互联网金融科技公司发展迅猛，以 BAT 为代表的世界领先级互联网科技企业为中国金融行业技术创新提供了丰厚的土壤。广阔的市场和数以亿计的消费群体，使中国金融产品和服务极具规模效应，推动中国成为全球最大的电子商务和数字支付市场。相对宽松的政策环境和监管态度，使中国的金融科技如雨后春笋般迅速兴起，尽管金融科技在中国发展的实际效果还有争议，但客观上看，中国的金融科技发展的方向正确、优势明显、成效显著。

科技驱动行业发展，银行积极拥抱金融科技。历史经验证明，商业银行从来都是科学技术的积极探索者和实践者，从未缺乏每一次创新。新的技术推动了银行的变革和创新，金融创新加速重构了金融发展模式和竞争格局，作为科技应用的先行者，中国的商业银行加快科技布局，加强技术合作，实现了金融服务的基础数据全天候实时交互。今天，在中国的绝大多数地区，消费者可以在任何时间享受到便捷、高效的数字金融服务。商业银行与金融科技的协同，使商业银行的客户优势、合规优势与金融科技的技术优势有机结合，提高了金融的普惠性；使原本被排斥在金融体系以外的"长尾客户"被纳入金融服务中，突破了金融服务的物理网点和营业时间限制，大幅提升了金融服务的可得性和便利性。同时，金融科技优化了用户体验，增强了客户黏性，使用户可以"足不出户"享受到金融服务，金融服务与场景的深度融合，让金融服务更加"接地气"。大数据技术的广泛使用为个性化金融服务提供了契机，"用户画像"使个性化风险定价和智能投资理财成为现实，提高了客户满意度和银行的盈利空间。最后，金融科技重塑了传统业务流程，使银行业务流程更加专业化、标准化、规范化，多维信息挖掘成为银行反欺诈、风险管理的有效工具，显著地提升了商业银行的风控能力，有效地防范了金融风险。

三、数据要素赋能商业银行转型是银行业高质量发展的战略愿景和重要目标

在数字化不断深入、数据要素成为生产要素的大背景下，商业银行作为存储、处理和使用大量重要数据的金融机构，数据要素对其业务及发展的重要性日益明显，数据传统的支撑型定位无法有效提质增效、赋能一线、支撑决策，商业银行内部大量数据没有发挥应有的价值，对业务战略支撑不足。此外，监管机构对商业银行制定数据战略及开展数据管理工作

也做出了较高要求。对商业银行来讲，将数据管理工作提至战略高度势在必行。

从商业银行监管合规要求来看，金融监管部门对于商业银行制定数据战略提出了明确要求。2018年，银保监会印发了《银行业金融机构数据治理指引》，对银行业金融机构制定数据战略提出明确要求。2021年，全国人大常委会颁布了《中华人民共和国数据安全法》及《中华人民共和国个人信息保护法》，鼓励包括商业银行在内的行业数据依法合理有效利用，保障数据的有序流动，从法律层面为数据安全提供保障，树立数据安全规范，牢筑数据安全之盾。监管机构对商业银行数据治理及数据战略的要求日趋精细、日益严格，商业银行亟须统筹安排数据工作。

从商业银行自身发展看，释放数据生产力是数字化时代商业银行开展全面数字化转型的核心。对商业银行来讲，数据要素逐渐成为推动其转型发展的关键抓手和持久发展的核心生产力。商业银行是我国国民经济的重要单元，在业务快速发展过程中积累了海量的业务数据，具有天然的数据禀赋。这些精确、高密度的业务数据，作为商业银行最基础和最核心的数据资产，对驱动商业银行发展，提升经营质效，具有极大的挖掘价值及战略意义。然而，商业银行因其业务形式复杂、数据规模庞大，难以依靠"散点式"的方法从根本上加强数据能力。因此，商业银行开展全面数字化转型，需制定相应的数据战略，以提供指导方向及配套举措，形成以数据为中心，有针对性的数据规划蓝图，引导并赋能数据的管理和使用，从而释放数据生产力、打造商业银行核心竞争力。

从银行业务开展来看，一直以来数据要素在银行价值链的每个环节都发挥着重要作用，且伴随数字化时代的深入，数据的作用不再仅仅是后台记录的数字、信息等，而是发展成为促使价值链上的业务环节更高质、更高效发展的润滑剂、加速器。从最前端的对客户销售环节，到中端的产品、渠道、运营、生态环节，再到后端财务、风控环节，数据在每个环节每个业务场景中都发挥着不甚相同却同等重要的作用，关注数据、用好数据、发挥数据资产的价值，才能呼应业务发展需求，实现业务战略的愿景及目标。

四、数据要素是新时代关乎我国经济高质量发展和新发展格局的重大战略资源

数据在经济社会发展中的重要性日益凸显，引起了决策层的高度重视。2022 年 1 月，习近平总书记在《求是》杂志发表重要文章《不断做强做优做大我国数字经济》，指出"数字经济事关国家发展大局"；"数据作为新型生产要素，对传统生产方式变革具有重大影响"；"综合判断，发展数字经济意义重大，是把握新一轮科技革命和产业变革新机遇的战略选择"。

党的十八大以来，以习近平总书记为核心的党中央统筹中华民族伟大复兴战略全局和世界百年未有之大变局，深刻把握新一轮科技革命和产业变革发展趋势和规律，就发展我国数字经济作出一系列重要论述、重大部署，指引我国数字经济发展取得显著成就，为经济社会健康发展提供了强大动力。2020 年 3 月党中央、国务院在党的十九届四中全会强调要素市场化基础上，又发布了《关于构建更加完善的要素市场化配置体制机制的意见》，提出了劳动、数据、资本等七大要素进行市场化改革的举措，数据要素第一次作为生产要素单独提出并给予具体的改革与完善意见。2021 年 10 月 18 日，中央政治局就推动

我国数字经济健康发展进行第三十四次集体学习，习近平总书记主持学习并发表重要讲话，深刻阐明发展数字经济的重大意义，总结了我国数字经济发展的显著成就和主要问题，对发展我国数字经济提出一系列明确要求。习近平总书记的讲话，从历史和现实、理论和实践、国内和国际的结合上，深刻阐明我国数字经济发展的根本性、方向性问题，具有很强的理论性、指导性。

数据要素已明确上升为国家数字化战略重点。2021 年 3 月，十三届全国人大四次会议通过的《中华人民共和国国民经济和社会发展第十四个五年规划和 2035 年远景目标纲要》，对激活数据要素潜能、建立健全数据要素市场提出明确指导意见。同时，对于实现共同富裕，达成社会主义的本质规定和奋斗目标，数据要素也起到了不容忽视的重要作用，数据开放是普惠金融数字化改革助力共同富裕的关键。

五、对数据要素发展与数据要素市场化的辩证探讨

从根本上看，数据要素发展与数据要素市场化是同一问题的两个阶段，二者并不冲突。当前，数据要素发展仍处于初步阶段，数据要素市场化阻力重重：数据困境、交易困境、法律困境、标准困境等问题十分突出，数据要素发展未完全市场化。因此，从现阶段看，数据要素发展的核心任务是数据要素市场化改革。把握数据要素发展与数据要素市场化的关系，就是把握长期规划与短期任务的关系。因此，在本书的阐述中，除另有说明外，不对数据要素发展与数据要素市场化改革做明确区分。

六、总结数据要素赋能商业银行变革的理论前沿和实践特征正当其时

在数字经济方兴未艾、金融科技蓬勃发展、商业银行深度转型的时代，数据要素恰逢其时，为赋能商业银行数字化转型带来了重大机遇，在银行业发展中具有划时代的意义。数据是一切创新的基础，数字经济时代商业银行的任何商业模式、业务架构、服务转型都建立在数据要素的基础上。金融科技之所以能够实现金融服务的颠覆式创新，也是因为金融科技海量的数据积累、前沿的技术研发、广泛的数字化应用。

面向新发展阶段，银行业竞争日益激烈，经济发展中的新现象、新问题、新需要也为商业银行提出了新要求，商业银行数字化转型和顺应新发展格局时代需要，既是商业银行转型的客观需要，更是银行业回应重大时政热点、回应时代重大命题的现实需要。经济金融的每一次重大改革，都必然催生也必须依赖新的生产要素，数据要素所萃取的信息和知识，正成为驱动银行业改革发展和商业银行转型升级的新内容、新手段，也会带来新的价值增值。利用数据要素推动商业银行转型已经刻不容缓，本书将聚焦数据要素市场化赋能商业银行转型的理论与实践，紧跟数据要素研究前沿，聚焦数据要素试点实践，评估数据要素发展趋势，总结商业银行数字化转型和服务新发展格局实践，回应商业银行数据治理。

第二节 商业银行数据要素发展探索的主要目标和研究问题

本书主要研究了数据要素发展对商业银行转型的影响，主要包括对内商业银行数字化转型和对外商业银行服务新发展格局两大主线，主要研究内容包括：

1. 阐明数据要素发展赋能商业银行转型的研究设计和研究主题。包括数据要素发展赋能商业银行变革的重大时代背景、数据要素发展赋能商业银行转型的研究主题、理论基础、数据来源和研究方法。

2. 论述数据要素发展的宏观前沿研究进展。包括数据要素发展的阶段性过程和历史演变，以及数据要素的主要特征、经济学解释、历史经验、宏观框架和突出问题等。

3. 介绍数据要素发展的前沿试点实践。主要包括数据要素发展的政策前沿、地方实践、产业和经济化效应与产业化探索的具体经验。

4. 构建数据要素发展独特的指标体系。全面、准确刻画各地数据要素发展的真实样貌。包括数据要素发展指数的构成指标和编制方法，数据要素发展指数的评估结果和区域发展指标的具体解读。

5. 讨论数据要素发展对商业银行数字化转型的影响。在介绍中国银行业发展基本状况的基础上，介绍银行业数字化转型的浪潮和基础设施，详解商业银行数字化转型可能的方向和实践案例，从商业银行数字化经营和数字化风险防范的角度出发，实证研究数据要素发展对商业银行金融风险的影响。

6. 探讨数据要素发展对商业银行服务新发展格局的影响。

商业银行服务新发展格局的核心是服务实体经济。在理论探究金融与实体经济深度融合的基础上，实证研究商业银行助力乡村振兴、服务小微企业、助力产业转型升级、提升消费活力、力推碳金融等方面，最后提出数据要素发展助力商业银行服务实体经济的潜在挑战和细化方案。

7. 总结商业银行数据治理宏观路径和具体实践。在前文的基础上，本部分将总结商业银行的数据治理的内涵与国内外实践状况，阐明商业银行数据要素治理的"八项能力域"，最后讨论数据要素发展的"五位一体"宏观路径。

本书的行文逻辑见图1-2、图1-3。

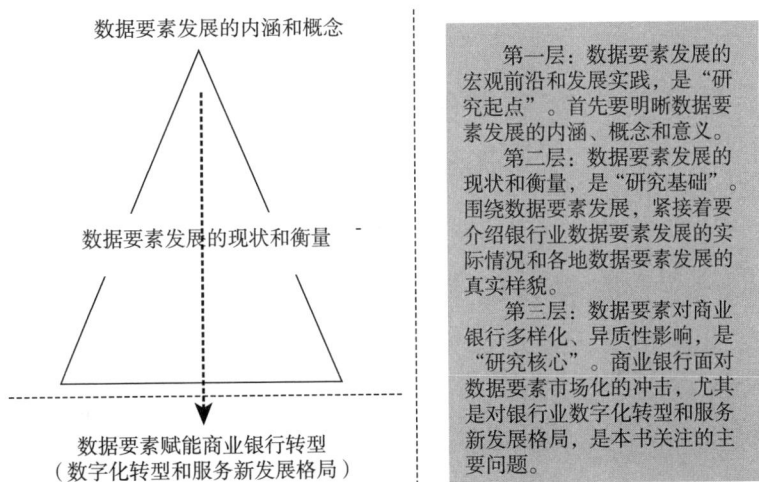

数据要素发展的内涵和概念

数据要素发展的现状和衡量

数据要素赋能商业银行转型
（数字化转型和服务新发展格局）

第一层：数据要素发展的宏观前沿和发展实践，是"研究起点"。首先要明晰数据要素发展的内涵、概念和意义。

第二层：数据要素发展的现状和衡量，是"研究基础"。围绕数据要素发展，紧接着要介绍银行业数据要素发展的实际情况和各地数据要素发展的真实样貌。

第三层：数据要素对商业银行多样化、异质性影响，是"研究核心"。商业银行面对数据要素市场化的冲击，尤其是对银行业数字化转型和服务新发展格局，是本书关注的主要问题。

图1-2　研究逻辑

基于本书的研究逻辑，本书的技术路线和总体编排如下：

图1-3　技术路线

第三节　数据要素发展赋能商业银行转型研究理论基础

一、金融中介理论

金融中介理论集中阐述了金融中介为什么存在和不断发展，相应地也揭示了商业银行应用数据要素转型的根本原因。一般将其分为古典的金融中介理论和金融中介新论。古典理论包括信用媒介论和信用创造论，前者的主要代表人物是斯密、李嘉图等，后者为麦克鲁德、熊彼特等。二者的核心观点是银行的功能分别为信用媒介和信用创造。

20世纪60年代后，学者开始关注金融中介存在的原因，并从不同角度对其进行阐述。金融中介新论的核心观点如下：

其一，流动性与金融中介。Diamond和Dybvig于1983年提出了 D-D 模型，银行可以通过建立活期存款契约实现流动性的转换，让存款人避免了流动性风险，可以在最需要的时间消费，进而提高了市场效率。

其二，交易成本与金融中介。由于阿罗-德布鲁模型假设的完美市场在现实中并不存在，因此学者基于不完美市场证明金融中介存在的必要性。Benston 首先从交易成本角度出发进行阐释，不完美市场产生了包括交易前的信息搜寻、交易时的签约和交易后的监督在内的成本，而金融中介由于可以实现规模经济和范围经济，与个人相比有更大的优势，因此具有降低交易成本的功能。

其三，信息不对称与金融中介。信息不对称最早可以追溯到 Akerlof 提出的"柠檬市场"概念，后 Stiglits 研究了信贷市场的信息不对称问题。Leland 认为，金融中介能够充当信息生产者，通过资产定价间接解决信息质量不高和可得性不足的问题。

其四，价值增值与金融中介。随着经济金融发展，金融机构不仅要更好地担任降低交易成本、解决信息不对称等"中介角色"，还需要能够为金融消费者提供增加值。Scholtens 强调了金融机构的这种"补充角色"，提出金融机构应以客户为导向，提升服务能力。当前商业银行之所以迫切地进行转型升级，正是因为要解决信息不对称等问题、为客户提供更优质的服务来提升综合实力、应对变化的外部环境带来的挑战。

二、金融创新理论

金融创新理论主要研究了推动金融创新的重要因素，由于商业银行运用数据要素，本质上也是一种金融创新，因此该理

论为分析其可能的影响因素提供了基础。金融创新理论核心观点包括:

其一,约束诱导理论。Silber 认为外部金融压制是金融机构创新的"约束"因素,而寻求利润最大化是"诱导"因素,金融创新是机构的一种"自卫性"行为。该理论从供给角度出发,但将金融创新局限在相关机构的行为上,尚未具体阐释推动广义的金融创新的因素。

其二,制度改革理论。以 North 和 Davis 为代表的学者认为,金融创新与经济制度联系密切、彼此依存。金融体系内所有制度改革都可以被称为金融创新。学者对该理论存在不同解读,部分学者认为其实质是制度创新理论,另有学者认为它更接近金融深化理论。

其三,规避管制理论。Kane 认为政府为稳定经济制定的各种金融规章制度与金融机构追求利润最大化的目标有矛盾之处。当矛盾产生时,金融机构就有动机采取措施来规避制度,而创新往往能产生新的金融产品或工具,实现对管制的规避。

其四,财富增长理论。Greenbaum 和 Haywood 认为,财富增长激发了人们对于金融的需求,金融业必须通过不断创新满足金融消费者日益多样化的需要。

三、技术推进理论

技术推进理论也是金融创新理论的主要流派之一,之所以单独论述是因为它直接解释了本课题的研究对象,数据要素市场化改革后,商业银行须以数据要素为核心,推进自身技术创新。该理论由 Hannan 和 McDowell(1984)率先提出,认为技术是推动金融创新最核心的因素，强调科技与金融的融合。他们用自动提款机的数据发现银行业技术的应用与美国市场结构的扩散相关，从而提出新技术推动金融创新的观点。不可否认，技术与金融始终彼此关联、相伴相生，二者的结合为金融业解决信息不对称问题、降低交易成本、提高服务质量和效率提供方案。

目前，正在与金融进行深度融合的新技术主要是：云计算、人工智能、区块链和物联网等，但无论是哪一门新技术，都必须运用到数据要素，这也就奠定了数据要素的基础地位。对于商业银行而言，数据要素的价值和意义并不在于数据信息本身，而是对数据进行整理和运用。银行运用数据要素，也包括结构化、半结构化和非结构化数据，结构化数据指有严格的格式与规范、便于储存和管理的数据，而较为零散、不容易量化规范的数据就是非结构化数据。非结构化数据占比高，却难以被收集利用，如何以较低成本挖掘出数据的最大价值比如何获取更多数据重要。

云计算是一种按量付费的模式，由于可以动态配置资源，因此众多的网络需求可以被快速且有针对性地满足。云计算可以通过分布式计算、效用计算、并行计算、网络存储等技术快速处理和分析数据，故而数据要素往往依托云计算实现其价值。人工智能致力于将人的智能赋予机器，让其能模拟人的思维等。机器学习、神经网络算法（包括深度学习）、遗传和进化算法是人工智能的三种关键技术。机器学习旨在让电脑具有和人一样的"学习"能力，通过机械学习、类比学习、事例学习等获得新的知识和技能，进而改善自身性能。神经网络算法模拟人脑神经元，实现信息的分布式存储和并行协同处理，目的是分析出最佳结果。遗传和进化算法将自然界的进化原理应用到人工智能模型中，通过不断地优化迭代解决更加复杂的问题以及筛选更优策略。区块链是一种记账技术，与密码学融合、依托多方共同参与，目的是使链上的数据难以被篡改。区块链包括公有链、联盟链和私有链。公有链的特点是去中心化、透明性、匿名性，任何人都可以参与，篡改难度高但业务处理效率和环境信任程度低。联盟链具有多中心化、易落地的特点，通常在联盟机构间使用。私有链一般在机构内使用，业务处理效率较高但篡改难度低。物联网是基于互联网的"人人相连"，通过信息传感等设备，让各种物品都能与互联网交流信息、实现互联互通。物联网的技术包括以 RFID 为代表的传感技术（负责获取数据）、互联网技术（通过有线和无线网络实现数据的传输）、嵌入式系统（对数据进行加工处理，再通过屏幕、语音等进行反馈）。物联网是互联网的升级版，其基础和核心依旧是互联网，但它以传感器和智能处理为特征，一方面它可以实时采集和更新数据，另一方面数据处理能力的提高也让它的应用范围更广。物联网按服务对象不同可分为私有、公有和社区物联网，若出现多个服务对象的组合则被称为混合物联网。

第四节 数据要素发展赋能商业银行转型 研究方法和数据来源

一、数据要素发展赋能商业银行转型研究方法

本书总体采用从理论到实践、从文献到分析、从现象到本质的研究路径。科学的理论建立在科学的研究方法之上。本书

运用了多种分析方法，为数据要素市场化改革对于银行业发展的作用与效应提供实用便捷的研究工具。概言之，为历史分析、国际比较、归纳演绎、实证规范，具体阐述如下：

文献研究：通过文献检索的方法，收集和梳理国内外数据要素市场化的政策及做法，为研究提供文本支撑。

归纳演绎：这是经济学研究中常用的方法，归纳分析法是从若干个别事物中分析总结出一般"规律性"的东西。演绎分析法则是从一般规律到特殊的事物。本书用归纳法分析数据要素对银行业整体行业的影响，接着又用演绎法研究数据要素对银行经营管理的效应，从而研究商业银行在应对数据要素市场化的转型之道。

实证规范：本书以实证分析为主，规范分析为辅。实证分析就是对事物的描述和解释，说明"事实是什么"以及"问题如何解决的"，偏重于对事物现象的概括和归纳，即从经济现象出发，总结和分析其内在规律性。本书在数据要素对于银行业务的分析中运用到此种方法。而规范分析是按照公认和传统的价值标准，主要研究事物"应该是什么"或"应该是怎样解决的"，偏重于对规律的推理和演绎，例如本书中在探讨数据要素治理时运用此种方法。

案例研究：在调研中选取调研国有大型商业银行、政策性银行、城市商业银行、股份制银行等成功和失败案例，进行个案分析，剖析其深层次原因，为数据要素市场化对商业银行影响提供实证基础。通过实地走访、调研座谈等方法，组织相关银行部门负责人、专家学者、金融科技公司负责人召开研讨会，通过多种形式征求各相关方的需求，形成参考文件和政策建议。本书进行大量调研，包括文案调研、电话访问、深度访谈、座谈会、参观调研等形式。调研区域广泛，包括中国建设银行、中国工商银行、中国银行、中国农业银行、中国邮政储蓄银行、华夏银行、恒丰银行、上海农商银行、自贡农商银行等商业银行，包括数据管理部、金融科技部、数字银行部、信息科技部、数字银行办公室、深改办等相关部门。

二、数据要素发展赋能商业银行转型数据来源

数据翔实是本书的一个主要特点。由于本课题的分析主要包括数据要素和银行经营两个方面，所用的数据也主要是与银行业务发展相关的数据。具体包括以下几个方面：

数据要素相关数据。主要包括各地区数据要素企业数，各地区金融科技企业数，各地区金融信息服务企业单位数，各地区数据中心数量，各地区非金融机构支付服务企业单位数，互联网金融风险分析技术平台分布、监测情况，数字政府发展指数，是否拥有数据要素管理机构，数据要素发展试点项目规模，数字人民币试点示范，新型信息消费项目规模，数据要素发展政策，数据要素立法，数据要素标准化建设，数据要素专项规划等。

相关金融数据及银行业数据。主要包括全国存、贷款数据和实际存、贷款利率（根据各地区的同期 CPI 进行计算），国内金融市场融资数据，银行业金融机构相关数据等。数据主要来源：中经数据库、Wind 资讯、历年中国金融统计年鉴、各期中国货币政策执行报告、中国人民银行网站金融统计数据等。

第二章 数据要素发展宏观前沿

第一节 从"数"到"数据要素"的发展演变

数的产生是从人类自身的生存、生活需要开始的，是在人类对客观世界观察后得出对事物进行量化的概念，也正是这种需求推进了数到数据的发展。可以说，数据的发展历史就是人类追求美好生活的真实写照。探讨数据要素，必须厘清从"数"到"数据要素"发展的科学演变和内在逻辑。

（一）"数"的产生：逻辑原点

《易九家言》中记载"事大，大结其绳；事小，小结其绳，之多少，随物众寡"，即根据事件的性质、规模或所涉及数量的不同结系出不同的绳结。人们最早可以使用各种颜色、各种材质、粗细不同的绳子构建出数百个绳结，以此来记载人们的生活。数的概念源自人类的计数活动，从萌芽到诞生经历了极其漫长的岁月，可以追溯到人类蒙昧时期。一般认为，数产生于大约 30 万年以前，始于原始人在采集、狩猎等生产活动中，通过对不同事物进行比较，逐渐认识到事物间存在某种共通的特征，即在同类事物中存在最小事物个体，即事物的单位性。同时，意识到非同类事物之间数量的其他共同特点，如数量上相互间可以构成一一对应的关系，这种非同类事物所共有的数量的抽象性质，就是数。

1. 古代中国和西方的"数"

我国古代有诸多关于"数"的观念。《系辞》这样描写天和地："天一地二，天三地四，天五地六，天七地八，天九地十。天数五，地数五，五位相得而各有合，天数二十有五，地数三十，凡天地之数五十有五，此所以成变化而行鬼神也。"《周易》讲："参伍以变，错综其数，通其变，遂成天地之文，极其数，遂定天下之象。"这里把"数"看作理解万事万物的关键。《说文》中注道："一、惟初太始，道立于一，造分天地，化成万物。……"数有奇数和偶数，奇为阳，偶为阴，这些简单的描绘体现了我国古代对数的自然观和对阴阳的数理哲学观。

古代西方哲学也有很多关于"数"的思维。亚里士多德指出，数不是独立存在的，而是具体事物的一种存在方式；他认为离散的是数，连续的是量。欧几里德最早提出数的定义："数是诸单元组成的多"。牛顿认为，数是量与量之间的关系。莱布尼茨把数定义为1加1加1，或定义为单位。康德坚持数是先天的综合判断。黑格尔认为数是存在概念同感性的质的统一。弗雷格指出，数不是主观东西，而是客观存在；他在《算术基础》中这样定义数："属于F这个概念的数是'与F这个概念等数的'这个概念的外延。"胡塞尔在《算术哲学》中，把数定义为"确定的多"。

2. 数字、数制和数量

随着数学知识，特别是数字计算发展的需要，逐步产生了一套不同于文字数字的符号数字。13世纪以前，流行于欧洲各国的罗马数字，由印度人创造，后来传到阿拉伯和欧洲，即阿拉伯数字以及十进制记数法。阿拉伯数字具有简便、易懂等特点，因而逐步被世界各民族所采用，成为世界各国的通用数字。数字比文字而言，具有简洁性、准确性和统一性的特点，更易于信息传播。

数制使表达不同种类事物多寡的概念与同一抽象的数相结合，为计算大量事物的多少以及事物的不同组合奠定了基础。数制是指数字集合必须排列成有先后顺序的序列，即从小到大的序列，也就是自然序列：1、2、3，……有了数制，记数某一集合的事物，就等于将集合中每个成员分别和有顺序的按次第规律与自然序列中的一项相对应，一直到集合中的所有成员对应完为止，对应于集合中最后一个成员的自然序列项，就称为该集合的序数。就数的有序性，美国学者丹齐克认为，"单凭匹配本身是不足以创造出一种计算方法的，若不是我们能够将事物排列成有顺序的次第，进步就是不大可能的。对应和序列，这两大原理已经深深渗透进全部数学——不只是数学，实际是精密思想的全部领域之中，交错地编织在我们数系的锦绣天衣之上"。

数的概念及数字、数制体系构建起来以后，人们从自然数的抽象概念开始逐渐扩展，不断建立起更加完备的、抽象的数的体系。有了数作为基础，测量、比较事物就有了精确表达的语言。量是数学中最基本的概念之一，是客观事物所具有的能区别程度异同的属性。我们将量的内涵理解为事物存在的规模、等级、范围、程度及内部组成要素的结构，是事物可以用数来表示的规定性。量的大小是通过测量获得的，测量是将一个量与作为标准的一个同类量进行比较的过程，标准量就是计量单位。因此，量的表达是由抽象数字构成的数的集合与由物质集合相联系的计量单位构成。

计量单位在古代各地区的不同习惯和认知的影响下表现出

多样化，后来因为了交流和共享的需要，经历了统一计量单位的历史过程。1960 年 10 月十一届国际计量大会确定了国际通用的国际单位制，并确立了 7 个基本计量单位和 2 个辅助单位及其派生单位，其精确度和准确度在科学技术的支持下不断得到提高。

（二）数据的发展：主要内涵

在最新版的《牛津英语词典》中，数据被定义为"被用于形成决策或者发现新知的事实或信息"。根据国际标准化组织的定义，数据是对事实、概念或指令的一种特殊表达方式，用数据形式表现的信息能够更好地被用于交流、解释或处理。在《现代汉语词典》（第七版）中，对于数据的解释是："进行各种统计、计算、科学研究或技术设计等所依赖的数值。"从经济活动的角度，加拿大统计局（2018）将数据定义为"已经转化成数字形式的对于现实世界的观察"。采取数字形式的数据能够被储存、传输以及加工处理，数据的持有者也能够从中提取新的知识与信息。从上述定义中可以看出，数据的概念与信息密切相关，数据在很多时候被视为信息的一种表现形式或者数字化载体。

1. 数据的发展逻辑

从发展逻辑上，数据从某种意义上是数的概念的延伸和扩展，是现代自然科学，特别是信息科学发展的产物。英语中"数据"（data）一词出现在 13 世纪，来源于拉丁语，有寄予的含义。数据的概念是在量的基础上进一步扩展而建立起来的，量成为数据的基本单位。在计算机普遍使用的今天，数字化已成为现实，因此数据形式已经扩展到除"量"之外，数以及可以转换成数字的图形、表格、文字都成为数据的组成部分。数据不仅限于表征事物特定属性，更为重要的是成为推演事物运动、变化规律的依据和基础。

目前学术界对数据尚未有一个统一的定义。对数据内涵的最新认识是基于近年来计算机技术发展的结果，在计算机领域，数据被理解为能够客观反映事实的数字和资料。其内涵包括：（1）数据对客观事物的符号表示，是用于表示客观事物的未经加工的原始素材，如图形、数字、字母等；（2）数据是通过物理观察得来的事实和概念，是关于现实世界中的地方、事件、其他对象或概念的描述；（3）数据是客观对象的表示，是信息的表达，而信息则是数据内涵的意义，是数据的内容和解释；（4）数据的格式往往与计算机系统有关，并随载荷它的物理设备的形式而改变。哲学家认为数据是事物现象的表征，只有通过数据才能获知事物的现象。

2. 数据与信息

数据是人类科学发展到一定程度的必然结果。从数据的本质来看，数据是原始素材，因此它的属性便有客观实在性，是物质世界的一部分。数据的现代思维探讨是伴随信息技术的产生而产生的，两者有很高的关联度，可以说，信息技术的出现，引发信息科学领域关于数据的研究。美国后现代主义者丹尼尔·贝尔的观点具有代表性，他指出，"信息科学技术的发展促使西方资本主义社会进入了一个新的类型的社会——信息社会。"

因此，数据和信息的关系问题成为数据研究的重要方面——数据和信息本属于两个完全不同的概念，数据提炼之后才能成为对人类有用的信息，数据本身是无意义的，只有主体使用它，对客体产生了变化才有意义。数据和信息不可分离，数据承载信息，数据的内涵是信息。控制论的创建者诺伯特·维纳曾经指出，为了"改善"某个或某些受控对象的功能或发展，需要获得并使用信息，"信息就是信息，不是物质，也不是能量，不承认这一点，唯物主义就不能存在下去"。这也引发了关于数据、信息、物质和能量的大讨论，恰恰证实了数据在现代社会中的重要性，以及信息所带来的思维方式和实践方式的变革。

（三）大数据的兴起：时代特征

大数据，又称海量数据，是由数量巨大、结构复杂、类型众多的数据构成的数据集合，其所涉及的资料量规模巨大，在合理时间内达到撷取、处理并整理成为能帮助政府机构和企业进行管理、决策的资讯。1998 年，《科学》（*Science*）杂志的《大数据的管理者》一文中首次开始使用"大数据"一词。

1. 万物数化的大数据

国外学者维克托·迈尔·舍恩伯格和肯尼思·库克耶在《大数据时代》中提出，大数据指不用随机分析法（抽样调查）的捷径，而是采用所有数据进行分析处理。国内学者朱建平等把大数据分为狭义大数据和广义大数据，狭义的大数据是指数据的结构形式和规模，是从数据的字面意义理解；广义的大数据不仅包括数据的结构形式和数据的规模，还包括处理数据的技术。学者黄欣荣指出，从广义来说，大数据指的是一种新的数据世界观，它将世界上的一切事物都看作由数据构成的，一切皆可"量化"，都可以用编码数据来表示。大数据是"海量"的数据，区别于传统数据，它是数据概念的延伸和扩展。从这个角度来说，大数据既包含结构性数据（如数字、符号等信息）、半结构性数据（介于结构化数据和非结构化的数据之间的数据，如 HTML 文档）、非结构性数据（如图像、声音、视频、日志、网页等信息），又包括数据的处理手段和分析技术，其价值功能大大超越传统数据。

在大数据时代，一切事物均可数据化，如文字、空间、人类行为、心理实验、科学研究、图像、语言识别、语音分析等各个领域，都可利用智能设备进行数据采集，利用软件开发系统达到数据化的处理，数据从未显示过如此巨大的作用，人类再没有像此时一样感觉到数据生活所带来的新变化。大数据对于信息产业、制造业、物流业、金融产业、电子商务、城市安全治理等产生了重要影响，大数据与众多产业融合的空间十分广阔。数据可视化和数据的充分挖掘提升了大数据的价值功能，但是大数据价值同样面临伦理学的责难，大数据错综复杂，涉及公众安全和隐私问题，这些因素都为大数据管理带来了新的挑战。

2. 大数据主要特征

在大数据时代，数据无处不在，万物中必然包含数据。因此，复杂性是大数据的基本内涵，流通性是其重要特征，共享性成为必然趋势。

大数据的复杂性，是指今天人类所有的心理和行为都被大数据所记录和保存，数据形式和内容已经远远超过以往任何时期。数据从零散的、单一的、少数的发展至庞大的、海量的、集成化的。大数据与云计算、遥感装置、计算机模拟实验的自然结合，使传统数据加速演化，各个子系统中的子数据交换综合，突破个体和局域，进入巨大的整体的网络系统中。

大数据的流通性，是指大数据能在市场中进行有序流动，通过交易平台以及相应的组织架构来对外不断有序输出数据。传统数据采集往往受到客观条件的限制，处理和传输流通受到阻隔、时效低。在大数据时代，数据的采集、存储、处理和传输均自动智能。人类的每一个足迹，有意或是无意留下的，都能够被捕捉并保留下来，自然界的变化和人类心理及行为的变化也能被全程记录。智能技术、云计算、云端服务、互联网科技使数据处理和传输流通更加顺畅，即便面对丢失的数据，也能通过技术手段找回。因此，大数据能够消除传统数据的弊端，达到有目的性的转换和流通。

大数据的共享性，是指数据开放地运用于各类平台和各类机构中，跨越国界用户通过平台网络可以方便快捷地寻找到自己需要的数据资源。运用互联网技术、云计算、分析软件等技术手段进行大数据研究，进一步对数据挖掘、分析、处理、扬弃，可以为实体商业领域、电子商务领域、医疗卫生领域、政府政治领域、计算机科学领域、社会科学领域共享数据的实现提供可能。大数据时代数据不断消除分离，聚拢整合，从而产生了除传统数据之外的衍生数据，各类数据被积累和利用，大数据的共享性得以实现。

（四）数据要素的形成：一个概貌

进入 21 世纪以后，数据对个人行为、企业决策、产业升级以及经济增长的影响与日俱增。《经济学人》2017 年 5 月的封面文章大胆预言："数据是新的'石油'，也是当今世界最宝贵，同时也是最需要加强监管的资源。"现如今，数据已经出现在经济社会的各个角落，大量的数据被生成、记录与整理。大数据技术和人工智能技术的发展使对于数据的使用贯穿于整个社会生产过程之中。强调数据所发挥作用的数字经济已经逐渐形成。2017 年 12 月 8 日，习近平总书记在主持中共中央政治局就实施国家大数据战略进行的第二次集体学习时指出："要构建以数据为关键要素的数字经济。建设现代化经济体系离不开大数据发展和应用"，数据的生产要素地位得到进一步明确。

1. 宏观政策背景

2010 年以后，各主要经济体开始将数据相关技术与产业的发展问题上升到国家战略层面。一国拥有的数据规模与数据分析处理能力，已经成为其国家竞争力的重要组成部分。2012 年 3 月 29 日，美国政府宣布投资 2 亿美元启动"大数据研究和发展计划"，以应对大数据革命带来的机遇，推进相关研究机构进一步进行科学发现、创新研究和商业转化。2019 年 12 月，美国政府发布《联邦数据战略与 2020 年行动计划》，明确将数据作为一种战略性资源进行开发。2020 年 2 月 19 日，欧盟委员会公布了一系列围绕数据资源的发展规划，包括《欧洲数据战略白皮书》《人工智能白皮书》等多份文件，详细概述了欧盟未来五年实现数据经济所需的政策措施和投资策略，以及构建一个真正的欧洲数据统一市场的发展目标。

在我国，随着近年来数字经济的高速发展，尤其是社会生产过程的广泛网络化、数字化与智能化，数据作为一种生产要素所发挥的作用在社会经济中也已经充分凸显。2019 年 10 月 31 日，中国共产党第十九届中央委员会第四次全体会议通过《中共中央关于坚持和完善中国特色社会主义制度推进国家治理体系和治理能力现代化若干重大问题的决定》。文件中提出，"健全劳动、资本、土地、知识、技术、管理、数据等生产要素由市场评价贡献、按贡献决定报酬的机制"。2020 年 3 月 30 日，中共中央、国务院发布《关于构建更加完善的要素市场化配置体制机制的意见》，明确提出要加快培育数据要素市场，为进一步发挥数据生产要素的作用指明了方向。上述政府文件与发展规划均充分表明，数据生产要素已成为中国经济在高质量发展时期的重点。同时，对于数据经济的探索已经成为近年来经济学研究的热点与前沿。数据生产要素的研究热点已经逐步形成，一批重要的理论与实证文献正如雨后春笋般不断出现。

2. 数据要素与数字技术

数据只有和数字技术相结合，才能成为数据要素。数据首先是数字技术的基础，数字技术包括大数据、计算机、互联网、移动通信、云计算、区块链、3D 打印、人工智能等技术，以及相关软件设计、硬件研制技术。数据具有技术含量才成为生产要素，成为经济活动的数据资源。数据在数字技术体系中处于基础和关键地位，整个数字技术都以数据为工作对象，并在数据基础上形成；而计算机、云计算、互联网等数字技术反过来又为数据运行提供技术和设备。

数据是数字经济的"细胞"。数字经济是以数字技术为基础，通过数字技术融合国民经济各产业的经济活动形式。我国网信办明确，数字经济是指以使用数字化的知识和信息作为关键生产要素、以现代信息网络作为重要载体、以信息通信技术的有效使用作为效率提升和经济结构优化的重要推动力的一系列经济活动。此处"数字化的知识和信息"就是数据。

数字经济以数字技术为基础创造社会产品和服务，而数据又是数字技术的关键。在数字技术尤其是现代信息通信技术广泛应用的环境下，数据成为产业竞争的重要因素，其在国民经济中的地位和作用并不逊于传统农业社会中的土地和劳动、工业社会中的机器和资本，因此成为数据生产要素。

3. 数据要素与传统数据

在数字经济环境下，数据要素超出了传统数据的含义，它是作为数字技术与数据相结合的生产要素。传统数据是指社会经济活动以数字形式反映出来的数量汇集，是统计分析的依据和结果。作为现代信息技术应用于国民经济的生产要素，数据要素具有全新的含义，是指人们借助现代计算机和互联网技术进行捕捉、管理和处理的数据集合，是借助云计算手段处理的信息资产。数据资源更多地指向互联网活动所产生的记录，体现了海量、异构、多样、分布、快速生成、动态变化等特点。

数据要素融入产业有利于提升经济主体决策能力，实现经营管理优化。数据要素的应用既可以借助计算机、云计算对数据进行收集、存储和处理，也可借助互联网平台使之融入国民经济各产业，渗透于社会再生产全过程，还可借助移动通信和应用工具使之融入居民生活。数据要素的应用使人们更好地掌握经济活动规律、优化经济决策方案、合理实施经济行为。

数据要素融入国民经济使数字经济落地生根。作为生产要素的数据，已被企业专门化生产并融入产业中。根据马克思的劳动价值论，数据要素供给源于人类劳动，作为生产要素的数据并非原始数据符号，它是经劳动加工过的产品。人们在数据采集、分析和处理上耗费了劳动，数据产品凝聚了人类劳动，数据交易也要求实现供求双方的利益目标。数据劳动过程的阶段性成果都是数据要素的存在形式，数据要素不同程度地应用于国民经济各产业，使国民经济数字化日益彰显。互联网、大数据、人工智能、区块链等技术的发明应用、整体演进和群体突破，使万物皆可数据化。数据定义万物、数据连接万物、数据变革万物，所有的人和物都将作为一种数据而存在，整个社会生产关系被打上数据力与数据关系的烙印。

第二节　数据要素：新型生产要素

对于生产要素的理解与认识是把握经济发展规律的重要切入点。随着人类文明的进步，生产要素的范围不断拓展。随着信息经济、数字经济等兴起，数据开始被社会各界广泛关注。数据本身代替不了传统的生产要素，而是与传统生产要素融合叠加，形成倍增效应，赋能生产、分配、流通、消费等全环节，因此成为新的要素，助推经济创新发展。党的十九届四中全会决议中提出，"健全劳动、资本、土地、知识、技术、管理、数据等生产要素由市场评价贡献、按贡献决定报酬的机制"，在国家层面将数据纳入生产要素范围。

（一）生产要素的演变：六要素论

生产要素是人类顺应自然规律改造社会所必需的物质资源，当人类第一次从慷慨的自然界捕获到免费的猎物时，"劳动"就悄无声息作为最原始的生产要素被人类用来换取大自然的馈赠。人类社会第一次社会分工是畜牧业和农业的分离，这个时候人类有了开垦土地、春种秋收的农耕经验，"土地"已经作为生产要素得到人类的认可。从刀耕火种到精耕细作，人类农业社会生产水平不断提高，"土地"作为生产要素随着人类的增多变得相对稀有，围绕土地产生的矛盾一直都是社会的主要矛盾。资产阶级古典政治经济学之父威廉·配第认为，土地是财富之母，劳动是财富之父；即土地和劳动都创造财富和价值，因而生产要素又是二元的。可见，土地和劳动是农业社会最重要的生产要素。

　　人类通过蒸汽革命和电力革命迈入工业社会，资本作为第三种生产要素进入人类视野。科技革命的爆发，极大地提高了社会生产力，厂房、设备等物质资料在生产中的作用越来越大，购买这些物质资料所需要的资本数额越来越多，因此需要联合众多资本家共同投资，现代股份制企业雏形由此产生。威廉·配第在其著作《国民财富的性质和原因的研究》中指出："无论是什么社会，商品的价格归根到底都分解成为劳动、资本和土地三个部分或其中之一"，从而确定了三要素说的雏形。萨伊在《政治经济学概论》一书中认为："价值是劳动（或人类的勤劳）的作用、自然所提供的各种要素的作用和资本的作用联合产生的成果"，并明确提出劳动、资本和土地是最基本的三种生产要素。

　　当资本家受制于精力限制无法管理公司时，发展出委托经理人进行管理的企业制度架构，"企业家才能"开始作为新的生产要素登上历史舞台。企业是一个国家经济实力的象征，企业家是指引企业发展的舵手。1890 年，英国著名经济学家、剑桥学派创始人马歇尔在《经济学原理》一书中提出："组织"（我们现在所说的管理或企业家才能）对于生产起着重要的作用，因此他把"组织"列为第四要素。20 世纪 50 年代，美国经济学家西蒙·库兹涅茨运用统计分析方法，对各国经济增长进行分析比较后认为，一国的经济增长能力"基于改进技术，以及它要求的制度的和意识形态的调整"，"先进技术是经济增长的一个允许的来源"；罗伯特·索洛的研究成果也揭示出："技术发展是经济增长后面的长期的主要因素。由于科学技术在推动经济发展中发挥着越来越重要的作用，许多经济学家在进行经济分析时都认为，技术进步是除资本和劳动力之外的现代经济增长的第三个源泉。因此，五要素论的说法逐渐形成。

随着数字经济时代的到来，数据开始渗透进入人类社会生产生活的方方面面，推动人类价值创造能力发生新的飞跃。由网络所承载的数据、由数据所萃取的信息、由信息所升华的知识，正在成为企业经营决策的新驱动、商品服务贸易的新内容、社会全面治理的新手段，带来了新的价值增值。现代工业社会发展到数字经济时代，生产力和生产要素进一步拓展，数据作为新兴生产要素应运而生。正如石油和电力对传统工业经济发展的不可或缺性一样，数据是经济增长和变革的动力，是数据时代下创新和发展的重要战略资源。

我们要看到，传统社会生产要素基本限于劳动力和实物形态的生产资料，人们根据市场信号，参考各种经济、社会或技术信息，进行经济决策。这些市场信号和信息固然重要，却不具独立性和排他性，企业主仅凭职业经验和市场敏感而不付费就可获取，信息尚不构成生产成本。随着信息提供的专门化和有偿使用，信息交易市场也随之出现，但信息要素主要表现为经济活动的外生变量，其规模和程度远远比不上如今的数据要素。特别是数据融入国民经济各产业和社会再生产各环节，数据的作用越来越突出，数据应用成为产业竞争和经济增长的关键。数据成为数字技术的基础，数字技术成为数字经济的支撑，数据也成为数字经济的基础，因此数据是数字经济发展必不可缺的要素。数据应用实现了生产要素从传统向现代的转变，数据要素成为重要的新型生产要素。

特别要注意的是，《关于构建更加完善的要素市场化配置体制机制的意见》给中国经济定义了五大要素，它们分别是：土地、劳动力、资本、技术、数据，和经济学里的定义略有不同，这是我国本着实事求是和与时俱进的精神，结合了中国实际和中国国情，进一步明确了生产要素的内涵而得出的认识（见表2-1）。

表2-1 经济学视域下的生产要素变化规律

项目	第一要素	第二要素	第三要素	第四要素	第五要素	第六要素
农业社会	土地	劳动				
工业社会	土地	劳动	资本			
现代社会	土地	劳动	资本	组织	技术	
数字经济	土地	劳动	资本	组织	技术	数据

（二）数据为什么能成为生产要素：效率探讨

数据成为生产要素，是数字经济发展的客观要求。从生产力角度来看，数据与生产活动相结合，推动劳动工具、劳动者、劳动对象加速革新，促进生产力变革和生产方式重构。总体而言，数据与计算机、仪器仪表、工业母机等设备结合，大幅强化感知、分析、推理、决策、执行等功能，形成高度智能化的机器体系，实现劳动工具的迭代升级。在数据驱动下，劳动者的生产经验、技能需求从体力劳动向智力劳动转变，衍生出新的岗位和职责，人们开始从繁重的重复性体力劳动中真正解放出来，更多地发挥智力特长，更高效地创造社会财富，实现劳动者的改造提升。数据作为人类生产劳动衍生出的原生性和扩展性资源，本身能够成为直接劳动对象，即人们通过加工处理数据挖掘出更多增值服务；同时数据也让原材料、零配件、半成品等生产加工对象具备数字化特性，实现劳动对象的变革。具体而言，包括以下几个方面：

第一，数据要素可以提高劳动生产效率。在劳动者劳动的过程中，依据数据信息能够更加精准快速有效地决策，提高管理层的决策效率和能力,更好地为生产服务。机器设备数据化也可以缩短劳动时间,数据化的生产工具大大提高了生产能力,较少的工人利用先进的设备能够生产出比原来数量更多、品质更好的商品,有利于在缩短劳动时间的基础上提高生产效率。同时,数据要素能有效改进机器、设备的检修、升级时间。在数据推动的智能化生产过程中,机器设备的检修、升级改造时间可以通过数据信息有计划地协调,有效缩短劳动过程中的休工时间,减少生产过程中无用时间的耗费,提高劳动生产率。

第二,数据要素可以提升生产资料周转效率。生产要素的周转,是由商品生产周期、市场供求情况等因素影响,生产资料储备到位之后并未立即进入生产流程,而是在仓库堆积以备待用。通过使用数据信息,生产者可以更加合理地分配原材料的出入库时间,利用智能化可以做到原材料运输和生产过程的无缝衔接,减少不必要的原材料滞留和积压时间,有效地缩短生产资料的储备时间,提升其周转效率。

第三,数据生产要素可以提升自然力作用的效率。自然力作用是在利用原材料加工制作商品时材料的自我反应,受到光照、温度、湿度等自然环境的影响。通过数据要素的加入,可以科学精准地改变每种材料、不同时间自我反应所需的不同自然环境,从而加快反应速度,减少自然力的作用时间。例如,酿酒行业中最需要时间的是粮食的静置发酵时间,通过数据化可以精准控制温度、湿度、菌种密度等发酵环境,从而加速粮食发酵时间,提高发酵效率。精准的数据化控制不仅减少自然力的作用时间,而且无差异的数据控制更有利于稳定产品品质。

第四,数据生产要素可以提升产品流通效率。在生产要素的购买环节，通过利用数据信息，能全程监测生产过程中各种原材料的消耗，一有缺失立刻对标采购部门进行购买，缩短采购部门的层层审批时间，不会耽误生产进度。在商品销售环节，通过客户数据的收集处理分析，得出每个客户的个性化偏好，更精准地向每个客户推荐个性化产品，不仅提高客户购买率，而且使客户能够通过货比三家买到更加心满意足的商品。

概言之，数据要素在生产过程中的贡献体现在可以降低成本，优化资源配置和提高使用效率，改变了人们生产、生活和消费模式，提高了全要素生产率，推动了诸多重大而深刻的变革，对经济发展、社会生活和国家治理产生了越来越重要的作用。因此，数据日益成为重要战略资源和新生产要素。

（三）数据要素如何进入经济系统：理论阐释

在古典经济学的完美世界里，所有参与者均具有完全信息和完全理性，因此不存在不确定性。而此后的主流经济学，是沿着对这一假定条件的批判而不断展开，比如有限理性、理性预期学派、合约理论、博弈论与信息经济学、激励理论、机制设计理论、新规制经济学等，可以说对不确定性问题的解释是现代经济学最丰富的矿藏之一。而数据要素的最大价值，就在于提供丰富的信息，大幅降低甚至在一定程度上消除不确定性，因此其进入经济系统，将对经济运行规律和经济管理理论产生重大影响。

1. 市场、需求与供给

当然我们看到，数据无法单独创造价值，必须进入经济系统里，与其他生产要素相结合并进行互动和循环，才能为经济增长作出贡献。无论是从经济理论演绎还是从行业经验归纳，关于数据要素到底如何进入复杂的经济系统，如何与其他经济要素进行相互作用，如何改变甚至重构商业模式、经济规律和治理规则，是摆在我们面前的重大问题。

从经济系统来说，以市场为核心，需求和供给同时作用于市场，构建一个简要的模型。当数据要素进入经济系统后，它就成为经济要素而内生地影响系统里各个模块的运转。在需求环节，数据与千家万户消费者建立实时联系；在供给和交易环节，数据和土地、劳动、资本、技术一样作为生产要素，进入生产函数和成本函数里发挥作用；数据要素会对经济社会的运行方式产生深远影响，传统的制度环境需要按照数据要素的应用规律进行适应性创新，并以此提高宏观调控能力、国家治理能力，降低市场交易成本。

从需求侧来说，数据要素对经济系统的影响可以总结为两大类效应：一类是"匹配效应"，即通过人货场融合、全链路数字化来降低信息不对称、提高供需匹配效率和增加交易，也就是实现均衡点在需求曲线上的移动和优化；另一类是"扩张效应"，即直接提升需求水平，或者说需求曲线向外扩张。微观个体的需求扩张，加总到宏观就是扩大国民经济内需，提升社会总需求水平。此外，这两种效应不仅作用于产品市场，也同样作用于金融、人力资源等要素市场。

从供给侧来说，数据要素对经济系统的影响主要是提高经济效率。经济效率一般分为"生产效率"和"配置效率"两种。当然，经济学意义上的"生产"并非只是制造业，而是包括农业、制造业和服务业等在内的各种经济活动的统称。生产效率是指在要素投入数量和配置方式既定的情况下，所能得到的最有效率的产出。技术进步、降本增效往往是提高生产效率的主要因素。如果通过优化生产要素的配置方式，特别是通过制度设计让资源从生产效率低的地方流向生产效率高的地方，从而使在要素投入数量没有增加的情况下，产出水平依然可以大幅提高，则为配置效率。一般意义上，微观经济活动更多关注的是生产效率，而配置效率则主要体现在跨行业领域的宏观经济活动中，比如经济体制改革带来了巨大的配置效率的提升。

2. 破除"鲍莫尔病"的新思路

2021 年 9 月 26 日，在世界互联网大会乌镇峰会上，时任国务院副总理刘鹤在视频致辞中指出，要合理界定数字产权，克服"鲍莫尔病"和"数字鸿沟"，实现包容性增长。所谓"鲍莫尔病"，是美国经济学家威廉·鲍莫尔在 1967 年一篇研究经济增长的论文中提出来的。他建立了一个两部门宏观经济增长模型，其中一个部门是"进步部门"（progressive sector），另一个部门是"停滞部门"（nonprogressive sector），进步部门的生产率相对快速增长，将导致停滞部门出现相对成本的不断上升。

就国家全局而言，互联网技术不断拓展新边疆，对产业发展、经济结构、社会生活产生深刻影响，为经济社会发展带来广阔新机遇。但其迅猛发展特别是无序扩张，也带来了一系列负面问题。"鲍莫尔病"的分析框架是以追求绝对效率为理论预设，其趋势就是资本流向回报率更高的行业，导致实体经济空心化，推动技术与资本合流形成"技术利维坦"，并不断向其他相关行业拓展延伸，从而出现垄断、窒息竞争、妨害包容性增长。

数据作为一种新的生产要素，进入经济系统将有助于克服"鲍莫尔病"。一种要素投入如果只是单纯提高生产效率，并没有改变基本商业模式或资源配置方式，我们视为量变；如果它同时还促使基本商业模式或资源配置方式进行重构，提高配置效率，则可以说是产生了质变。数据要素的使用既会产生量变，又能推动质变，量变和质变渐次发生且相互促进。这是由于数字技术具有通用目的属性，因此数据要素进入经济系统后，不仅微观地赋能于每一个生产要素，对各行各业均能产生明显的生产效率提升效应，更重要的是能宏观地推动各种生产要素的配置方式发生本质性改变，从而提升整个经济社会的资源配置效率，克服"鲍莫尔病"。

（四）数据要素的特征：他山之石

数据成为生产要素，引起了国内外学术界的高度重视，并迅速成为各学科研究的热点、焦点问题。代表性的观点有 Jones 和 Tonetti（2020），认为"数据"可以被视为"信息"（information）中不属于"创意"（idea）和"知识"（knowledge）的部分。创意和知识是信息的子类，遵循 Romer（1990）等的定义，被 Jones 和 Tonetti（2020）视为一组能够被用于生产经济物品的指令。在他们看来，所有除了创意和知识之外的其他信息都是数据。作为生产要素的数据，其本身不能被直接用于生产经济物品，但是却能在生产过程中发挥作用——如创造新的知识或者形成对于未来的预测，进而指导经济物品的生产。

数据要素首先是一种虚拟的、存在于数据库与互联网空间中的资源。因此，大多数已有研究都将数据的虚拟性（virtuality）视为该生产要素的一项核心特征（Jones 和 Tonetti，2020）。虚拟性的存在就意味着数据必须以其他生产要素作为载体才能发挥作用。在当前的技术条件下，数据在大多数时候是存在于信息与通信技术产品中的，二者的有效结合被视为目前全球经济增长的主要动力之一（Jorgenson 和 Wu，2016）。虚拟性是数据与其他传统生产要素如劳动力、资本和土地的最主要差异，也是知识、技术、管理和数据等新生产要素的主要特点。

对于数据等虚拟生产要素的依赖，既是数字经济的主要特点之一，也是数字经济与传统经济的主要区别（Mueller 和 Grindal，2019）。除了虚拟性之外，数据还具有非竞争性、排他性、规模报酬递增、强正外部性、产权模糊以及衍生性等特征。

1. 数据要素的非竞争性

除虚拟性之外，数据生产要素的另外一项核心特征是非竞争性。非竞争性一般指一个使用者对该物品的消费并不减少它对其他使用者的供应。同一组数据可以同时被多个企业或个人使用，一个额外的使用者不会减少其他现存数据使用者的效用，数据也因此具有非竞争性（Ac-quistietal，2016）。Veldkamp 和 Chung（2019）也强调，数据的额外使用的边际成本为零，这是数据与其他生产要素之间的一个主要差异。由于非竞争性的存在，任何数量的企业、个人或机器学习算法都可以同时使用同一组数据，而又不会减少其他人可用的数据量，这就决定了数据的高使用效率与巨大的潜在经济价值（Jones 和 Tonetti，2020）。

2. 数据要素的排他性

当数据的规模足够庞大、内容足够复杂和广泛时，数据生产要素就表现出高度的排他性，拥有数据的企业和机构会选择"窖藏"而非分享数据。在现实中，大多数私营机构都不会随意公开自己产生、收集和拥有的各项数据，即使公开这些数据能够创造巨大的经济社会价值（Gaessler 和 Wagner，2019）。数据的排他性还体现在，其他虚拟生产要素（如知识和技术）会随着人事变动或劳动力迁移而公开或扩散，但数据的复杂性和广泛性使其无法被包含在人力资本当中（Jones 和 Tonetti，2020）。以机器学习为例，机器学习产生的知识是公开的，而输入到机器学习算法的数据却是保密的——每家企业都在收集自己的数据，形成训练集之后交由人工智能进行训练、学习。虽然有一些公司将自己的训练数据集公之于众以鼓励研发，然而大多数企业都将数据视为自己的一项核心竞争力而极少公开。Varian（2018）强调，数据公司可能会将一些数据整理、编制起来形成数据集和数据库，并根据某些条款向第三方出售访问和使用许可，利用排他性获得收入。例如，有几家美国的数据公司将美国人口普查数据和其他种类的地理数据合并，然后向第三方出售这些数据的使用许可权，同时禁止转售或重新许可，利用数据的排他性攫取利润。

3. 数据要素的规模报酬递增

数据生产要素的非竞争性进一步产生了规模报酬递增的效应。从企业的角度，其所拥有的数据可以被每一名员工使用，因而数据规模越大、种类越丰富，产生的信息和知识就越多，进而呈现出规模报酬递增的特点。如果数据对于整个行业乃至经济体的参与者开放，数据规模扩大带来的经济价值就将更为可观（Jones 和 Tonetti，2020）。Romer（1990）提出，知识的非竞争性意味着劳动力和知识的结合将形成规模报酬递增的效果。与知识相同，数据生产要素的规模报酬递增也需要与劳动力结合才能体现出来。在 Veldkamp 和 Chung（2019）建立的包含数据生产要素的生产者模型中，商品的产量（Y）取决于生产中投入的数据量（Ω）和劳动力数量（L）。在只考虑竞争性投入（劳动力）的情况下，数据是规模报酬不变的；但若要同时考虑劳动力和数据，数据将会是规模报酬递增的，进而带来生产效率的提升。

4. 数据要素的正外部性

数据的正外部性首先体现在数据收集型企业生产效率的提升上。Schaefer 和 Sapi（2020）发现，使用雅虎搜索引擎的用户，其搜索数据显著改进了该引擎的搜索质量，进而产生了很强的正外部性。一方面，当许多用户输入同一个特定的关键词时，该关键词收集的反馈数据量就会增加。搜索引擎会从用户在搜索结果页面上的点击行为了解用户期望得到的搜索结果，从而提高搜索质量，形成直接的网络效应。另一方面，用户使用搜索引擎的历史越长，搜索引擎的学习速度就越快，这就强化了用户数量增多所带来的正外部性。此外，数据生产要素还通过改善运营、促进创新和优化资源配置的方法，在提升企业组织效率和用户体验上实现正外部性。通过结合和分析来自样车试驾、车间报告和其他来源的数据，宝马公司可以快速发现潜在的问题和漏洞，并在新车型推出之前消除这些问题（Kshetri，2014）。IBM 等拥有较强数据分析能力的科技公司，更是能在几天内完成"分析数据—发现漏洞—解决问题"的全处理过程，从而有效地优化产品维修和养护服务，提高客户满意度。

5. 数据要素的产权模糊性

数据生产要素在产权归属上存在一定的模糊性，其所有权和产生的各项产出在企业和消费者之间的分配尚不清晰。消费者在使用互联网公司等企业提供的各项产品和服务的过程中会产生大量数据。这些数据往往由企业直接收集和整理，消费者在客观上没有处置和使用这些数据的机会。Varian（2018）认为，相较更适用于竞争性物品的"所有权"概念，更应当关注非竞争性数据的"访问权"，理由是数据很少以出售私人物品的方式进行"出售"，而是多被许可用于特定用途。例如，出于安全性的考虑，应当允许多方同时访问自动驾驶汽车的数据，包括引擎、导航系统和乘客的手机等。然而，数据的所有权也会影响数据访问权，数据产权的不同分配方式会对消费者剩余与总社会福利造成影响（Jones 和 Tonetti，2020）。

6. 数据要素的衍生性

各类经济活动的参与者在生产、销售和消费产品和服务的过程中，很早就开始记录各种交易、市场与用户数据，数据在大多数时候是经济活动衍生出的一种副产品，经济活动产生的数据会被金融市场的参与者深入分析，从而影响金融市场投资，进而影响实体经济。资产市场中的投资者会在经济状况良好时进行更多的投资活动，这些投资活动会产生有关当前经济状态的公共数据（Veldkamp，2005）。如果经济状况在形势良好且数据量充足时出现波动，资产价格就会快速调整，从而导致金融市场崩盘；当经济形势不好时，数据的匮乏和高度的不确定性就会降低投资者的反应速度，反过来减少金融市场波动对于实体经济的负面影响。Ordoez（2013）提出，更大的社会投资规模会产生更多反映经济总体状况的数据，进而影响市场信贷行为。当经济整体下行时，创业投资的成功率较低，贷款者从大量创业活动失败的数据中推断出经济在下行，并迅速提高利率以应对更高的违约可能性。当经济不景气时，市场中的利率较高且借贷活动较少；而当经济状况好转时，数量有限的现存创业投资活动也只能产生相应少量的有关经济状况转换的数据，贷款人逐渐了解到这一点，并逐渐调低贷款利率，这又促进了企业投资和产出扩张。由于存在通过分析数据以协助投资决策的现实激励，生产企业和金融机构会自发地记录、整理和存储各项经济活动的有关数据，即使其主营业务与这些数据无关，而数据生产要素的衍生性就体现于此。

第三节　数据要素成为现代生产要素的政治经济学分析

（一）数据演化为现代生产要素的政治经济学依据

1. 理论依据

第一，生产要素是用于商品和劳务生产的经济资源，现代生产要素指现代社会中的核心生产要素。从这个角度来看，数据要素似乎顺理成章地成为数字经济时代的现代生产要素。然而在理论层面上，需要厘清数据为什么能够成为生产要素。数据作为数字化的知识和信息，无论是自然信息还是人类信息，在本质上都是自然资源，前者源于人化自然，后者存在于自在自然，可见，信息本质上属于自然要素。同时，知识是人在实践过程中加工形成的产物，实践是人类知识的重要源泉，知识在本质上是从自然和劳动中派生出来的。数据作为知识和信息的一种特殊存在形式，由知识和信息转化而来，从根源上派生于自然和劳动要素，应该从属于资本。因此，数据从资本中派生出来，符合马克思主义生产要素理论的第一个特征。

第二，数据是否成为生产要素，还要判断数据对生产力的提高是否发挥重要作用。西方经济学中，知识已经作为生产要素纳入经济增长模型，如索罗经济增长模型、RBC 模型等。同时，信息在生产过程中的重要性与日俱增，"科学技术是第一生产力""知识就是力量"，信息逐渐从社会大生产中分离出来，参与生产、交换、消费、分配，成为生产力中一个独特的因素发挥作用，使社会再生产过程顺利进行。可见，作为数据化的知识和信息，数据符合生产要素的第二个特征。

第三，数据能够成为现代生产要素，要说明数据的特殊性在哪里。数据是对事物性质、状态、相关关系进行记载的物理符号，是知识和信息的表现形式和载体，具有特定的内涵，既是人类发明的特殊工具，也是人类社会的特有产物。同时，区别于土地、劳动、资本等传统生产要素，数据需要依附于物质载体进行存储和传播，并且还具备即时性、外部性、衍生性、非排他性、非竞争性等独特属性。因此，数据生产要素的确立并不是西方经济学的理论产物，而是在现代社会历史条件下对马克思主义生产要素理论中国化的继承和发展，是中国特色社会主义政治经济学的重要理论成果。

2. 历史依据

生产要素的发展取决于社会生产力发展水平，在每个历史阶段都会产生与该阶段相符合的生产要素。这是历史唯物主义和辩证唯物主义的基本结论，是社会基本矛盾运动的结果，数据成为现代生产要素，也是历史的必然。历史唯物主义认为，人类社会的基本矛盾运动是生产力和生产关系的矛盾，生产力又是矛盾的主要方面，基本矛盾运动是社会发展的根本动力，生产力是社会发展的最终决定力量。从"农业经济—工业经济—数字经济"的发展过程中，社会生产力不断提高，关键生产要素经过"土地—劳动—资本—管理—数据"的不断演化，每一次生产力的跃进，都伴随生产要素的诞生，从而形成更加先进的生产力来创造物质和精神财富，这是人类社会基本矛盾运动导致的必然结果。

数字经济时代，数据的生产速度前所未有，经济系统涉及面和规模前所未有，经济运行复杂程度前所未用，消费者需求、生产变革、经济运行体系更加趋向于数字化、智能化、信息化。此时，传统生产要素已经不再能够适应复杂的内外部环境和管理，必须通过数据收集、处理、分析来活动新知识和信息，驱动决策来应对经济系统复杂的不确定性。数据具有的非竞争性，能够使其在任意时间被不同地点的任意数量主体同时使用而不产生任何成本，实现了信息互联，极大地提高了知识生产效率，带来了新的经济增长，有效地避免了劳动、资本等要素配置的盲目性，提高了生产的柔性和敏捷性，实现了资源配置效率的最优化。数据生产要素在现代科学技术的条件下产生，数据的广泛使用使现代社会整体步入数字经济时代，在人类社会的历史长河中，数据要素的产生具有划时代的意义。

3. 现实依据

首先，数据成为现代生产要素顺应了我国发展阶段的科学转变。长期以来，我国凭借人口、资源和土地红利，实行"投资拉动""要素驱动""出口导向"的粗放型经济发展模式，在经济长期保持中高速增长的同时，留下了许多深层次问题，包括贸易保护主义、制造业大而不强、金融脱实向虚、房地产市场混乱等诸多问题。面对"三期叠加"的复杂环境，推动传统生产要素向现代生产要素转变，培育新的经济增长点十分迫切。数据在社会再生产过程中产生的润滑作用，有利于降低交易成本，缓解信息不对称，推动资源的合理配置和利用，打通经济循环的堵点，畅通生产、分配、交换、消费的各个环节，培育数据要素市场，释放数据要素红利。因此，数据成为现代生产要素对推动以国内大循环为主，国内国际双循环的新发展格局具有重要战略意义。

其次，数据成为现代生产要素得益于我国社会主义市场经济体制的不断完善。改革开放四十多年以来，我国社会主义市场经济建设取得了显著进步，商品市场基本整合，97%以上的商品和服务价格已由市场决定。然而，我国要素市场发育相对滞后，要素市场化明显不足，资源配置效率不高、要素自由流动等问题突出，严重影响了市场在资源配置中决定性作用的发挥。党的十九届四中全会提出健全劳动、资本、土地、知识、技术、管理、数据等生产要素按市场评价贡献，按贡献决定报酬的机制。中共中央与国务院的《意见》也对数据要素市场化提出了改革和发展的方向和要求，巩固了数据的生产要素在市场经济改革地位，进而使其成为社会主义市场经济发展的重要一环。

最后，数据成为现代生产要素源于对数据在经济发展中的重要作用的深刻认识。数据全面融入社会再生产，推动经济社会数字化转型已经成为大势所趋。无论是在工业、服务业、金融业等行业，还是在疫情防控、智慧政府等公共服务中，大数据的重要性日益凸显。同时，数据以庞大的数量和重要的价值推动市场体系进行配置，中国大数据市场发展迅速。

2020年，中国的人数据市场规模已达100亿美元，以大数据、云计算为基础的平台收入超过2万亿元，数据市场的迅速扩张要求数据成为现代生产要素。此外，我国经济进入新常态，以数据资源为核心的数字产业化成为新的经济增长点，可见，数据成为现代生产要素契合了数字经济时代的新思想、新形势、新论断。

（二）数据要素对生产力的作用

1. 数据要素对生产力的作用条件

数据要素在对生产力的作用过程中，需要服从大数据的作用机制，大数据具有四大特征（4V），一是数据的规模性（Volume），规模性的数据是价值创造的前提，单个数据必须通过累计才能创造商业价值，数据的积累才能带来强烈的正反馈作用。二是聚合数据的多样性（Variety），多维数据指人与人的交互信息、物联网的终端数据、生产运营数据等，并带有多种形式，多元异构的零散数据带来的价值远大于单一数据的简单加总，经济运行是多维的，因此，全域、多维的系统数据会帮助经济主体获取更新的知识，带动经济的系统性增长。三是数据收集、运用、传播的快速性（Velocity），海量数据的实时收集、整理、分析能够形成更有效率的生产力，对经济运行进行机敏响应和反馈，提高资源的利用效率。四是数据蕴含的价值性（Value），相对于庞大的数据量，真正能够创造价值的数据是稀缺的，大数据具有低密度性，在经济运行中，很多数据冗余、孤立，价值含量极低，只有紧密依靠正确的分析手段，才能从真正极度稀缺的数据中发现价值。

2. 数据要素对生产力的作用规律

数据不能直接对生产力产生作用，从机制看，数据必须与脑力劳动相结合，否则无法独立创造价值。数据通过"数据—信息—知识"的过程，形成精神生产力，再给予数据积累的正反馈机制形成"数据—信息—知识—数据"的价值增值闭环，通过价值增值闭环不断提高人类精神生产力，从而进一步推动物质生产力高级化发展，带来物质财富和精神财富的增长。从物质财富看，数据带来的信息流通显著降低了交易成本，使专业化、精细化、个性化的分工成为可能，打破了协同生产在时间上和空间上产生的赢缺约束，实现了从线性分工到网络化分工的转型，显著提升了物质生产力水平。从精神财富来看，通过"数据+算力+算法"的演绎逻辑，基于知识积累的海量数据能够更加准确地识别和满足消费者多样化、碎片化的个性化需求，突破消费者和生产者之间的时滞效应，推动生产场景和使用场景的全渠道、全周期的链接，实现消费者和生产者的双向互动。总的来看，数据要素不断提升人类积累知识、配置资源、处理信息的综合能力，推动社会再生产向高级化、协调化发展，显著地提高了物质和精神生产力，消除了全环节的二重对立，通过有效、平等的互联网，形成了公平和效率一体化的财富创造能力（见图2-1）。

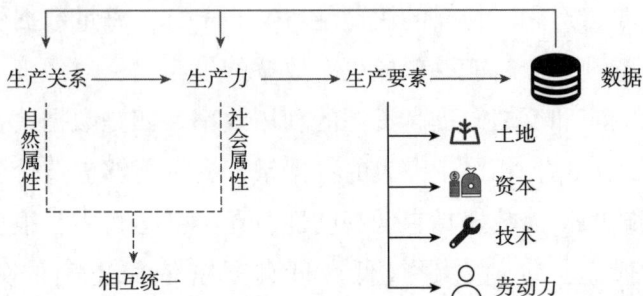

图2-1　数据要素理论图

第四节　数据要素市场化：市场经济的新问题

市场经济的本质是资源配置的市场化，中国特色社会主义市场经济也是如此。自20世纪90年代开始，我国社会主义市场经济体制改革全面展开，各类生产要素市场如生产资料市场、资本市场、土地及房地产市场、劳动力市场、技术市场、信息市场、期货市场、产权市场等，从无到有、从初建到完善，逐步地发展和成熟起来。随着数字经济兴起，数据融入社会经济生活已成常态，数据作为国民经济信息化、数字化、智能化的技术基础，在国民经济中越来越发挥着重要作用。数据成为数字经济时代新的生产要素，成为与土地、劳动力、资本、技术并列的基本生产要素之一。可以说，数据要素市场化既是数字经济的新现象，又是市场经济的新问题。我们有必要进一步厘清思路，对数据要素市场化的相关问题，尤其是对数据要素性质、数据要素市场配置机制、数据要素市场制度等问题进行研究和阐释。

（一）生产要素的市场化：历史经验

要素市场化配置是我国经济体制改革的重点。截至20世纪90年代末，以价格改革为核心的商品市场改革已基本完成，土地、劳动力、资本、技术四类生产要素经历了多轮次配置方式的改革探索，已建立起较为完善的市场化配置体系，由"资源"到"要素"再进行"流通"，需经历多个环节演进过程，权属、形态等均发生显著变化。

1. 生产要素市场化的过程分析

土地要素实现市场化配置的三个阶段：一是土地征收，国有土地、乡村集体土地资源经过土地储备机构评估和定价，经政府或其授权委托的企业统一征地、拆迁、安置、补偿，并建设市政配套设施，达到"三通一平""五通一平"或"七通一平"的建设条件（"熟地"），纳入土地储备库。二是土地出让，政府把用途、范围和质量界定清晰的"熟地"，通过市场化定价机制，以"招拍挂"、协议出让等方式，将其使用权在一定年限内让与土地使用者。三是土地商业开发，土地使用者经过开发建设，形成房地产、厂房等产品，具备生产、生活等丰富多样的承载功能，并进入市场流通。

劳动力要素实现市场化配置的三个阶段：一是教育培训机构对适龄人口进行培训，适龄劳动人口作为原始劳动力资源，拥有就业权，在支付培训费用后，经各级各类教育及培训机构培训，取得就业所需的行业专业技能，并以证书等形式完成技能认定。二是市场对劳动力进行技能和薪金的评估认定，在劳动力市场，人力资本拥有自主择业权，凭借证书等标准化、共识广的标的物，完成劳动技能的市场化价值认定。三是劳动力进入企业参与价值创造，用人方通过签订劳务合同，取得劳动力在一定时期内的使用权，以企业培训等方式使劳动人员掌握特定企业、特定岗位的工作技能要求，实现将劳动力融入生产的社会化分工体系中。

资本要素实现市场化配置的三个阶段：一是资金归集，银行通过储蓄存款等方式筹集个人资金，实现资金使用权的转移。二是包装金融产品，加工各类金融产品，并基于风险评估和货币的市场价格确定利率水平，进而通过发放贷款等形式实现金融产品使用权向企业转移。三是资金融入企业，企业在取得资金使用权后，用于购买生产资料，加工产品并投放市场，通过市场活动实现资金的回笼循环。

技术要素实现市场化配置的三个阶段：一是知识积累，各类研发主体获取支撑技术创新的知识、工具、人才等科技资源，并依法取得其使用权。二是成果产出，创新主体通过申请知识产权保护等形式，对所取得的技术创新成果进行权属确定。技术成果基于收益法、市场法、成本法等评估方式，确定市场价值。三是成果转化，生产主体通过竞价转让、协议转让等方式，取得知识产权的所有权或使用权，并基于科技成果构建或改造生产体系，生产出投放市场的终端产品或服务，完成技术要素在市场经济循环中的价值创造。

2. 市场化规律总结与启示

总结提炼四类要素市场化的一般过程，得出"确定中间形态、完成三次确权、进行三次定价"的普遍规律。确定中间形态，就是要素在完成大规模市场化流通的过程中，普遍在原始资源、终端产品之间确定一个具备共识基础的中间形态，作为交易标的物，以便开展标准化、专业化的价值评估评定。如熟地、资格证书、银行贷款、知识产权等。完成三次确权，就是在流通的各个环节，每当要素发生形态转换时，均需要对其权属进行准确划分和确定，为定价、交易创造条件。进行三次定价，就是要素在流通过程中，因形态转换通常伴随价值创造，导致要素价格和定价机制在每一个环节均产生巨大差异。因此要素定价并非一次完成，而是在每次确权之后，根据要素当前所处形态开展差异化定价。

国家发展和改革委员会在解释《关于构建更加完善的要素市场化配置体制机制的意见》中提出，"生产要素与商品的属性不同，例如劳动要素附着在劳动者个体身上，土地要素天然带有一定公共性，所以要素市场建设不能完全等同于商品市场的建设。"不仅要素市场与商品市场有所不同，现有各类生产要素市场也各有其特点。土地要素具有公共属性，且根据我国宪法规定，土地属于国有，所以土地要素市场即为各地政府根据规划向市场提供土地要素资源的流程及其管理。劳动力要素附着于劳动者，劳动力要素市场化的促进对应着要解除阻碍劳动者有序流动的种种障碍，如户口登记、异地社保、体制内外隔离等。资本要素则是构建一个可以支撑实体经济的合规开放市场。技术要素中主要流通的包括科研人员的成果、专利、版权等凝聚着技术价值的专属权利。

数据作为新型生产要素，既符合传统生产要素市场化配置的一般规律，也呈现诸多新特征，生搬硬套已有制度，难以解决数据流通中的标的物确权、估价和交易机制设计等关键问题。比如，在要素市场中，虽然市场产品有所不同，但本质上都属于某一种不可复制的权利，其不可复制的部分即为可交易的内容。数据要素市场的产品究竟是数据的所有权、使用权还是收益权尚无定论，而数据作为一个可复制的特殊要素，一定程度上来看，其供给是无限的，这也导致数据要素与其他要素的不同。数据要素的上述特点决定了其在市场化过程中，既要遵循传统要素的市场化规律，又要设计出适合其自身特点的操作路径（见图2-2）。

表2-2　生产要素市场产品的比较

项目	土地要素	劳动力要素	资本要素	技术要素	数据要素
市场产品	土地使用权	劳动时间	金融产品	专利、成果、版权等	数据、数据产品
产品性质	不可复制	不可复制	不可复制	不可复制	可复制

（二）国内外数据要素市场：发展现状

数字经济下的数据并非传统意义上的数据，是数字技术推动下形成的对经济发展有直接影响的数据集合。数据作为要素融入经济活动中，能够增强数字经济发展的竞争力。数据要素市场是数字经济发展的必然结果，发达国家为了抢占数字经济发展的制高点，纷纷出台政策推动本国数据要素市场的建设。近年来，国内外涌现出一大批具有较大影响力的数据交易市场，推动了数据要素的开放、共享和流动。

发达国家的数据要素市场发展始于2008年前后，经过10多年的发展，形成了综合化与专业化并行的数据要素市场体系。美国作为全球大数据产业最为发达的国家，依托自身的技术优势，在综合数据要素市场领域，先后建立了BDEX数据交易中心、Mashape数据交易平台；同时也建立了细分的专业化数据交易平台，如经济和金融数据交易中心Quandl、工业数据交易平台GePredix等。德国的数据要素市场建设起步也比较早，目前也形成了综合性数据要素交易平台和专业化数据交易平台并行的格局，如德国 IDS 联邦数据交易中心，专业化的平台有 Data-Coup 个人数据交易中心等。除了各类综合化、专业化的数据交易平台之外，国外的一些大型数字企业也依托自身的技术和市场优势，建立了庞大的云计算和数据资源存储体系，并以这两者为依托构建各自的数据要素交易市场，以打造数据要素流通产业链。如亚马逊建立的 AwsDataExchange 平台、微软建立的 AzureMarketplace 交易中心、富士通公司建立的 DataPlaza 平台等。总体来看，发达国家的数据要素市场，无论是政府牵头建立的还是企业自身建立的，均采取的是市场化运作模式，数据交易的产品多集中在位置信息、财务动态、健康数据、保险市场、消费者行为趋势等领域，商业化特质较为明显。

从我国国内发展情况看，我国数据要素市场化程度不仅滞后于传统生产要素市场，也滞后于市场经济和数字经济的发展。数据作为数字经济的新兴生产要素要配置到生产领域，必须建设与之相匹配的、规范有序的交易市场。自 2015 年国务院提出培育大数据交易市场战略以来，工信部、国家发改委、财政部等多个部门相继出台了促进大数据产业发展、大数据交易市场建设等方面的政策文件。在政策的鼓励下，国内大数据产业迅猛发展，产业链基本成型，数据交易量不断增长，各类数据要素交易中心也纷纷建立。2020 年 4 月，中共中央、国务院发布《关于构建更加完善的要素市场化配置体制机制的意见》，提出"加快数据要素市场化"问题，并将数据作为与土地、劳动力、资本、技术并列的生产要素。5 月，中共中央、国务院发布《关于新时代加快完善社会主义市场经济体制的意见》，再次强调"加快培育发展数据要素市场，建立数据资源清单管理机制，完善数据权限界定、开放共享、交易流通等标准和措施，发挥社会数据资源价值。推进数字政府建设，加强数据有序共享，依法保护个人信息"。数据要素市场化的提出体现了我国深化社会主义市场经济体制改革的顶层设计思路。

截至 2021 年底，中国已经建有 80 余家大数据交易平台，比较知名的平台有华中大数据交易中心、贵阳大数据交易所、上海数据交易中心等。除了这些大型的区域交易平台之外，国内的大型数字平台企业也依托自身的数据和技术优势，纷纷构建各自的数据交易平台，如阿里巴巴、腾讯、百度等依托自身的云计算体系，各自建立了 API 数据市场。与发达国家的数据要素市场相比，国内的数据要素市场尚未完全市场化，交易规则也难以统一，多是以粗放式交易为主，而数字企业建立的数据要素市场也存在同质化、附加值低、重复建设等问题。

另外，我国的数据要素行业标准，也在逐渐形成及完善。各数据交易中心积极参与相关行业标准的制定工作。如贵阳大数据交易所参与制定了《信息技术数据交易服务平台交易数据描述》《信息技术数据交易服务平台通用功能要求》《信息安全技术大数据交易服务安全要求》等国家标准。上海数据交易中心开展以数据有效连接为目标的标准、规范、技术、法律研究，参与多项数据交易国家标准制定等。

数据要素行业相关法律、法规和部门规章制度也在稳步推进，包括《中华人民共和国个人信息保护法》（2021 年）、《中华人民共和国数据安全法》（2021 年）、《中华人民共和国密码法》（2019 年）、《中华人民共和国电子商务法》（2018 年）、《中华人民共和国网络安全法》（2016 年）、全国人民代表大会常务委员会关于加强网络信息保护的决定（2012 年）、《中华人民共和国电子签名法》（2004 年）、全国人民代表大会常务委员会关于维护互联网安全的决定（2000 年）等。同时也制定了部门规章制度，包括新型数据中心发展三年行动计划（2021—2023 年）、网络产品安全漏洞管理规定（2021 年）、5G 应用"扬帆"行动计划（2021—2023 年）、网络安全审查办法（2020 年）、网络信息内容生态治理规定（2019 年）、儿童个人信息网络保护规定（2019 年）、区块链信息服务管理规定（2019 年）、互联网域名管理办法（2017 年）、互联网新闻信息服务管理规定（2017 年）、互联网信息内容管理行政执法程序规定（2017 年）、电信和互联网用户个人信息保护规定（2012 年）、规范互联网信息服务市场秩序若干规定（2011 年）等。

（三）数据要素的市场化条件：宏观框架

数据要素源于劳动创造，其使用需要付费，因此数据具有稀缺性，这就是数据要素市场化的客观依据。在市场配置生产要素的条件下，数据有偿使用在国内外经济实践中已经通行。但数据要素标准化、数据资产确权和定价、数据要素交易规则、数据要素交易市场还未真正形成，实现数据要素市场化还要走很长的路。

从市场理论来说，数据要素通过市场配置到生产领域，其供求通过市场交易来实现，价格在价值决定基础上通过市场来形成。数据资源通过市场这个渠道，得以实现数据供给方对价值的追求，以及数据需求方对使用价值的需要。数据交易奉行等价交换原则，但其交易方式与传统要素交易方式不同，虚拟状态的数据要素通过互联网平台交易，而传统生产要素是实物的市场流通。数据要素与其他要素通过市场渠道进入生产领域，在生产过程中实现旧价值转移和新价值创造。数据价值按实际消耗的数据成本转移到新产品中，与原材料等流动资本转移方式相同。数据在网络平台交易，克服了时空限制，交易更为透明、快捷和高效，促进了资源优化配置。数据要素市场化至少包括以下要件。

第一，数据要素市场配置。市场配置生产要素是市场经济的本质特征，数据作为生产要素只有通过市场来配置。市场配置数据要素意味着数据产权的独立性和数据交易的自由性，数据要素确权是市场配置的前提。各类数据以及数据形成的各阶段均可进行交易，但都需明确数据权属。数据要素市场配置意味着数据所有者以营利为目的，通过市场交易实现数据产品价值；数据使用者以低成本购买数据要素，并与其他生产要素结合，在生产中创造更大经济效益。

第二，数据要素市场定价。虽然数据要素价值由生产加工数据产品的社会必要劳动时间所决定，价值是价格的基础，但却受到市场供求关系的影响，并随市场供求变化而波动，表现为市场定价。市场定价的基础是价值，但又反映市场供求关系，这体现市场的平等性，正如马克思所言，"商品是天生的平等派"。市场定价会促进数据要素市场竞争和数据要素生产率提高。由于数据具有虚拟性，不如其他实物要素那样方便计价，需要在确权的基础上进行专业估价，进而在市场磨合定价。一些具有垄断性的且涉及国计民生的基础数据定价还需要辅之以听证会的方式。

第三，数据要素市场交易。与传统实体形态的市场渠道不同，数据要素通过网络平台实现配置，这就要求包括5G基站、大数据中心等数字技术设施覆盖市场区域，数据交易网络支持系统完备，数据交易网络平台健康运行，万物互联网交易链接便捷，要素市场供求信息公开、发布及时，各类要素市场连为一体。数据要素交易须克服地方与行业壁垒、大企业垄断，达成中外数据要素市场联通，实现数据线上交易和线下服务的高效协作。

第四，数据要素市场竞争。数据信息源自真实经济生活，数据要素规模和质量差异引起市场竞争，这种竞争有利于数据产品创新和社会生产力提高。但同类数据市场竞争的结果往往形成"一家独大"，从而逐渐消解竞争。为此，要求数据要素市场具有规范的进入与退出机制；为适应数字技术更新快、周期短的特点，必须加快数据要素技术升级换代；克服"独角兽"企业的数据垄断，促进优胜劣汰竞争机制，保持数据技术的先进性和数据资源的高质量。

第五，数据要素市场制度。数据要素市场规范运行，要求在以下几个方面进行市场相关体制机制的完善和健全：数据交易法规完备、行业管理规章清晰、市场执法责任到位；科学界定数据产权，完善数据共享机制，维护数据交易各方权益，有效实施私人信息保护；数据要素市场监管到位，市场监管机制健全，形成对各类数据要素市场无缝对接的完整监管体系；数据要素市场监管重在防范数据信息欺诈、数据盗取、黑客攻击，保障数据交易公平秩序和市场健康运行。

（四）数据要素市场化仍存阻力：多重困境

无论对于中国还是世界主要国家而言，数据要素市场的培育和发展尚处于起步阶段，政府对于数据要素市场的治理缺乏经验，因此数据要素市场成熟度都不高。特别对于中国而言，传统要素的市场化配置程度还有待提升，在这样的条件下，作为新型要素的数据其市场面临的困境更为突出，具体表现在以下几个方面。

1. 产权困境

资源要能够被交易，产权界定是前提。产权也被称为所有权，即拥有或控制该资源，对该资源进行处置，并有权参与分配的权利。数据产权是产权概念的延伸，是指数据资源所有者对数据资源的权利，包括数据资源的归属权、所有权、占有权、支配权、使用权及收益权等。数据要素的开发环节涉及诸如数据主体、数据持有人和第三方使用人等多个主体。而数据究竟是属于数据创造者还是收集者，这是数据确权争议最大的问题。从理论来说，数据确权的核心是确定谁控制数据、谁有权接入数据、谁有权交易数据和谁有权分配数据价值。数据要素产权的界定有以下几个方面的困境：

一是数据产权的排他性问题。数据产权主体对所拥有的数据资源，应该有权利排除其他经济个体占用的权利。但是，从目前的数据资源情况来看，只有那些未公开的资源，才能够以相对较低的成本排除他人使用；而资源一旦被公开，要排除他人使用几乎是不可能的，这也就是数据资源的非排他性。这是数据产权界定面临的一个难题。即如何在兼顾资源特性和产权特性的前提下，保护数据权利主体的权益。

二是数据产权的多样性问题。按照数据来源不同划分权利主体，可以大致将其分为自然人主体、政府主体和企业主体。自然人对自己的数据享有隐私权，所以个人数据资源主要涉及个人的隐私问题。对于政府数据，按照现有的观点来看，这属于公共资源，要考虑如何维护公众的权益。企业数据则主要是指企业层面的，主要包含企业的知识产权、商业秘密等信息的数据，要考虑如何维护企业在市场中合法竞争权益等。数据资源的多样性，导致数据权利类型的多样性，并且不同类型数据权利在内容上也存在较大的差异并需要统筹，这也是难题之一。

三是数据生产链条中的权责问题。在数据的整个生命周期（如产生、分配、交易、利用等），有多个参与者（包括数据提供者、数据收集者、数据处理者等）参与。要在众多参与者之间进行权责划分，甚至进行清晰界定，从目前来看是比较困难的。在大多数情况下，数据不会自动产生价值，只有数据处理者对数据进行采集、加工、处理和分析，数据才会发挥作用、产生价值。所以，数据的提供者虽然提供数据，但是如果不能对数据进行处理，也是无法获得收益的。那么，数据的提供者与数据处理者之间有依赖关系，数据提供者要依靠数据处理者，两者之间的权责划分需要明确。

四是数据产权法律制度问题。现有部分法律对数据要素权属的规定仍然是原则性的，数据要素产权规则不清晰，法律对数据要素所有权及相应的使用权和收益权均没有明确的界定，相关法律规章仍处于空白状态，现有的《反不正当竞争法》《反垄断法》等法律均不能明确界定数据要素产权并进行充分保护，也不能有效保障收益权利得到合理实现。

2. 市场困境

我国数据要素市场体系建设相对滞后，市场机制在数据要素资源配置过程中的决定性作用还没有充分发挥，突出表现在以下四个方面。

一是数据要素市场交易机制不完善。由于对数据产权、数据市场流转，交易规则、技术规范、平台功能、企业信用、法律风险等方面缺乏共识，再加上缺乏高效可行的交易模式，极大地削弱了数据要素市场主体进行交易的意愿，造成大数据交易所、交易网站、数据公司等数据市场中介不能有效发挥作用，阻碍了数据交易范围和规模扩张。

二是数据要素资产估值和定价困难。数据要素在形态上具有非实物、高度虚拟化和高度异质性的特点，只有对海量的、采集口径多元、标准和格式各异、物理载体不一、数据结构不同的数据源进行清洗和标准化处理，才能将"脏数据"转为"有价值"的数据，才能进一步进行数据资产估值和交易定价。目前，数据交易主体对于多源数据汇集、非结构化处理、数据清洗、数据建模等技术和工具还亟待突破和提升，这在很大程度上制约着数据要素资产估值和定价，影响着数据要素的交易和流转效率。

三是数字信息基础设施建设不均衡。我国数字信息基础设施建设不平衡、不充分的问题仍然较为突出，造成城乡之间、地区之间、行业之间仍存在"数字鸿沟"，不利于统一开放、竞争有序的数据要素大市场建设。农村互联网相关基础设施建设仍然比较滞后，城乡之间互联网普及率仍有较大差距。不同区域之间信息化程度差异也比较明显，东部、西部地区信息基础设施建设失衡的局面亟待改变。5G、物联网、人工智能等新型数字信息基础设施建设刚刚起步且区域、城乡之间发展还不够均衡，促进地区、城乡之间的数据要素自由流动的效能还有待释放。

四是数据要素市场的反垄断问题。2020年公布的《〈反垄断法〉修订草案（公开征求意见稿）》，第一次将互联网行业的垄断行为界定及其处置写入了法律，为数据要素市场反垄断提供了重要制度性依据。但是，对于数据要素市场一些特有的垄断行为，现有的反垄断相关法律条款难以覆盖。比如，对于数据要素市场特有的"杀熟""二选一""寡头市场共同支配"等垄断形式认定标准不清楚，且其处置的具体条款依然缺失。

再如，对于经营者集中的垄断行为，现行《反垄断法》主要以销售额和营业额作为门槛标准，而对于数据公司来说可能没有营业额，或者营业额非常低，但对市场的影响力非常大，数据公司或者与数据有关的公司合并问题在现行的《反垄断法》范围内难以界定和评判。由此可知，针对这些数据要素市场特有的垄断行为及其处置的相关配套性规章、指南、规范性文件还处于不完善的状态。

3. 法制困境

从中国现有数字要素市场相关法律制度来看，相关立法不够完善，整体法律框架还不够健全，且法律体系完备性不足，这些因素导致中国数据要素市场的法制困境。

一是顶层立法问题。截至 2020 年底，国务院及各部委共出台近 30 项综合性或专业性与数据要素市场发展相关的政策，但是在上位立法和顶层制度方面缺乏统筹，完整的法律和制度框架还未形成。数据管理立法呈现出落后于经济社会发展的状态，与行业的快速发展极不协调，现存规制网络空间的法律、法规效力不高，缺少一部具有统领性管理的基础立法。由于数据权属的不确定，数据管理大多是由法规和部门规章予以规定，导致多头管理、协调不畅、职责不清的情况常有发生，无法对网络管理行为作出统一规定。近年来，政府和企业逐步开始重视数据治理的问题，地方各级也在摸索出台符合地方实际的数据要素市场相关制度，然而自上而下、协调一致的全局性数据要素市场治理法律体系还未建立，因而国内数据要素市场制度在不同区域、不同行业存在差异化，导致数据交易的便利化程度不高，且流通成本高居不下。

二是法律体系层次性问题。中国目前已基本形成具有不同层次、多个领域分布的多种属性的数据要素市场法规体系，但法律制度断层和相关政策碎片化的问题仍然突出，这其中既有立法技术带来的阻碍，也有数据产业特性的问题。直接对数据进行规制的法律普遍存在层次和效力偏低的问题，也伴有立法部门众多、可操作性和系统性差的短板。顶层立法中对数据要素市场涉及的内容有限，法律条款过于笼统宏观，对信息网络安全无法实现直接全面的保障。行政法规与部门规章适用范围与力度都非常有限，且因部门利益和领域差异，而存在互相冲突和矛盾之处，立法中相关部门与当事人的权利、义务与职责规定均有待衔接和整合。许多禁止性规定并没有明确行为责任，当出现现实纠纷，具体义务的落实和保障会因责任的不健全而受到影响，因此需要后续立法的进一步跟进和完善。

三是法律可操作性问题。中国数据要素市场法律制度可操作性不足直接源于数据法律制度的层次性不足，在实践中主要体现在数据综合性监管体系不健全，法律监管理念和监管机构设置不能完全适应数据要素市场的发展要求。当前中国法律监管依然侧重于数据安全保护，规定了数据收集规则、数据泄露报告制度、数据存储制度等，却缺乏促进数据流通的监管措施。中国现行的法律监管是按照传统分业监管模式授权各监管机构在各自所涉及的领域内进行监管，在没有专业数据监管机构对整体数据行业的监管进行协调执法中，极易出现多重监管、监管空白、监管推诿等漏洞。此外，数据要素市场具体领域的单行法与配套法建设也存在不足，直接导致潜在的立法冲突、执法困难等问题。

4. 安全困境

一是个人数据信息保护问题。从中国已有的数据要素市场制度体系来看，个人交易数据供用有严格的条件和程序限制。例如，早在 2012 年发布的《关于加强网络信息保护的决定》

规定了收集、使用个人电子信息应遵循"合法、正当、必要"原则。此后，《网络安全法》《民法典》等作了同样或类似的规定。此外，大型互联网企业都建立了个人信息保护的专门机构和管理机制。但需要看到的是，由于各级监管部门执法不严的问题，现实中仍然广泛存在政府向企业随意或变相索要数据、向企业索要相关数据在使用后未及时销毁等情况。

二是数据泄密通知制度问题。海量的数据在收集、存储、流转和利用过程中，数据安全防护更加困难，容易受到非法势力攻击和窃取，造成数据泄密重大事件不断上演，数据泄密风险问题依然比较严重。虽然中国《网络安全法》在《全国人大常委会关于加强网络信息保护的决定》的基础上进一步强化和完善了信息泄露通知制度的相关要求，但对于哪些情形需要向用户告知，哪些情形需要向有关部门报告，以及在什么时限内、采取什么方式向用户告知、向有关部门报告等具体问题，《网络安全法》本身并没有给出具体的答案，制度适用的主体范围，泄露通知制度的触发，安全风险补救，通知和报告、罚则、实施机构等制度要素并不明晰，缺乏可操作性，从而使数据泄露通报制度的功能大打折扣。

三是数据滥用行为还比较突出。数字经济的技术经济特征，驱动着数据要素市场呈现出集中趋势，造成利用数据优势实施垄断和不正当竞争行为的频频出现。一方面，拥有更多独家数据资源的垄断企业可能滥用其市场支配地位，对竞争对手采取诸如算法合谋、完美价格歧视、捆绑销售、市场封锁等垄断行为，打击和消灭竞争对手，排斥和限制市场竞争；另一方面，鉴于数据资源价值凸显，部分企业为了获取和收集数据，采取各种不正当竞争行为，市场乱象仍然存在。

5. 治理困境

中国已经初步建立起了一些数据要素市场的规则，但是由于制度设计缺陷或者执行机制不灵等方面的原因，仍然难以落地，使数据要素市场监督和管理的难度加大，也给未来数据要素市场治理造成了不利影响。

一是数据要素开放共享问题。由于数据相关法律法规不健全、标准规范不统一、权责范围和边界不清晰，政府、企业等数据持有主体不愿、不敢也不易进行数据开放共享。首先，政府数据开放质量不高。近年来，尽管中央政府还是地方政府都在大力推动政府数据开放和共享，然而，政府数据开放共享仍呈现出"数据总量规模小、数据质量较差、可利用率不高，用户参与度低"的特点，信息孤岛、数据烟囱依旧林立。其次，企业之间数据共享和再利用较少。受制于法律法规、技术标准和交易机制等不完善以及开放共享的理念缺乏，数据要素的使用普遍以企业内部数据为主，呈现出自给自足的"小农经济"状态，企业数据开放共享和交易没有成为市场的主流形态，导致数据开放共享和交易规模扩大受到限制。

二是数据管理的分级分类问题。尽管一些地区在分级方面作出了较好示范，但由于是地方性探索，在分级分类方面主要是以引导性和指导性为主。在国家层面，数据类别和管理分级更为复杂，除了政府部门外，更多公益性领域的企事业单位也面临着数据分级分类等问题。此外，随着数据调用方式的更加多元化，数据类型还将进一步增多。分级分类不精细还部分导致数据开放质量的下降，例如，中国数据开放中低容量数据、碎片化数据现象普遍，重复创建、格式问题、无效数据问题较多，高价值数据偏少且可视化程度低。

三是数据要素市场监管问题。中国目前以行业主管部门负责为主的数据要素市场监管体制，虽然能够结合行业特点进行有针对性的管理，但其分散化特征导致条块分割的管理体制正面临挑战，沿用行业管理体系的数据安全监管难免造成职责交叉，产生重复监管等问题。虽然《网络安全法》从法律层面确立了国家网信部门的统筹协调职责，但并未授权其作为统一或专门的数据监管或保护机构，网信部门的主要职责仍是"维护互联网安全"和"加强网络信息保护"，并没有根本改变中国数据要素市场监管体制分散化的现状。从监管效果来看，多头监管和监管空白并存，各部门监管边界不清，难以形成数据要素市场监管合力（见图2-2）。

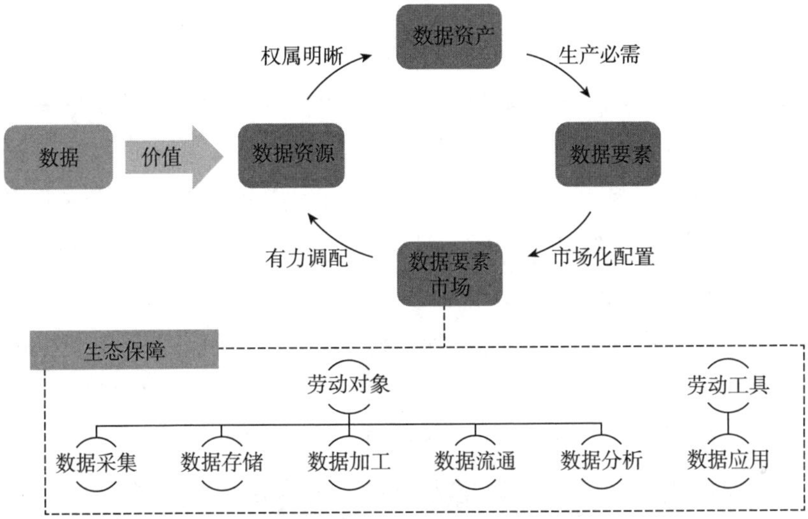

图 2-2　数据要素市场构成的关系

四是数据跨境流动问题。虽然中国已经初步建立了数据跨境流动监管的基本框架，但相关具体制度规则细化程度不高，难以落实。首先，《网络安全法》只对关键信息基础设施领域重要数据和个人信息跨境流动问题作了原则性规定，但对于重要数据的界定并没有作进一步的规定。其次，安全评估是中国在跨境流动机制建立初期较为稳妥的选择，由于"数据出境"合法渠道过于单一，可能会对已经具有一定实力的中国企业参与数字经济全球竞争带来政策负面影响。最后，同中国数字经济高速发展的态势相比，跨境数据流动国际合作机制方面相对滞后，且与主要国家跨境数据流动政策及国际规制对接不够，在现实管理中仍面临诸多挑战。

第五节 数据要素影响现代金融的实现机制

（一）数据生产要素影响现代金融的微观实现机制

首先，数据生产要素推动金融机构从经验型决策转向数据驱动型决策（data-drivendecision making）动型决策通过数据分析而非纯粹的直觉的决策实践，数据要素使大规模的自动化决策成为可能，数据驱动型决策促使生产率的提高，提高企业管理的科学性已经被大量实证研究所证实（Brynjolfsson 等，2011，2016a，2016b，2017；Janssen 等，2017）。在金融业从业实践中，我国绝大多数商业银行和投资银行已经成立数据分析部门，雇用了数据科学家或数据分析师，在投资实践中，大数据的多样性增强了金融企业发现机会和降低风险的能力，决策的准确性大幅提升，数据驱动决策提高了放贷和投资的科学性，放贷部门可以更加合理地将资金分配到需要资金的领域，提高了资金匹配效率和投资表现。

其次，数据生产要素提高了金融机构的投资效率。金融机构在竞争激烈的金融市场上生存有赖于在正确的时间掌握正确的信息（Veldkamp，2019），数据生产要素正是正确信息的重要来源之一。在金融市场上，商业银行通过大数据刻画出复杂、完整的用户画像，对用户行为和交易信息进行更广泛、深入的观察，从而有针对性地向用户提供个性化的金融产品和服务，因此，数据生产要素也可以被看作提高金融业效率的信息资产（Farboodi 等，2019）。同时，金融企业之间也可以运用大数据进行协同创新，共享金融市场上的各种数据，利用数据分析出最佳的金融产品，优化自身运营。研究表明，大数据促进了银行业的技术革新，提高了行业竞争的效率，改善了客户福利的潜力（Vives，2019）。

再次，数据生产要素扩大了金融机构的竞争差异。在金融市场中，头部金融企业与中小金融企业在资金实力、客户规模、从业资格上存在极大差异，中国金融市场上的现实是，头部金融机构（如系统重要性银行）比中小金融机构（城市商业银行、农商银行）等更擅长于利用金融市场中的大数据降低资本成本，头部金融机构有着更加悠久的经营历史、更加丰富的客户群体、更加广泛的市场规模，更丰富的数据支持了更多的金融分析，当投资者能够处理更多的金融数据时，其投资效率也得到显著提升，投资效率的显著提升使其进行更多的投资，生产更多的数据，数据的质量也进一步得到改善，构成了"数据反馈循环"。事实上，数据生产要素的积聚在一定程度上导致了金融市场上"大而不能倒"（too big to fall）的"超级明星公司"（superstar firms）的出现，超级明星公司的出现积累了大量的数据生成要素，导致金融市场上的垄断，一定程度上为系统性金融危机埋下了隐患。

最后，数据生产要素降低了金融市场的信息摩擦（information frictions），缓解了金融市场的信息不对称（information asymmetry）。金融机构能够通过大数据、云计算、互联网实时收集金融市场基本面指标，从而降低了信息获取成本，提高了金融产品中的价格信息量。金融科技的不断发展，金融交易的价格信息含量逐渐上升（Farboodi，2020b），金融资本得到更加有效的配置。在股票市场上，大数据技术使大企业股票的定价变得更加精确，但中小企业股票价格的信息含量却未得到显著提升，也就是说，大数据技术引发了股票市场的结构效应。在信贷市场上，大数据分析使信贷风险管理中的信号传递和信息搜索成本显著下降，金融机构收集、评估贷款人信息的手段变得更加先进和丰富，搜索成本大幅度降低，大幅度缓解了信贷过程中的信息不对称问题。

（二）数据生产要素影响现代金融的宏观实现机制

数据生产要素的零成本性、非排他性和非竞争性等属性使微观层面的经济效率在宏观层面进一步放大，成为提高金融行业全要素生产率和增长潜力，促进金融业高质量发展，建设社会主义现代化金融的重要途径。

一方面，数据生产要素推动金融发展的模式创新，推动金融行业供需主体资源的不断匹配。数据生成要素推动金融业高质量发展的重要途径是推动以数据资源为基础的业务模式、经营模式、管理模式创新，提高资金的配置效率，实现资金供需双方的有效匹配。在数字经济的实践中，海量的数据资源和智能的机器学习算法，使得以数据挖掘为基础的大数据分析提炼出更多有效的知识和信息，为开发新的理财产品，获取新的客户资源，解决复杂的金融产品的嵌套问题提供支持，数据已经成为金融产品开发中的必要投入（Jones，2019）。因此，数据要素推动金融业新业态、新模式的不断创新，减少了信息不对称引发的市场失灵，提高了金融市场整体运行效率，降低了金融市场的融资成本，实现供需双方更加精准有效的资金匹配。

另一方面，数据生产要素发挥规模效应提升金融增长潜力，促进金融业全要素生产率的提升。数据要素特有的零成本性、非排他性和非竞争性等性质叠加，不仅不会发生公共物品容易出现的"公地悲剧",反而有利于形成促进经济增长的"公地喜剧"（the comedy of the commons）。数据要素可以零成本无限制地同时异地在多个微观场景中进行处理分析而并不受影响，这使其在宏观层面的价值创造能力倍增，也可以将这种价值倍增能力看作数据要素的规模效应（scale effects），这种规模效应可以用替代弹性不变的生产函数（CES）对其机制进行深入刻画，在金融市场上，数据生产要素在更大范围和多个场景的微观效率不断提升，在多个金融部门同时生效，从而体现为金融行业全要素生产率的进一步提升。

第三章　数据要素发展试点实践

第一节　数据要素发展的政策前沿

2022 年 6 月 22 日，中央全面深化改革委员会第 26 次会议审议通过了《关于构建数据基础制度更好发挥数据要素作用的意见》。习近平总书记主持会议时强调，数据基础制度建设事关国家发展和安全大局，要统筹推进数据产权、流通交易、收益分配、安全治理，加快构建数据基础制度体系。自十九届四中全会以来，中央先后发布多项指示性政策文件，将数据要素纳入生产要素，提出培育、建立和健全数据要素市场的要求。科学认识、统筹谋划、有序推进数据要素统一大市场的建设是数据发展的重要方向。

数据作为新型生产要素，已快速融入生产、分配、消费和社会管理等各个环节。当前我国数据市场规模持续扩大，但仍然存在交易机制配套措施不完善，数据的标准化、资产化和商品化体系未建立等问题。数据要素发展迫切需要基础制度规范建设，破除阻碍数据要素供给、流通、使用的体制机制障碍。为此，我国依据数据规模和数据应用优势，积极出台各类法律法规，探索推进数据要素市场化，加快构建以数据为关键要素的数字经济。经实践检验，在顶层与各方政策的引路之下，数据要素取得了积极进展。

中央对于数据要素发展做出重要的指引作用。从统领制定的角度来看，中央政府从加强核心技术攻关，加快新型基础设施建设，推动数字经济和实体经济融合发展，推进重点领域数字产业发展，数字经济规范化，数字经济治理体系完善，加强国际数字经济合作这七个方面推进数字经济发展，强调大数据与数据要素在新时代的独特作用，通过规范发展来充分发挥数据要素的新潜力。对于核心的数据产权制度、数据流通与交易制度、市场化配置机制以及安全治理等问题，中央积极推进公共数据、企业数据、个人数据分类分级确权授权使用，完善数据全流程合规和监管规则体系并建设规范的数据交易市场，因地制宜地建立体现效率、促进公平的数据要素收益分配制度，加强重点领域执法司法，把必须管住的坚决管到位，构建政府、企业、社会多方协同治理模式，强化分行业监管和跨行业协同监管，压实企业数据安全责任。

从传达落实的角度来看，数据要素的良性发展离不开部委发力，离不开法律的保驾护航。2019年以来，多部委密切调研数据要素市场化改革，激活数据要素潜能，积极贡献金融力量。工业和信息化部《电信和互联网行业数据安全标准体系建设指南》从基础共性标准、关键技术标准、安全管理标准、重点领域标准四方面对数据要素监管与数据隐私保护作出规定，从数据采集、传输、存储、处理、交换、销毁等全生命周期环节出发，对数据安全的关键技术进行规范。《关于加快构建全国一体化大数据中心协同创新体系的指导意见》也提出，以深化数据要素市场化配置改革为核心，优化数据中心建设布局，推动算力、算法、数据、应用资源集约化和服务化创新，向深化政企协同、行业协同、区域协同贡献硬件支持（见表3-1）。

表3-1　中央及国家机关有关数据要素政策制定情况

年份	标题	发布部门	主要内容
2015	关于印发促进大数据发展行动纲要的通知	国务院	总体确立大数据地位与大数据产业发展任务
2020	关于构建更加完善的要素市场化配置体制机制的意见	国务院	从推进政府数据开放共享，提升社会数据资源价值，加强数据资源整合与安全保护方面培育数据要素市场
2020	电信和互联网行业数据安全标准体系建设指南	工业和信息化部	从基础共性标准、关键技术标准、安全管理标准、重点领域标准四个方面对数据要素监管与数据隐私保护作出规定
2020	关于加快构建全国一体化大数据中心协同创新体系的指导意见	国家发展和改革委员会	以深化数据要素市场化配置改革为核心，优化数据中心建设布局，推动算力、算法、数据、应用资源集约化和服务化创新
2020	关于加快推进国有企业数字化转型工作的通知	国务院国有资产监督管理委员会	从建设基础数字技术平台，建立系统化管理体系，构建数据治理体系三方面着力进行转型
2020	全国一体化大数据中心协同创新体系算力枢纽实施方案	国家发展和改革委员会	贯彻绿色集约和互联互通，构建数据中心、云计算、大数据一体化的新型算力网络体系，促进数据要素流通应用
2020	关于推进"上云用数赋智"行动培育新经济发展实施方案	国家发展和改革委员会 中央网信办	从数字化产业链、数字化企业、数字化生态三方面培育新经济发展

续表

年份	标题	发布部门	主要内容
2021	"十四五"数字经济发展规划	国务院办公厅	对数据要素未来发展指出基本原则，指明发展目标
2021	"十四五"大数据产业发展规划	工业和信息化部	提出2025年大数据产业测算规模突破3万亿元的目标，从价值体系、价值基础、产业链与产业生态四个方面对大数据发展提出未来规划
2021	要素市场化配置综合改革试点总体方案	国务院办公厅	对要素与数据要素市场化提出目标与相关规定
2021	数字经济对外投资合作工作指引	商务部	鼓励企业抓住海外数字基础设施市场机遇，投资建设陆海光缆、宽带网络、卫星通信等通信网络基础设施
2021	金融科技创新自律工作指引（试行）的通知	中国支付清算协会	出台金融业数据能力建设指引，深化监管科技应用，健全金融科技监管基本规则和标准，实施金融科技赋能实体经济
2021	关于进一步规范商业银行互联网贷款业务的通知	中国银行保险监督管理委员会	从落实风控要求，加强出资管理等方面对互联网金融业务进行整改
2021	关于规范商业银行通过互联网开展个人存款业务有关事项的通知	中国银保监会办公厅	对线上交易与数据统计平台与相关流程进行相关规定

续表

年份	标题	发布部门	主要内容
2022	金融科技发展规划（2022—2025年）	中国人民银行	从数据要素方面推动金融科技发展，从加强数据能力治理方面对金融科技产品提出要求
2022	金融科技产品认证目录（第二批）金融科技产品认证规则	国家市场监督管理总局　中国人民银行	提出"区块链技术产品"概念，基于密码算法对大数据进行应用
2022	关于组织开展移动电子商务金融科技服务创新试点工作的通知	国家发展和改革委员会　中国人民银行	关于"加快推进电子商务示范城市建设""建设移动金融安全可信公共服务平台""大力发展移动支付"的工作部署
2022	关于银行业保险业数字化转型的指导意见	中国银行保险监督管理委员会	从经营业务与数据能力等方面提出保险业监管要求
2022	关于构建数据基础制度　更好发挥数据要素作用的意见	中央全面深化改革委员会	维护国家数据安全，保护个人信息和商业秘密，促进数据高效流通使用，赋能实体经济

数字经济时代，各地也积极响应国家大数据发展战略，抢抓大数据、云计算等新一代信息技术发展机遇，推动数字建设。为加快孵化一批高成长性的数据服务企业，形成一批可复制可推广的经验做法，在全国率先建成活跃有序的数据要素市场体系，北京市出台《数字经济全产业链开放发展行动方案》，显著提高数据要素在经济高质量发展中的作用，将北京打造成为数字经济全产业链开放发展和创新高地。《天津市加快数字化发展三年行动方案（2021—2023年）》提出，培育数据要素市场、释放数据要素潜在新价值的目标，进一步完善

数据要素市场规则，构建社会数据市场化运营机制。在建立数据产权制度，建立合规高效的数据要素流通和交易制度，完善数据要素市场化配置机制，更好地发挥政府在数据要素收益分配中的引导调节作用上，各地方政府根据本地发展情况，出台了各类相关扶持政策，从基本城市数字化建设、经济改革以及创新创业等多个维度进行数字化升级（见表3-2）。

表 3-2　各地数据要素发展政策

年份	地区	标题	主要内容
2020	北京市	中关村国家自主创新示范区数字经济引领发展行动计划（2020—2022年）	指明北京市发展数字经济需要夯实底座，拓宽业态、场景应用等业务
2020	北京市	北京市促进数字经济创新发展行动纲要（2020—2022年）	从基础设施保障、设施建设、协同发展等方面对北京市数字经济发展提出要求
2020	上海市	加快推进上海金融科技中心建设实施方案	力争用5年时间，把上海打造成为金融科技的技术研发高地、创新应用高地、产业集聚高地、人才汇集高地、标准形成高地和监管创新试验区
2020	河北省	河北省数字经济发展规划（2020—2025年）	到2022年，广东大数据创新应用体系基本形成，制造业数字化转型取得突破性进展，农业、服务业数字化水平显著提升，信息化公共服务能力明显提高
2020	江苏省	省政府办公厅关于深入推进数字经济发展的意见	强调江苏省数字产业融合、数字产业引领工程建设
2021	北京市	北京市关于加快建设全球数字经济标杆城市的实施方案	提出建设一流数字经济新体系，推动企业数字化转型

续表

年份	地区	标题	主要内容
2021	北京市	数字经济领域"两区"建设工作方案	研究探索构建安全便利的国际互联网数据专用通道和数据开放规则，应用区块链等数字技术系统规范跨境贸易、技术标准的实施
2021	上海市	推进上海经济数字化转型 赋能高质量发展行动方案（2021—2023年）	从激发龙头辐射能力与激发数字创新能力等方面对上海经济数字化转型提出愿景
2021	上海市	上海市全面推进城市数字化转型"十四五"规划	深化"一网通办"概念，提出上海数字转型具体落实方式
2021	天津市	天津市加快数字化发展三年行动方案（2021—2023年）	预估到2023年，天津数字化发展整体实力进入全国第一梯队
2021	天津市	天津市智慧城市建设"十四五"规划	到2025年，智慧天津实现数字基础支撑、生产生活方式、城市运行态势、产业发展模式、试点创新应用的全面优化创新
2021	广东省	广东省数据要素市场化配置改革行动方案	到2021年底，广东初步构建统一协调的公共数据运营管理体系，推动数据新型基础设施、数据运营机构和数据交易场所等核心枢纽建设，加快推进公共数据与社会数据融合，完善数据要素交易规则和监管机制，建立协同高效、安全有序的数据要素流通体系，培育两级数据要素市场

续表

年份	地区	标题	主要内容
2021	浙江省	浙江省数字经济发展"十四五"规划	到2025年，浙江数字经济发展水平稳居全国前列，达到世界先进水平，数字经济增加值占GDP比重达到60%左右，高水平建设国家数字经济创新发展试验区，加快建成"三区三中心"，成为展示"重要窗口"的重大标志性成果
2021	浙江省	浙江省区块链技术和产业发展"十四五"规划	到2025年，将浙江打造成国内领先、国际一流的区块链技术创新高地、应用高地、人才高地，基本形成技术、应用、标准完备的区块链产业生态，成为国内区块链产业健康有序发展的典范，在全国形成区块链技术与产业发展的"浙江贡献"
2021	江苏省	江苏省"十四五"数字经济发展规划	到2025年，江苏数字经济强省建设取得显著成效，数字经济核心产业增加值占地区生产总值比重超过10%，数字经济成为江苏高质量发展的重要支撑
2022	广东省	广东省数字政府改革建设2022年工作要点	提出深化数字政府改革，深化"粤系列"政务服务平台应用
2022	江苏省	江苏省数字政府建设2022年工作要点	积极开展云网数字攻坚，数据共享攻坚活动

自上而下，中央到地方的各类政策统筹推进数据产权、交易流通、收益分配及安全治理制度体系建设，满足数据流通使

用需求，建立可信数据流通环境，完善收益再分配机制和多方协调治理模式，为数据基础制度建设，为大数据产业链各环节技术、理念、市场等的进一步发展提供规范和保障。

第二节　数据要素发展的经济效应

正如前文所述，近年来，中央与地方正在积极探索数据要素带来的产业经济效应，努力发挥数据要素市场的潜能。在数字经济高速发展的今天，数据要素作为基础资产，其市场是促进数据要素市场化配置的主要方式，而大数据产业是数据要素发展的主要载体，数据要素是数字经济时代的核心生产要素。然而，众所周知，数据是一把"双刃剑"，私藏数据，数据隐私保护等问题层出不穷。下文从政府、个人、私营部门三方分析数据要素的产业经济效应，为各主体在数据要素市场化道路上的实践赋能。

（一）数据要素对政府的影响

政府的数字化转型与数字化影响聚焦"数字政府"与"数字政策"两方面。前者指政府利用大数据平台对政务进行数字化转型，利用数据要素加快政务办理效率，精准智能实施服务，增强信息开放透明度。后者则侧重于在数字经济高速发展的今天，政府利用大数据平台对数据实时监控分析，不断优化自身政策，根据实际灵活调整政策实施情况。国务院强调，面对数据要素市场，政府须有所作为，预计2025年实现政府强化数字化履职能力、安全保障、制度规则、数据资源、平台支撑等数字政府体系框架，政府履职数字化、智能化水平显著提升，政府决策科学化、社会治理精准化。到 2035 年，与国家治理体系和治理能力现代化相适应的数字政府体系框架更加成熟完备，整体协同、敏捷高效、智能精准、开放透明、公平普惠的数字政府基本建成。

以广东省为例，广东省政府充分阐释数据要素对政府的积极影响，深化"数字政府"建设，推进"数字政策"落实，致力于打造理念先进、管理科学、平战结合、全省一体的先进体系。一方面，广东省政府在全国率先探索省域治理"一网统管"，打破条块分割的"竖井化"界限，推进跨层级、跨地域、跨系统、跨部门、跨业务协同治理，使用数据工具共享业务实时信息；另一方面，在民生政务方面，广东省大力推进"数字政府"改革建设，高频服务事项基本实现"指尖办理"，"粤省事"实名注册用户达到 1.15 亿人，"粤商通"预计年底注册企业超过 1000 万，实现政务便民利民，大大提升政府工作效率。

正如前文所述，传统政府可能存在无法动态捕捉需求，难以获取反馈，政务周期长的问题。面对"沉默的大多数"，数据的运用可以提升政府办公效率，另外，政府对个人消息的全方面监控可能造成政治监控；对个人隐私边界的不科学划分与不完善的保密机制很可能造成数据滥用，对公民的基本信息安全构成较大威胁。

扬长避短，奋楫前行。面对危机与机遇并存的局面，政府需建立新的数据社会契约。这种社会契约将推动数据的使用和再利用，创造经济和社会价值，同时确保这些价值得到公平分享，并增强参与者的信任，以走好政府的数字化转型道路。

（二）数据要素对个人的影响

个人是数据市场的直接受益者，数据对个体的影响体现于生活各个方面。我们将数据对个人的产业经济效应概括为三个方面：优化决策、降低信息成本、加强群众监督。

面对海量的信息，个体需不时做出相关选择。由于信息不对称的僵局，或因做出决策成本过高，个人难以优化决策达成效用最大化。而大数据平台的存在无疑可以通过精准投放推荐和海量的数据分析优化个人决策。从电商平台通过浏览记录对相关货物的精准推送，到理财投资中交易平台通过个人对风险偏好的差异化分析推荐最优投资组合，或是日常生活中搜索引擎对搜索记录的分析推荐，都反映出数据要素与大数据平台对优化个人决策的重大影响。

同时，数据要素市场化大大降低了个体获取相关信息的成本。通过对数据的存储调取，以及数据时代带来的信息透明化，数据要素市场化有效降低个人调取信息的成本，在日常生活、田野调查各方面提升数据分析效率。

此外，数据要素发展有利于个体进行群众监督。一方面，随着政府监管数字化透明化，相关档案文件须进行数字化储存，有效加强群众对政府及公检法的监督力度；另一方面，通过大数据平台，个体有效发挥群众力量，联合当地纪委与相关部门整治地方乱象。2019 年 10 月，经群众举报，沈阳市纪委监委通过正风肃纪大数据监督平台，对 2016 年以来城乡低保、临时救助等十类民生保障项目资金发放行为进行监督，发现和核实确认问题 69554 个，给予党纪政务处分 33人，移送司法机关 2 人。个体与相关部门联合通过大数据信息库自动与低保办理人员信息库、在保人员信息库、殡葬死亡信息库进行比对，有效地避免了"重复保""关系保""人情保""服刑保"等问题。系统还会自动对权力行使全过程留痕、监管，最大限度地压缩自由裁量权，有效制约经办人员慢作为、乱作为等问题。切实做到群众发现问题，部门解决问题，发挥个体的监督作用。

（三）数据要素对私营部门的影响

大数据的发展会引起组织的变革，大数据其固有的实时性和快速性的特点，有利于企业通过挖掘数据内部的商业价值，快速实现对市场机会的预见和把握。换言之，大数据平台增加商业机会，提升企业发掘商业盲点的能力。同时，企业通过大数据技术的采用和能力建设，从而完成对大数据的深度分析和智慧应用。这种基于大数据所发展形成的能力已经成为市场竞争中取胜的重要能力，对企业的发展起着重要作用，尤其是在数字化发展浪潮的环境下，企业通过改变原有的战略、商业模式等组织价值传递要素，积极进行转型，拥抱数字化技术和数字化变革，增强自己的灵活性，最后茁壮地存活下来。同时，企业利用虚拟的数据资源提升自己的能力。很显然，这些企业并没有遵循一切照旧的原则，而是积极利用数字化技术构建自己的大数据能力，识别和利用动荡和环境中的潜在机会，避免企业陷入不确定所带来的功能失调的情境中，有效促进数据价值的流动。

此外，数据要素发展对企业内控影响深远。在传统的企业管理决策中，对行业的管理认识是通过对一些文件和企业经营数据的分析来理解的，即企业管理决策数据，这种数据由于信息量大、信息隐藏深，如果没有一定的前瞻性，很难迅速从中找到有用信息。一方面，随着大数据技术的发展，管理者可以在更短的时间内分析更多的行业信息数据，从而进一步保证决策数据的准确性和可靠性，帮助管理者做出更好的企业管理决策；另一方面，在传统的企业决策会议中，参与者大多在一定程度上决定企业未来发展方向。然而，企业管理层对企业的行业数据并不一定有足够的了解。为保证所有参与者都能更好地了解行业现状和企业发展，有必要让相关的数据分析师对企业近期的报表数据和行业情况进行分析。随着大数据技术的发展，数据的采集、存储和分析变得更加简单方便。在科学全面的数据支持下，企业管理者可以做出更高效、更科学的决策。

然而，数据要素发展也可能对企业造成负面影响。一方面，随着市场扩大，马太效应越发明显，先进企业拥有相关技术，获取高额利润；小微企业难以生存，不平等加剧。另一方面，数据要素的主权无形中给予企业针对消费者的特权，企业可以使用数据要素带来的市场势力危害消费者主体。

（四）治理措施

面对数据要素发展时的相关乱象，打破僵局需要新的数据社会契约。这种社会契约将推动数据的使用和再利用，创造经济和社会价值。在这些方面，低收入国家往往处于不利地位，因为它们通常在获取数据并将其转化为价值的基础设施和技能，人们对数据系统信任的制度与监管框架，公平参与全球数据市场及其治理的规模与渠道等方面都有所欠缺。

增加数据使用和再利用频次。数据被使用不会降低其价值。例如，开放数据和数据共享计划允许更多用户访问数据，可以提高数据对发展产生积极影响的潜力。此外，采用统一定义、标准和分类可增强不同数据源的协同效应。近年新型数据的爆炸式增长主要源于企业业务的数字化。将这些数据与普查、全国性抽样调查、政府行政数据以及公民社会组织产生的数据等传统资源结合使用，将有助于填补数据缺口，对政府项目与政策做出更加及时、精确的评估，更好地服务于公共政策需要。要做到这一点，就需要改变指导数据使用的思维方式和框架。

降低准入壁垒，使各方更公平地从数据中获益。发达国家与发展中国家在生成和使用数据以及从数据中受益等多方面都存在很大不平等。目前发展中国家的统计能力和数据素养也有限。许多收入较低的国家缺乏在互联网上快速交换数据以及使用低成本现代数据存储和云计算设施所需的数据基础设施。部分国家经济规模较小，限制了可用于机器学习的数据数量，也导致本国难以出现具有全球竞争力的平台企业。改善全球数据系统公平性要求着力解决以上两方面的不平等。

从国际上看，数据要素发展需要各国朝着建立综合国家数据系统（INDS）的目标迈进。尽管新的社会契约可以确立数据治理的游戏规则并平衡各方面需求，但切实实现上述愿景还需要建立一个使数据在众多用户之间流动、促进数据安全使用和再利用的 INDS。一个运作良好的 INDS 会将数据生产、保护、交换和使用明确融入规划和决策过程，将各种利益相关方（个人、公民社会、学术界、公共部门和私营部门）积极纳入数据生命周期以及数据系统治理架构。要想形成完善的INDS，离不开国家为生产、保护和共享数据提供适当资金和激励。需要扩大有形资本和人力资本投资，改善数据治理，增强专业化数据分析和数据安全技能，并提高大众的数据素养。各国应根据自己当前所处的发展阶段，逐步朝着建设 INDS 的目标而努力。

第三节　数据要素发展的产业化探索

党的十九届五中全会提出："发展数字经济，推进数字产业化和产业数字化，推动数字经济和实体经济深度融合"。以大数据、云计算、人工智能等新一代信息技术为基础的数字经济，充分体现了经济发展的方向，而数据要素急需产业化落实。推动数字经济和实体经济深度融合，需要加强数据要素产业与供应链的完善、数字基础设施建设，为互联互通打下坚实基础。通过智能化、协同化的新产业方式对实体经济进行改造升级，全面提高实体经济的质量、效益和竞争力，打造数字经济形态下的实体经济，进而推动经济体系优化升级（见图3-1）。

图3-1　数据要素产业图谱

（一）数据要素产业和数据要素供应链

数据要素是参与到社会生产经营活动，为使用者或所有者带来经济效益，以电子方式记录的数据资源。从各种时间结果表明，数据要素为数字经济发展提供了不可或缺的动力支持。目前，数据要素在产业化方向不断探索与落实，坚持发展以数据为关键要素的经济结构，系统性、全面性培育数据要素市场。通过多样化探索与应用手段，构建覆盖社会各层面的产业化体系，充分释放数据要素所能发挥的驱动力。

加快发展数据要素市场与促进数字经济创新活动向生产领域渗透是当下产业化发展的重要前提。加快发展数据要素市场，需要建立数据资源产权、交易流通、跨境传输和安全保护等基础制度和标准规范，完善竞争政策体系和市场监管体系，促进大数据交易市场的形成和发展；扩大基础公共信息数据有序开放，建设国家数据统一共享开放平台，努力消除"数字鸿沟"。在保障国家数据安全、加强个人信息保护的基础上，推动各部门、各区域之间的数据共享开放，在数据产业和数据要素供应需求等方面做好准备。

数字经济为实体经济提供新的科学技术知识和生产组织形式，实体经济为数字经济提供应用市场和大数据来源。党的十九届五中全会提出："推动互联网、大数据、人工智能等同各产业深度融合，推动先进制造业集群发展，构建一批各具特色、优势互补、结构合理的战略性新兴产业增长引擎，培育新技术、新产品、新业态、新模式。"这为数字经济和实体经济深度融合厘清了思路、明确了路径。要积极运用新一代数字技术推进传统实体经济的数字化改造，推进数字产业化和产业数字化，推动产业链向中高端延伸，增强实体经济的核心竞争力；完善国家创新体系，健全创新激励机制，将数字经济创新活动广泛引向生产领域，为实体经济转型升级赋能助力。

完善数据要素资源体系、构建数据要素市场体系、壮大数据要素应用体系与建成数据要素安全体系是数据要素产业未来发展的重要走向。

完善数据要素资源体系即加强数据采集、促进高质量汇聚并且进行标准化建设。推进数据采集、标注等管理方式，打通政府部门、公共机构、企业不同主体之间及不同主体内部的数据壁垒，才能在多源数据一体化充分构建全数据链。为建设国家数据采集标注平台和数据资源平台，建立数据质量管理机制，制定规范的数据质量评估事必要措施，同时积极应用先进管理方式，促进全产业形成高质量管理闭环。

构建数据要素市场体系即制定这项机制并建立数据确权基本框架。明确权利类型、确定权利主体、厘清数据的控制边界和使用范围是当下建设数据产业的重要目标。为尽快推动试点示范工程，现已建立全国数据统一的登记确权体系，分级分类对原始数据、脱敏化数据、模型化数据和标准化数据进行专业化、系统化的权属界定和动态管理。通过数据登记确权平台及其他手段，实现数据确权和价值变现，促进数据交易和流通。同时，营造包容、审慎、容错的环境，挖掘优秀案例并进行试点示范，能够为营造市场探索数据发展模式带来更良好的氛围。

壮大数据要素应用体系即推动数字要素的全产业应用以及试点示范建设。深化数据驱动的全流程应用，提升基于数据分析的工业、服务业、农业的供给与消费。为实现不同产业的业务全流程综合应用，提升企业研产供销数据应用水平，现进行行业梳理数据应用路径、模式方法和发展重点，编制数据应用指南，为数据应用提供指导方向。同时，鼓励地方、单位在政策制定、资金分配、资源配套等方面加大力度，积极推动试点示范项目应用推广。

建成数据要素安全体系即推动安全监管体系与市场风险监管体系的建设。为明确安全主体责任和防护要求，构建覆盖数据资源全产业链的安全监管体系，现各产业加快推进各项数据保证能力建设。为建立面向企业的数据安全备案机制，提升数据安全事件应急解决能力，现各产业建立数据市场安全风险预警机制，提前应对数据带来的就业结构变动、隐私泄露、数据歧视等社会问题，严控数据资本市场风险。与此同时，设立数据跨境流动风险防控机制，加强跨境数据流动监测和业务协同监管。

以数据应用需求为指引，完善数据市场流通环境，精准对接市场需求，坚持多元协同共治原则，充分发挥政府和市场两类资源优势，方能为数据要素的产业化发展创造良好、营养的生态环境。在数据要素发展背景下，全国各地也不断进行着数据发展探索。在推进工信部试点项目、增加新型消费项目、推广数字人民币、应用工业互联网等领域作出很大成效。各地深化实施大数据战略，破解创新发展难题，将现有项目与数字化相结合，推动经济结构转型升级。利用数据要素的核心特点，为自身产业与工程增塑核心竞争力，平衡技术提升与产业应用的关系，以推进大数据应用技术与产业融合。与此同时，助推产业数字转型，强健数字经济生态，加速建设具备生态构建能力的平台企业、"链主"企业，鼓励开发数字化转型共性平台。推进数据要素市场化配置改革，培育数据资源管理型公司，收集、整合、加工数据资源，创新应用模式，探索数据流通和数据价值化的新路径。当下以人才为发展核心，各省开展与高校、研究机构与园区合作，解决研发与应用脱节问题。完善人才引进、培养、集聚机制，营造产业发展良好环境，为后续平稳长远的数据发展打下根基。

（二）数据要素交易机构情况

截至目前，我国大数据交易中介经历了井喷式爆发期（2014—2016 年）、发展停滞期（2017—2019 年）、重现新生期（2020 年至今）三个重要发展阶段。在此期间，各种交易机构的建设与交易模式体系的完善成为目标。

随着大数据写入政府工作报告，2014 年成为中国大数据元年。在此之后，大数据交易中心数量呈现井喷式增长态势，仅 2015 年和 2016 年就有 13 家大数据交易中心成立。然而在 2017 年以后的几年间，各地的新增数量明显下降，数据交易中心的发展突然停滞不前。2020 年 4 月，中共中央、国务院正式发布《关于构建更加完善的要素市场化配置体制机制的意见》，将数据与土地、资本、劳动力并列为关键生产要素，提出加快培育、建设数据要素市场的口号，大数据交易市场重现生机。伴随政策号召，各地纷纷加速建立大数据交易中心。自数字化要素发展规划确立以来，我国数据交易所数量大幅上升，呈现出多地布局的模式以引导流通。北部湾大数据交易中心在南宁成立，雄安、北京也在筹建新的数据交易中心。

从全国的角度来看，自国家出台抓牢数字要素发展政策以来，数据要素相关机构在特大城市、大城市的属相明显增多，密集程度明显提高。而内地经济发展略逊色的省份来讲，也在着力推进各类机构的选址，积极建设数据管理结构，为省份的数据市场建立打下基础，并且依据当地实际情况因地制宜，形成了多点聚焦、灵活分布的样态。在各级政府、各大通信机构的积极响应下，大数据从收集到应用的整体流程也进入模式化、掌控化的发展过程。目前，全国各地已经相继成立了大数据管理局，监督管理数据交易市场，促进数据资源流通。省级层面已有广东省、浙江省、贵州省等 14 个地区设立了省级的大数据管理机构，省级以下各市、区大数据管理局也达到 12 个，如广州市大数据管理局、贵阳市大数据发展管理委员会等，负责统筹本地区内数据监督管理工作。数据监督方面，地方数据主管部门负责指导、协调和监督本行政区域内的数据交易活动，引导数据供需双方在依法设立的数据交易服务机构进行数据交易，监督数据交易服务机构履行有关规定。

但是，数据交易机构仍存在美中不足。早在 2014 年，全国各地已开始建设数据交易机构。2014—2017 年，国内先后成立了 23 家由地方政府指导或批准成立的数据交易机构。但是经过 7 年多的探索，各地数据交易机构的运营发展情况始终未达到预期效果。从机构数量来看，绝大多数交易机构已停止运营或转变经营方向，持续运营的数据交易机构非常有限。从业务模式来看，落地业务基本局限于中介撮合，各机构成立之初设想的确权估值、交付清算、数据资产管理等一系列增值服务未能落地。从经营业绩来看，各交易机构整体上数据成交量低迷，市场能力不足。

随着数据交易市场的不断发展，第三方数据交易平台的市场定位同步出现了综合化、服务化的趋势，数据交易中介由单一的居间服务商向数据资源综合服务商进行转型。随着数据交易中心不断创新，完善数据交易服务框架，服务内容多元化、综合化，出现包含数据清洗、数据加工整合、数据分析、数据可视化等功能多样、数据资源综合的各类服务商。与服务商发展同步，目前数据管理相关机构也在积极研究制定数据流通交易规则，引导培育数据要素交易市场，依法合规交易数据，建立支持各类所有制企业参与数据要素交易平台，搭建包括数据交易撮合、交易监管、资产定价、争议仲裁在内的全流程数据要素流动平台，建立全社会数据资源质量评估和信用评级体系。更进一步整合区块链等新一代信息技术，搭建全社会数据授权存证、数据溯源和数据完整性检测平台。

但目前数据交易中介的发展仍然存在一些问题。一是缺乏有吸引力的数据库支撑，数据质量差、数量少、更新慢。与国外同等交易相比，当前已建的数据交易中心并未形成坚实的数据库支撑，提供的数据质量参差不齐，时效性差，不能满足市场需求。二是供需不对称，数据交易平台盈利状况欠佳。大部分平台处于推广阶段，提供的数据不能满足买方需求，收取的平台费用及交易佣金较少。三是数据安全保护与数据交易流通矛盾突出，带来的合规性风险远大于收益。数据安全保护仍是制约数据交易流通的一把枷锁，亟待相关机制予以解决。

针对数据交易所的管理方面，政府积极推进数据管理条例的设置，对交易服务平台及数据交易行为进行统一化、系统化的管理。2020年7月30日天津市发布的《天津市数据交易管理暂行办法（征求意见稿）》是我国第一部专门对数据交易进行规范的地方性立法，在探索适合我国国情和数据特点的数据化管理方案中具有重要意义，一方面可为《数安法草案》的完善提供地方经验，另一方面也会给其他地方数据立法提供借鉴。数据交易服务机构通过发布平台交易规则的方式，增强平台数据管理力度，提高数据交易入门门槛。

对数据交易做好监管，是保障数据交易市场环境公开、公平、公正的基础。现有的数据交易监管主要聚焦于数据交易机制的建立与完善，从制度创新、资源融合共享、公共数据开放、交易监管等角度，规范数据交易行为，增强监督与管理。

当数据交易服务机构在进行数据交易时，与数据供方和数据需方签订三方合同，明确数据内容、数据用途、数据质量、交付方式、交易金额、保密条款等内容，并对订单进行审核管理，确保其符合相关法律法规等合规性要求，最终形成完整的交易日志并安全保存。在交易实施环节，数据管理部门对交付数据内容进行监测和核验，如发现违法违规情况，及时中断数据交易行为。在数据交易事后监督检查中，对数据交易行为或交易平台存在较大安全风险的，提出改进要求并督促整改。

从目前情况来看，数据交易日趋活跃。数据资源应当流向市场最需要的领域和方向，而数据要素市场化配置的关键就在于通过数据流通，在生产经营活动中产生效益，以释放数据要素的价值。近年来，随着各项政策文件出台，数据交易已经如火如荼地开展起来。现阶段，政府数据开放、政企间与企业间的数据共享和数据交易是我国数据流通的最主要模式，特别是数据交易，持续受到各界关注。

（三）数据产业链和供需双方情况

数据化产业链由上、中、下游三部分构成，即基础支撑、数据服务与数据融合应用。通过一体化的平台管理、各类数据服务以及融合应用，数据化产业链将数据资源充分流动到配置位置并发挥作用。目前，数据交易市场是一种数据供需对接撮合机制。数据的供应方需要有一个众所周知的场所，将可提供的数据产品告知市场，而同时数据的需求方也要在这个场所中获得可供选择的数据产品。按照现行的发展趋势，数据使用权的交易需经由持牌机构进行，征信机构和地方数据交易平台将是构建数据交易体系的两大重要角色。

从供给端来看，数据交易主体由政府主导向社会多主体共建发展，即由政府指导类、数据服务商类、大型互联网企业三类主体共同参与。从数据要素的供给侧（D端）可以直接看出，政府部门包括收集产生数据的业务部门和归集发行数据的数据管理部门，社会机构包括公用事业单位，例如水、电、气、暖、通信、交通、医疗等，商业机构包括各类网络平台企业，例如电商企业。征信机构包括个人/企业征信机构和政府的社会公共信用平台，它们向市场供应合规的数据产品，基于对数据产品的描述，通过市场卖出数据产品的使用权。

数据市场的另一端是数据的需求方，包括各类数据分析服务商和行业用户，尤其数据驱动型的公司对数据拥有强烈的需求。需求的数据涉及政府决策、公共服务、影视娱乐、交通物流、医疗健康、金融、零售、广告营销、农业、能源等领域。从数据要素的需求侧（B端）可以直接看出，包括金融机构、保险机构、公证机构、政务机构、医疗健康机构等，从数据交易市场获得可用的数据产品信息，与数据供应机构签订交易订单，基于订单进行数据交付（见图3-2）。

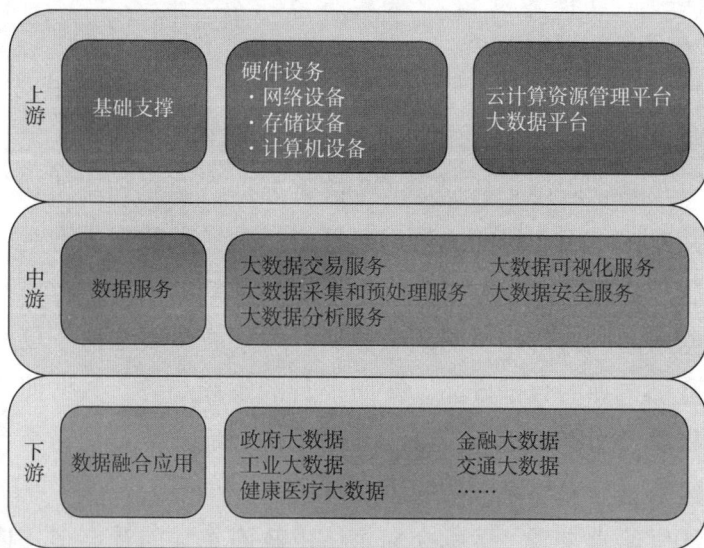

图3-2 大数据产业链

在数据化产业中，数据交付的重点在于数据的使用权。供需双方签订数据订单之后，和传统商品交易一样，将会进入订单交付环节。数据产品的交付并不是简单的数据搬家，而是需要符合数据流通规则，交付的是数据的使用权。即将数据供应方的数据资源，转变为防篡改、防抵赖、防泄露、防丢失、可追溯的数据资产，引入数据主体授权知情机制，将数据依法合规地供应给需求方特定业务使用。

伴随越来越多新型数据交易手段，其在应用知识能够为"X+数据交易"的模式注入新鲜血液。例如，区块链技术作为数据交易手段被初步运用并逐渐普及。现有的数据交易手段利用 API 接口、数据包交易、EXID 虚拟标识技术等方式。相较于这些技术，区块链具有去中心化、难以篡改、可溯源等特点，能够依托现有技术，加以独创性的整合及创新，创造一种全新的信任方式。在实践过程中，通过搭建基于区块链技术的平台，促进数据的交易流通。量子加密等技术的开发应用，解决数据交易流通中的安全保密问题，确保数据安全；区块链技术在数据交易流通中的应用，确保数据流通可信、透明、可追溯，解决数据交易流通中数据非授权复制和使用等问题，提高企业参与数据交易的积极性。以上各项技术，为现有传统产业链提供了更加全面的保障，有利于形成信息闭环，支撑跨机构共享数据的全流程数据要素权属管控，保证连续性和可追溯性。

除此之外，数据应用平台也是该产业链的有力助手。其可根据应用场景的需要，综合多个如数据追溯系统、权限控制系统等，利用相关技术完成电子身份认证、时间戳服务、数据加解密、数据存储、执行智能合约等功能需求。依托应用平台，参与数据流通的机构可以根据业务需求快速灵活地构建满足特定业务场景的数据服务，极大地降低了数据流通的技术对接成本，有助于建立数据开放和数据流动的制度规范。由于基础平台依旧主要依托信源链，可为用户提供存在性证明、完整性证明、身份证明、时间戳证明、数据关系证明和凭证登记流转记录等多种服务，为确保这些信息具备可验证、可审计、可追溯、不可篡改等特性，应用平台的完善也是下一步需要落实的重点。

第四章　数据要素发展指标评估体系

第一节　数据要素发展评估体系的重大意义

数据要素发展事关新时代中国特色社会主义经济发展全局，是关系到贯彻新发展理念、构建新发展格局、深化供给侧结构性改革、完善社会主义市场经济体制的系统性工程，迫切需要从以下三个方面进行完善。

1. 从理论层面说明和探究数据要素市场化发展的理想形态，为数字要素市场化提供系统性、全局性、可预测性、可获得性的参照。

2. 从实践层面全方位、多层次、宽领域地刻画当前各地数字经济发展和数据要素市场化的现实写照，为提高数字经济发展的质量，推动区域经济数字化转型规划现实路径。

3. 从操作层面详细、准确、科学构架数字要素市场化发展的技术路线，为构建全时段数字要素市场化指数，搭建数字要素市场化研究底层平台提供母本。

数据要素发展指数力求从以下三个方面实现颠覆式创新：

一是敢为人先，为讲好"数字中国"提供底层数据和研究导向。数据要素发展指数从无到有，开创了数字经济时代研究数据要素的新纪元。作为国内第一个研究数字要素市场化的评估体系，数字要素市场化指数在充分吸收借鉴国内外数字经济、大数据等评估体系的基础上，改善了已有评估体系指标单

一、数据不足的现状，具有较强的国际可比性和对话点。评估结构全面展示我国数据要素在资源、产业、设施、金融、消费、舆论、政务、创新、共享等各个方面取得的阶段性成果，为向国际社会讲好"中国数字经济故事"，写好"中国数据要素文章"提供坚实的底层数据（见图4-1）。

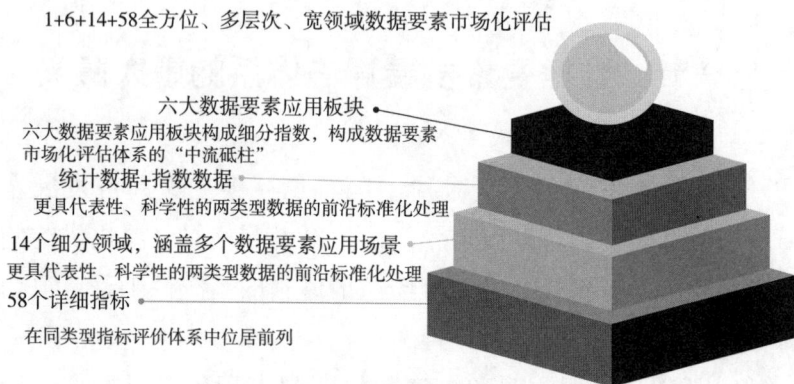

1+6+14+58全方位、多层次、宽领域数据要素市场化评估

六大数据要素应用板块
六大数据要素应用板块构成细分指数，构成数据要素市场化评估体系的"中流砥柱"

统计数据+指数数据
更具代表性、科学性的两类型数据的前沿标准化处理

14个细分领域，涵盖多个数据要素应用场景
更具代表性、科学性的两类型数据的前沿标准化处理

58个详细指标
在同类型指标评价体系中位居前列

图4-1 数据要素发展评估指数体系

二是勇于担当，为推动"数字实践"奠定理论支撑和路径参照。各地由于数据资源禀赋和数据要素运用存在较大差异，数据要素市场化发展程度参差不齐，数据要素发展指数以赋值的形式清晰量化各省和主要城市当前得分情况，可精准激励和倒逼部分省市加快数据要素市场化进程。同时，数据要素发展指数有效识别出若干数据要素市场化发展的先驱省份和城市，归纳、总计、凸显出各地、各行业在发展数据经济、运用大数据指导经济实践的先进典型，为全国成功推广数据要素市场化提供经验支持。

三是经邦济世，为制定"数字政策"提供学术参考和靶向指导。数据要素市场化以学术研究为基础，从各地实践和具体实际出发，以各地数字经济发展的既定事实为标尺，衡量和审视各地数字经济和数据要素市场化的成绩和不足。党的十九届

四中全会以来，各地数字经济发展速度迅猛，数据要素的重要性与日俱增，数据要素发展指数可以为中央评估各地数据要素运用水平，评估各地数据要素市场化落实情况提供重要参考，为"十四五"期间统筹规划全国数据要素市场化发展"一盘棋"及发展重点任务指明方向。

第二节　数据要素发展指数的指标构建

（一）数据要素发展指数评估体系

数据要素发展指数遵循以现有经济金融理论为指导，充分考虑指标的代表性和全面性，可获得性和创新性，兼顾新兴产业和传统行业，动态优化追踪和评价数据要素的发展运用四个编制原则，如图4-2所示。

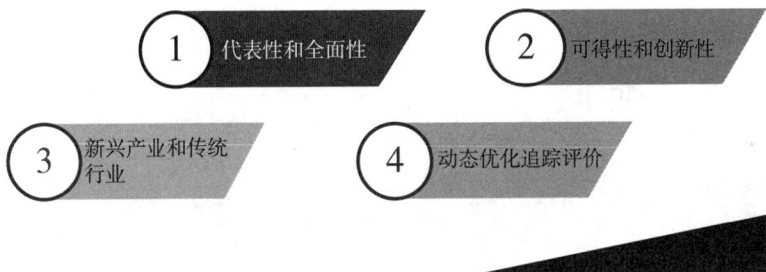

① 代表性和全面性　　② 可得性和创新性

③ 新兴产业和传统行业　　④ 动态优化追踪评价

图4-2　数据要素市场化指数编制原则

数据要素发展指数从各地数字经济实践和大数据运用实践出发，通过实地走访、文献研判、专家讨论等渠道，最终确定了数据要素发展指数的指标体系，共涵盖6大板块和14个细分领域，如图4-3所示。

数据要素发展指数体系共分为6大板块，14个细分领域，58个具体指标。数据要素发展指数体系所有数据均来自国

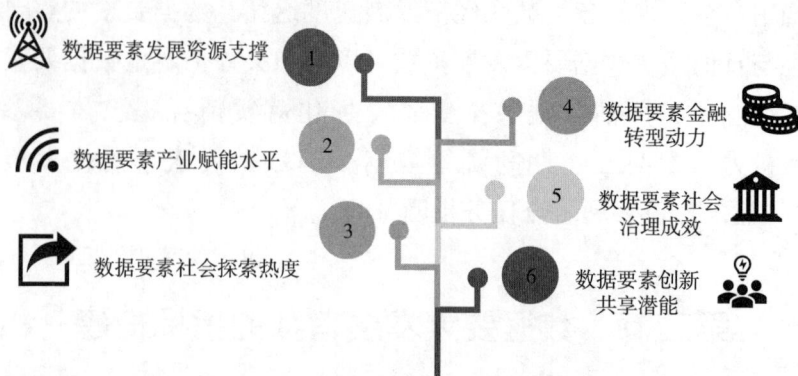

图 4-3 数据要素市场化指数研究指标体系

家部委和地方政府官方网站数据，确保底层数据的准确性。在吸收借鉴国内外指数评估体系研究基础上，通过不同领域多位专家多轮讨论，最终确定各个板块和具体指标，详细信息如表4-1 所示。

表 4-1 数据要素发展指数具体细化指标

所在板块	细分领域	详细指标	数据来源
数据要素发展资源支撑	经济形势	金融产业占 GDP 比重	国家统计局
		第三产业占 GDP 比重	国家统计局
		数字经济 GDP 占总 GDP 比重	中国信息通信产业研究院
		高技术产业营业收入	工业和信息化部
	基础设施	IPV4 地址数	工业和信息化部
		互联网普及率	工业和信息化部
		互联网接入端口数	工业和信息化部
		移动互联网用户数	工业和信息化部
		政企宽带接入户数	工业和信息化部
		网络域名数	工业和信息化部

续表

所在板块	细分领域	详细指标	数据来源
数据要素产业赋能水平	产业规模	各地区大数据企业数	国家发展和改革委员会
		各地区金融科技企业数	国家市场监管总局
		各地区金融信息服务企业单位数	中国人民银行
		各地区数据中心数量	工业和信息化部
		各地区非金融机构支付服务企业单位数	中国人民银行
	产业数字化	每百名企业员工使用计算机数	国家统计局
		每百家企业拥有网站数	国家统计局
		有电子商务交易活动企业占比	商务部
	消费数字化	网上零售额	商务部
		网上零售额增长率	商务部
		实物商品网上零售额	商务部
		实物商品网上零售额增长率	商务部
数据要素社会探索热度	试点示范	工业互联网试点示范项目个数	工业和信息化部
		大数据发展试点项目数量	工业和信息化部
		数字人民币试点示范	中国人民银行
		新型信息消费项目规模	国家发展和改革委员会、商务部
	数字关注	金融科技百度热度	百度大数据平台
		大数据百度热度	百度大数据平台
		数字经济百度热度	百度大数据平台
		数字金融百度热度	百度大数据平台
数据要素金融转型动力	金融发展	总部设在省内的证券公司数	中国证监会
		当年国内股票（A股）筹资	中国证监会
		当年国内债券筹资	中国证监会
		年末国内上市公司数	中国证监会
	数字金融	数字普惠金融指数	北京大学数字金融研究院
		数字普惠金融覆盖广度	北京大学数字金融研究院
		数字普惠金融数字化程度	北京大学数字金融研究院
		数字普惠金融支付使用深度	北京大学数字金融研究院
		数字普惠金融信贷使用深度	北京大学数字金融研究院

续表

所在板块	细分领域	详细指标	数据来源
数据要素社会治理成效	数字政府	互联网金融风险分析技术平台分布	国家互联网信息办公室
		数字政府发展指数	清华大学数据研究中心
		数字政府组织机构指数	清华大学数据研究中心
		数字政府制度体系指数	清华大学数据研究中心
		数字政府治理能力指数	清华大学数据研究中心
		数字政府治理效果指数	清华大学数据研究中心
		大数据管理机构数量	各省、自治区、直辖市人民政府
	数字政策	大数据发展政策与法律法规	各省、自治区、直辖市人民政府
		金融科技发展政策与法律法规	各省、自治区、直辖市人民政府
		互联网金融发展政策与法律法规	各省、自治区、直辖市人民政府
		数字经济发展政策与法律法规	各省、自治区、直辖市人民政府
数据要素创新共享潜能	成果转化	当年有效专利总数	国家专利管理局
		新产品开发项目数	国家专利管理局
	创新环境	研究项目数	科技部
		研究项目经费	科技部
		研究人员数	科技部
		科学研究机构数量	科技部
	开放共享	企业技术中心数量	工业和信息化部
		数据交易中心数量	工业和信息化部

注：（1）在编制报告中，部分指标数据缺失，因此，在2019年数据要素发展指数中，暂未考虑以下指标：数据中心数量、大数据管理机构、数据交易中心数量；在2020年数据要素发展指数中，暂未考虑以下指标：大数据管理机构、数据交易中心数量。

（2）对于指数报告面临的数据缺失问题，采取指标就近替代的方法，具体替代的指标有：数据中心数量替换为工业和信息化部绿色数据中心数量（2020年、2021年）。

同时，为进一步提高数据要素市场化与国内外前沿研究的可比性，展现数据要素市场化评价体系在学术层面和应用层面的双重价值，本书创新借鉴已有体系数据，在数据收集过程中，本书创新地将统计数据与指数数据相结合，进一步提高指标体系的覆盖广度、研究深度和运用信度。

（二）数据要素发展指数编制方法

1. 数据收集

课题组多渠道保证数据的可获得性和可信性。T 年的数据要素发展指数主要使用 T-1 年的公开数据。需要特别说明的是，各部门和各地区的统计年鉴一般有 2 年左右的时滞，所以部分数据使用的是 T-2 年的数据，极少部分数据遇到数据缺失问题，则采用相近年份平均值法或者插值法进行填充。

2. 数据标准化处理

指数评估体系首先需要解决指标变量的量纲问题，为消除量纲，采用 Min-Max 的方法对原始数据进行标准化处理。标准化后的指标变量都位于 [0, 1] 区间内，方便后续指数的计算。具体标准化的公式如下：

$$Standard_i = \frac{\text{该指标原始值} - \text{该指标最小值}}{\text{该指标最大值} - \text{该指标最小值}} = \frac{Variable_i - min}{max - min}$$

其中，$Variable_i$ 表示待标准化的原始数据，$Standard_i$ 代表标准化后的变量，max 代表该指标变量的最大值，min 代表该指标变量的最小值。

当指标数据存在极端值，离差较大时，简单的标准化方法可能会使得标准化后的数据分布在较窄的范围内，使指标反映的信息模糊化，并且无形中增大了异常值的权重，不利于城市之间的客观比较。因此，针对离差较大（最大值减去最小值大于 1000）的变量，我们采用先取自然对数值，再标准化的方法进行特殊处理。

3. 数据同趋化

数据要素发展指数定义为正向指标，指标数值越大，意味着数据要素市场化程度越高。在首期（2019 年、2020 年、2021 年）数据要素发展指数评价体系中，所以底层数据均为正向指标，无须进行同趋化处理。

4. 数据要素发展指数子指数处理

数据要素发展指数子指数（以下简称子指数）是数据要素发展指数评估体系的重要组成部分，计算子指数是细化数据要素市场化运用的具体领域表达，在进行标准化后，可以计算子指数，计算公式如下：

$$Semi_i = \sum_i W_{ji} \times Standard_{ji}$$

其中，$Semi_i$ 指子指数，在首期（2022 年）数据要素发展指数评估体系中，包括数据要素发展资源支撑指数、数据要素产业赋能水平指数、数据要素社会探索热度指数、数据要素金融转型动力指数、数据要素社会治理成效指数、数据要素创新共享潜能六个子指数。W_{ji} 表示各个板块中详细指标在所在板块中的比重，$Standard_{ji}$ 代表详细指标。

5. 指标赋权方法

确定各指标的权重是指数构建的重点。已有的经济金融指数研究中，常用的方法有专家打分赋权法、主成分分析法、层次分析法、熵值法、支持向量机、VAR 脉冲响应法和 SVAR 脉冲响应法等。尽管不少研究使用专家打分赋权等主观方法，但专家打分法等主观方法明显存在主观性太强、指标代表性不足等问题，从而影响指数的信度和效度，导致指数的公信力缺失。而客观的量化方法则存在指标收集难度大，计算过程复杂，数据容易失真，结果缺乏可读性等问题。因此，我们采用主成分分析法：主成分分析法具有使大量指标变量构成的指数体系综合成几个简单变量，代表内部主要推动信息，使指标体系范围变得无穷大，且能够纳入全部变量，总结主要信息等优点。尽管主成分分析法主要依赖变量间的数值规律，对经济规律缺乏深度发掘，但从实践来看，主成分分析法从理论上易解释，结果也相对客观科学，并可以兼顾数据的可得性，为后期指数的扩充和调整预留了空间，因此我们仍选用这种方法计算数据要素发展指数。

本书课题组在研究中，在审慎评估相关研究的基础上，先后邀请多位数字经济、大数据、数字金融等领域的知名学者、业内经理人、政府部门主要负责人参与座谈，听取相关意见，形成书面化方案，并经课题组全体成员商议同意，最终确定了各细分板块的分类和具体指标。

第三节 数据要素发展指数评估结果解读及分析

图4-4展示了2019年各省数据要素发展指数评估的总体状况和排名，北京位列第一，广东、上海、浙江、江苏紧随其后，构成数据要素发展的第一梯队。

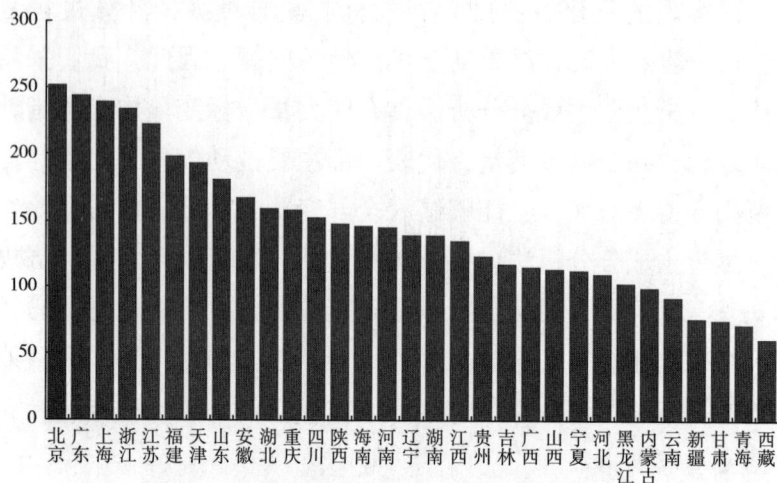

图 4-4　各省份数据要素发展指数排名（2019 年）

图 4-5 展示了 2020 年各省数据要素发展指数评估的总体状况和排名，受新冠疫情影响，数据要素发展受到一定限制和影响，各省份之间竞争格局也发生相应变化，北京位列第一，上海、广东、浙江、天津紧随其后，构成数据要素发展的第一梯队。

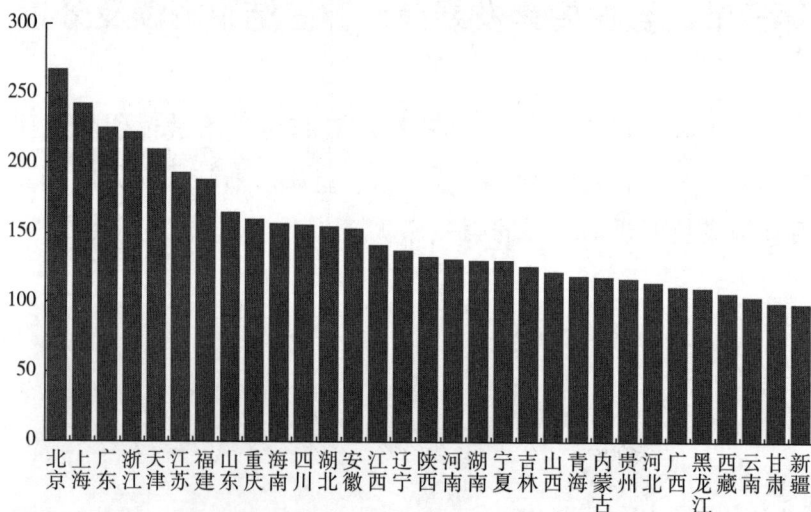

图 4-5　各省份数据要素发展指数排名（2020 年）

　　图 4-6 展示了 2021 年各省数据要素发展指数评估的总体状况和排名，后疫情时代各省数据要素发展竞争更加积累，头部省份按兵不动，中间省份进行了多次"洗牌"，北京仍以突出优势位列第一，上海、广东、浙江、江苏紧随其后，构成数据要素发展的第一梯队。

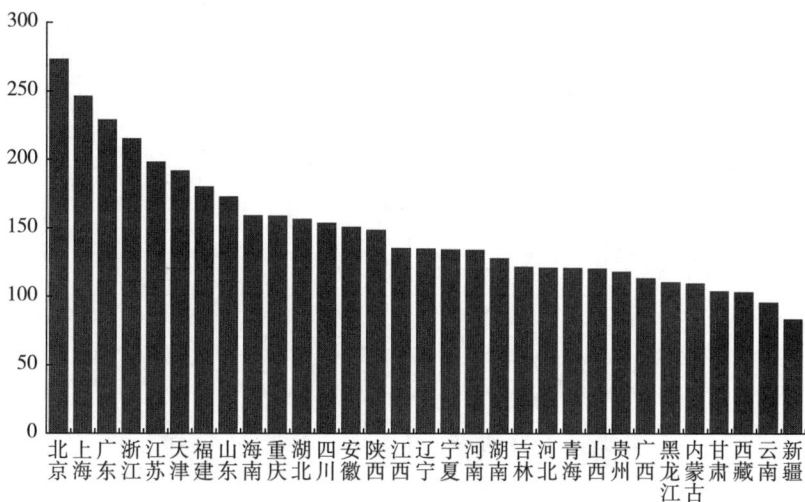

图 4-6　各省份数据要素发展指数排名（2021 年）

　　在对各省数据要素发展水平进行深入分析的基础上，我们将全国 31 个参评省份划分为 5 个梯度，分别是领军省份（排名 1—5 名）、中坚省份（排名 6—15 名）、冲刺省份（排名 16—25 名）、起步省份（排名 26—31 名），便于进一步探讨各省份之间数据要素发展状态和进度差异。

　　省级数据要素发展指数梯度差异如表 4-2 所示，北京、上海、广东、浙江、江苏数据要素发展呈领先态势，天津、福建、山东等省份处于"中坚梯队"，辽宁、宁夏、河南、湖南等省份处于"冲击梯队"，黑龙江、内蒙古、甘肃、西藏、云南、新疆等省份处于"起步梯队"。

表 4-2 省级数据要素发展指数梯度分布（2021 年）

分组名称	得分区间	省市全称	数据要素发展指数	总排名	组内排名
领军省份	198—274	北京市	273.3786	1	1
		上海市	246.3120	2	2
		广东省	229.0918	3	3
		浙江省	215.2229	4	4
		江苏省	198.1535	5	5
中坚省份	135—192	天津市	191.7715	6	1
		福建省	180.0945	7	2
		山东省	172.9093	8	3
		海南省	159.3506	9	4
		重庆市	158.9079	10	5
		湖北省	156.3832	11	6
		四川省	153.7094	12	7
		安徽省	150.8800	13	8
		陕西省	148.5041	14	9
		江西省	135.4869	15	10
冲刺省份	113—135	辽宁省	135.3409	16	1
		宁夏回族自治区	134.4923	17	2
		河南省	134.2339	18	3
		湖南省	128.1453	19	4
		吉林省	121.8625	20	5
		河北省	121.5244	21	6
		青海省	121.2932	22	7
		山西省	120.6926	23	8
		贵州省	118.3441	24	9
		广西壮族自治区	113.6302	25	10

续表

分组名称	得分区间	省市全称	数据要素发展指数	总排名	组内排名
起步省份	83—110	黑龙江省	110.7177	26	1
		内蒙古自治区	110.0211	27	2
		甘肃省	104.0410	28	3
		西藏自治区	103.3436	29	4
		云南省	95.8942	30	5
		新疆维吾尔自治区	83.6533	31	6

　　"领军梯队"省份无一例外全部位于东部沿海经济发达地区。在中西部省份中,湖南、海南、湖北、四川、陕西等省份数据要素发展崛起,引领中西部地区数据要素发展。但从总体来看,中西部省份尤其是民族地区和沿边地区数据要素发展仍需奋力追赶。

第五章 数据要素发展与商业银行数字化转型

第一节 中国银行业发展的基本情况

自中国加入世贸组织以来，中国银行业经历了国有大型商业银行股份制改革，在这次对中国金融业至关重要的改革完成后，随着中国对外开放的大门进一步打开，中资银行开始走出国门、走向世界，登上更大的舞台。在这近20年中，中国银行业整体经营经营状况发生了巨大改变——管理水平大大提升、银行资产规模高速增长、盈利能力和风险抵御能力也显著增强。尽管近年来由于新冠疫情冲击、国际地缘政治因素和经济下行压力的影响，中国银行业面临调整，整体信用风险有所提升，但是就中国银行业现有的风险准备情况来看，当前信用风险仍处于较低水平，属可控范围。随着宏观经济增长回归常态化，中国银行业经营环境仍会持续优化，银行业转型势必能高效、高质量地完成。

（一）中国银行业经营环境面临挑战但整体稳定

当前国内外经济形势不容乐观，中国银行业面临挑战。自新冠疫情暴发以来，全球供应链受到严重打击，全球经济下行压力增大。2021年以来新冠疫情对经济的影响有所减少，但是整体恢复缓慢。2022年初俄乌冲突爆发，所产生的负面溢出效应对全球经济再次造成沉重打击。由于俄罗斯和乌克兰两国在国际粮食市场和国际能源市场上的特殊地位，这次冲突对国际大宗商品市场产生了巨大冲击，其中原油、天然气等工业重要原料价格剧烈上涨，各国面临巨大的通胀压力。在债务和通胀压力下，各国货币政策逐渐收紧。2021年11月，美联储宣布政策利率不变，并开始启动缩减资产购买规模（Taper）；加拿大央行正式结束量化宽松，推动货币政策逐步正常化；韩国、挪威、新西兰等国央行受到通货膨胀影响率先小幅加息。2022年美联储正式进入加息通道，并在3月、5月和6月三次加息，其中6月一次性加息75个基点，为1994年以来最大幅度加息。受到多重因素影响，世界银行将全球增长预计由2021年的5.7%骤降至2022年的2.9%，可见国际经济形势不容乐观（见图5-1）。

图5-1　商业银行机构图谱

由于国内疫情管控的成功，我国经济在2021年表现出色，在全球主要经济体表现乏力甚至出现衰退时，逆势表现出色正增长。中国世界工厂的地位在疫情对各国制造业产生巨大冲击时变得更为强势，因此出口贸易成为疫情中中国经济的定海神针。但 2022 年初以来，各地疫情反复，其中部分地区疫情较为严重，对经济产生了较大冲击。2022 年第二季度 GDP 同比增长仅为 0.4%，2022 年上半年 GDP 同比增长为 2.5%，远不及设置的全年 5.5% 的目标。经济下行压力下，房地产行业表现不佳，各地房价跌幅较大。同时，受全球经济下行影响，外贸需求面临衰退。中国经济正面临较大压力。银行业是高度顺周期的行业，其在经济下行阶段面临更大的信用风险。经济下行压力下，工厂可能倒闭因此无法偿付贷款，个人可能破产因此无法续上房贷，所以中国银行业正面临挑战。

但是目前中国多数商业银行经营稳健，风险暴露较低，银行业转型稳步前进，在货币政策的支持下中国银行业经营环境稳定。

第一，疫情冲击逐渐减弱，宏观经济增长恢复，银行业业务有望扩张。2022 年 6 月以来疫情冲击逐渐减弱，经济重回正轨，银行业业务仍然具有巨大的增量空间。首先，居民消费潜力逐渐释放。随着疫情影响逐渐消弱和疫情防控政策的调整，中国内需潜力将进一步释放。2022 年上半年，全国网上零售额 63007 亿元，同比增长 3.1%，在 4 月和 5 月的影响下仍实现了正增长；2022 年 6 月社会消费品零售总额同比增长 3.1% 由 5 月的 −6.7% 重回正值。消费的重振为银行的线上消费信贷服务提供发展机遇。其次，经济下行压力下积极的财政政策使融资需求不断扩大。在新冠疫情冲击下，政府提出要加快推进"十四五"规划中的交通、水利等重大基础设施建设，因此对银行业的融资需求仍将持续增加，因此贷款业务仍有动力增长。此外，2022 年 6 月中国进出口表现亮眼，在德国和日本等老牌工业国都出现逆差的时候逆势增长，促进了银行业跨境业务服务。

第二，货币政策仍较为宽松，银行流动性压力小。受通胀压力影响，美联储激进加息政策对世界经济产生较大影响，但第二季度我国货币政策坚持以我为主，逆势降准。2022年上半年，人民银行降低准备金率0.25个百分点，上缴结存利润9000亿元，合理增加流动性供给，金融机构加大对实体经济的信贷支持力度。6月末，M2同比增长11.4%，比上年同期高2.8个百分点；上半年，社会融资规模增量为21万亿元，同比多增3.2万亿元，人民币各项贷款增加13.68万亿元，比上年同期多增9192亿元。其次在信贷结构上，人民银行充分发挥结构性货币政策的精准导向作用，推出多项结构性货币政策工具，加大普惠小微贷款的支持力度。从各个方面支持商业银行业务开展，缓解银行流动性压力。

（二）中国银行业转型顺畅，金融创新加速

在全球经济下行压力和国内疫情冲击的影响下，中国银行业整体转型顺畅。

第一，规模盈利持续增长。2022年第一季度末，商业银行总资产为357.9万亿元，同比增长达8.6%和总负债规模达到327.6万亿元，同比增速分别为8.5%。银行资产总额增长迅速于负债总额说明银行盈利有所增长，表明中国银行业的稳步前进。商业银行利润保持稳健增长。2022年第一季度末，商业银行累计实现净利润6595亿元，同比增长7.4%。平均资本利润率为10.92%，较上季末上升1.27个百分点。平均资产利润率为0.89%，较上季末上升0.11个百分点。

第二，风险抵补能力增强。在具体风险抵补能力上商业银行表现依旧出色。统计数据显示，2022年第一季度末，商业银

行贷款损失准备余额为 5.8 万亿元，较上季末增加 2392 亿元；拨备覆盖率为 200.70%，较上季末上升 3.80 个百分点；贷款拨备率为 3.39%，较上季末下降 0.01 个百分点。商业银行（不含外国银行分行）资本充足率为 15.02%，较上季末下降 0.11 个百分点。一级资本充足率为 12.25%，较上季末下降 0.10 个百分点。核心一级资本充足率为 10.70%，较上季末下降 0.09 个百分点。流动性水平也保持稳健。统计数据显示，2022 年第一季度末，商业银行流动性覆盖率为 143.22%，较上季末下降 2.07 个百分点；流动性比例为 61.22%，较上季末上升 0.91 个百分点；人民币超额备付金率 1.89%，较上季末下降 0.16 个百分点；存贷款比例（人民币境内口径）为 78.70%，较上季末下降 0.98 个百分点。

第三，战略业务布局深化。"消费金融""养老金融""科创金融""跨境金融""数字人民币"领域是商业银行在 2022 年深化战略业务布局的重点领域。同时，"零售转型""绿色金融""ESG 发展理念"等也成为银行业高质量发展的方向。多维度的战略布局抢占的是银行未来的生存空间，同时也推动金融真正为人们提供优质服务。目前多家银行在以上战略领域提前展开布局，比如在数字人民币领域工行就有诸多尝试。

第四，金融创新加快。在战略业务布局下，中国金融创新也在迅速发展。在理财领域，大量新理财产品被开发出来，据统计 2021 年第三季度新发产品 1.17 万只，募集规模 31.87 万亿元。另外，在绿色金融方向，商业银行加速创新绿色金融产品和服务，开发了绿色债券、绿色保险、绿色基金、绿色租赁、绿色信托等金融工具，形成了多元化的绿色金融产品体系。截至 2021 年第三季度绿色信贷余额 14.78 亿元，同比增长 10.10%。在 2022 年，绿色信贷继续发力，规模持续扩大。

中国工商银行还在欧洲发行了"一带一路"气候债券，促成了中欧在绿色金融上的合作，也让中国金融迈出了国际化的一步。此外，在数字普惠金融上，传统商业银行和微众、新网等互联网银行一起发力，为缓解小微企业和个人的融资约束作出了巨大贡献，为实现共同富裕的根本目标努力。另外，跨境金融也在成为着越来越重要的一部分。随着"一带一路"建设、RECP 等区域合作性组织变得越来越重要，作为这些协议参与方的中国金融企业也在发挥着越来越重要的地位，因此我国跨境金融业务迅速增长。

（三）展望未来：降速增质

展望未来中国银行业发展，我们认为中国银行业将进入一个扩张速度降低，增长质量提高的阶段，具体而言包括以下几个部分：

第一，规模增速和盈利水平下降，资产负债结构逐步优化。2022 年下半年以来，新冠疫情逐步得到控制，我国经济逐步回归正轨，商业银行业务也将逐步回归正常状态。但是疫情、全球经济形势对国内经济冲击影响难以完全消除，商业银行恐怕难以回归疫情前的状态。随着房地产行业步入寒冬，我国经济下行压力加大，随之商业银行规模增速和盈利水平应当下滑，但是在宏观经济恢复和较宽松货币政策下，银行业不至于出现负增长。在贷款违约率上升的背景下，商业银行会被倒逼提升自身的资产负债结构，以抵抗信用风险威胁。同时在利息收入方面，面临净息差回升，随着疫情的逐步好转，贷款业务会恢复到疫情之前的常态经营模式，但在此过程中商业银行让利实体经济会更加注重质量。因此，非利息收入将较之前变得更加重要，因为随着国内资本市场的不断完善，投资者越来越多地通过购买基金、理财等投资产品参与其中，国内市场基金规模不断扩大。商业银行作为基金代销的重要渠道，未来在代理业务方面收入的提升也将助推盈利水平的提高。

第二，资产质量整体稳定，部分中小银行面临风险。2022年受疫情因素影响，经济整体增速放缓，其中房地产行业面临较大困难，商业银行面临坏账比例增加的压力，但由于风险抵补能力较强，不良处置方式相对丰富，预计并不会对行业整体资产质量产生较大影响。随着实体经济持续恢复，企业和个人客户的还款能力逐渐提升。2022 年第一季度末，商业银行（法人口径，下同）不良贷款余额 2.9 万亿元，较上季末增加653 亿元；商业银行不良贷款率 1.69%，较上季末下降 0.04 个百分点，因此整体资产质量基本稳定。综合以上考虑，未来一段时间内商业银行不良率仍在可控范围内。虽然预计整体资产质量稳定，但中小银行风险仍然值得关注。比如 2022 年上半年的河南村镇银行事件就是一个提醒，部分中小银行管理水平低，内部控制差，有可能面临较大危险。

第二节　商业银行数字化转型的机遇与浪潮

（一）数字化转型背景

近年来，区块链、移动支付等信息技术在全球飞速发展，数字化技术已逐步确立到，信息技术的发展、大数据社会的来临，数字化、信息化正在促进社会的变革，各行各业也正在重新定义业务模式及服务体验。在金融领域中，随着大数据技术的广泛应用，信息技术催化了互联网金融的发展，金融与科技的连接不断加深，金融生态和金融格局也都会受到了影响。

金融业实际上是一个对技术高度敏感的行业，历史上每一次的技术变革，都影响了金融行业的运行机制与运行模式。例如，电话、电报的出现让金融能够实现跨区域、跨国际，电脑的发明使大量数据处理成为现实，也促进了近几十年来的金融创新。以计算机、互联网为代表的信息技术，为金融业的快速发展提供了高效的、不可或缺的工具。随着第三次工业革命的爆发，互联网技术的广泛应用会彻底改变传统商业银行的格局。传统金融的概念也会随着互联网金融的出现、金融科技的创新而逐渐发生改变，在大数据社会中，数据作为最重要的生产要素之一，正在成为银行业产品创新和业务发展的基础。

在社会、经济信息化、数字化的过程中，我国数字经济规模发展迅速，2020年已经达到39.2万亿元，在全国总经济中占到了较大的比重，同时与各个领域的联系也在不断加深。我国银行业对于发展金融科技的投资在2020年已经超过了2000亿元，同比增长20%。银行业的数字化转型也会使我国金融市场的秩序、央行的货币政策及支付结算的手段受到多方面的影响，从而改变传统银行的业务模式。

各大传统产业在进行数字化变革，新兴产业也在数字化中诞生，一切都在数字化的浪潮中，朝着信息化世界走去。

（二）银行数字化转型的必要性

从需求侧来说，消费者的习惯和偏好发生了转变，他们越来越习惯通过数字媒介，分享自己的信息、与朋友家人沟通、在线购物或获取其他服务等。互联网也为消费者提供了一个巨大的展示平台，在此人们可以在各种服务与商品之间进行比较，并分享他们的经验，尤其是保险、电信和金融服务业。这种现象赋予了客户更多的权利，以获取自己更加喜欢、偏好的产品与服务，从而加速了市场力量的顺畅运作。随着越来越多的消费者适应了与多个领域的数字交互，他们会逐渐期望能够在互联网中得到全天24小时的服务。

从供应侧来说，有许多高科技导向的初创企业进入了金融领域，利用客户的新需求与过时的服务之间存在的不匹配，创建新的金融模式。传统银行提供的服务，由于行业监管、行业结构、企业文化等因素的限制，负担较重，而在技术发展催生下的金融科技公司，通过专注于银行的不同组成部分，例如支付、外汇、金融咨询服务等，来拆分银行的价值链。以技术为主的金融科技公司通常具有较高的灵活性，善于变革，成本低。在大多数情况下，它们的商业模式呈现出对传统范式的高度颠覆，例如区块链中的去中心化思想。新进入者开始提供与传统银行业类似的金融服务，但在一些规则、制度上不承受与金融机构面临的同等压力，通常监管更为宽松，规则并不统一，并且有时候服务范围不受到国界限制。因此，这些新进入者对于不仅开拓了传统金融模式下所无法触及的业务，部分还提供了与传统银行相同但更信息化、数字化、便捷化的金融服务。对传统金融行业来说，一味地坚持传统模式并不可取，因此传统银行也需要向数字化转变，寻找新的利润增长点。

从需求和供给方面的分析来看，银行业的数字化转型是必要的且不可逆的，银行需要在新的生态系统中定位自己。

（三）银行业数字化的发展机遇

1. 技术赋能

数字化的本质是运用数字化的技术和工具，打通银行业的整个业务流程，破除各个部门、各种数据之间的壁垒，使整个企业的部门、数据互联。

在数字化过程中，信息技术主要从以下四个方面促进了银行业的发展：

一是提高了金融行业的管理效率，互联网的发展使人与人之间的沟通更加便捷，通信工具的创新也让公司内部的合作与沟通更加方便、透明，使信息能够在各部门之间快速传递，从而实现对于这些信息的快速反应，大大提升了管理效率，同时也能提高对于客户的服务质量。

二是信息化降低了运营成本，一直以来，战略性运营成本转型是大多数银行迫切想要实现的目标。随着资产管理规模、收入和整个行业的经营利润率承受压力的增大，财富和资产管理行业已经达到拐点。从银行业自身来看，运营效率低而导致的成本较高问题是系统性的，它源于银行业的复杂性和历史遗留问题，难以解决。行业中，小微企业"贷款难、贷款慢、贷款繁、担保难"的难题，也跟运营成本有关，而数字化转型，能够帮助银行优化自身运营，从而降低运营成本，为有效地实现战略性运营成本转型奠定基础。

三是优化银行的风险管理，商业银行可以利用大数据、数据挖掘等技术，有效地识别信用风险、运营风险等企业中的各类风险。银行也可以借助以往数据，构建自己的风控模型，部署大数据平台，为财务部门、风险管理部门等相关部门提供系统、可靠的信息，并利用分析工具来对各个风险进行分析，以便做出更好的决策，实现预期收益与风险之间的平衡。

四是促进了金融市场的一体化和全球化，数字化使金融服务能够跨区域、跨时间进行交易，一定程度上促进了资源空间和时间上的合理分配，让交易和服务更加便捷、高效。

2. 政策支持

2015 年，党的十八届五中全会首次明确提出"实施国家大数据战略"；同年 8 月，国务院发布《促进大数据发展行动纲要》，明确指出大数据已成为国家基础性战略资源。2017年，党的十九大报告提出了要"推动互联网、大数据、人工智能和实体经济深度融合"；同年 12 月，习近平总书记作出了"大数据是信息化发展的新阶段"重要论断。2018 年，习近平主席在二十国集团领导人第十三次峰会上指出，世界经济数字化转型是大势所趋，新的工业革命将深刻重塑人类社会。2019年 8 月，中国人民银行发布实施了《金融科技（FinTech）发展规划（2019—2021 年）》，标志着我国金融科技创新与数字化转型进入新的发展阶段。

随着新一轮科技革命和产业变革，数字化转型已是大势所趋。"十四五"规划中提到，我国要加快数字化发展、建设数字中国，以数字化转型来驱动生产、生活以及治理方式的变革。同时也要打造数字经济的新优势，推动数字技术与实体经济的进一步融合，实现传统行业的转型升级，促进新兴产业的发展，最终我国将实现数字经济转向深化应用、规范发展、普惠共享的新阶段。

2021 年 12 月和 2022 年 1 月，两份有关银行数字化转型的指导文件先后印发，分别是中国人民银行的《金融科技发展规划（2022—2025 年）》（以下简称发展规划）和银保监会的《关于银行业保险业数字化转型的指导意见》（以下简称指导意见）。两份文件表明了政策对于银行数字化转型的支持和引导并指出，数字化转型不仅仅是单一银行自身经营能力、技术能力的转型，更是为适应数字经济发展要求进行的整体转型。

> 他山之石

招商银行："移动优先"转型，金融科技赋能

2004 年，国内银行业整体还处于发展对公业务阶段，零售业务一直坐着"冷板凳"。招商银行参考各方数字化转型案例，"逆势而为"启动第一次战略转型：零售转型。

招商银行零售业务也因此完成企业变革，从小到大再到强，正式迎来零售"爆发时代"。在一系列新政的推动下，招商银行进入快速上升通道，截至 2008 年，招商银行资产规模突破 1.5 万亿元，存款余额、贷款余额超平均年化增长率超过 30%。然而，到 2014 年，包括招商银行在内的整个商业银行业面临内忧外患。

一方面是互联网金融的强势竞争，在存贷汇三方面冲击银行业务，同时，金融脱媒的趋势，令传统银行在存贷两端的整体占比有所下降。另一方面银行产品同质化严重，加上银行不良资产率上升，利率市场化，旧有盈利模式难以为继。

基于以上两方面的挑战，传统银行亟待改变，需要结合其他行业数字化转型案例，探索出新的增长策略和模式。而作为我国银行业中首次获评"亚太区最佳零售银行"（2018 年）大奖的商业银行，招商银行近年来持续推进"轻型银行"的建设，强调以更少的资本消耗、更集约的经营方式、更灵巧的应变能力实现更高效的发展以及更丰厚的价值回报。面对国有银行的数字化转型浪潮，招商银行提出了"金融科技银行"的创新定位，紧密围绕客户需求，深层次地融合科技与业务，依靠金融科技作为转型动力。

招商银行提出银行数字化转型目标是轻型银行。而向轻型银行转型重点之一是需要明确"移动优先"的银行数字化转型

战略。具体如下：

以用户思维为导向，从软件到硬件的全渠道合作，追求流量的量级提升

长期以来，银行把经营中心放在持卡客户身上，客户行为引发商业逻辑变化后，银行应当跳出账户的束缚，树立用户思维，尤其是要抓住新一代年轻用户，将封闭的金融服务体系改造成开放式、场景化的服务生态。而招行信用卡历来对年轻用户的市场风向变化都保持着敏锐的嗅觉，在对外合作上，先后与万达、腾讯、百度、网易、京东、滴滴出行、OPPO、途牛等企业合作，形成了多领域企业合作格局，实时追踪消费者的需求动态，跟进各行各业的头部品牌，最终形成资源互享的共赢格局。

2015年，招商银行信用卡与万达电影签署全面战略合作协议，将在会员联合营销、娱乐营销、线下商圈营销等领域全面深度合作。招商银行信用卡的用户高端优质，消费能力强，而且大部分是年轻客群。招商银行信用卡与万达电影两者的客群属性、品牌调性高度契合，这是双方合作的重要因素。与万达电影的合作，可为招商银行现有持卡人带来各种权益，这对招商银行信用卡的品牌形象建设、用户拓展将起到极大的促进作用。

此外，招商银行也率先从"卡片经营"向App经营转变，开启金融脱媒、消灭银行卡的新时代。招商银行认为，银行卡只是一个静态的产品，而App是一个生态，它拥有丰富、智能、便捷的产品体验，模式更轻、覆盖面更广，能有效加强与用户的互动，更好地满足用户的需求升级，再通过与主流手机品牌合作（苹果、华为、三星、小米等），实现从软件到硬件的全渠道合作，追求经营流量的量级提升。

区别竞争对手，从交易工具到经营平台

与许多银行把 App 当作交易工具，招商银行从战略高度把 App 建设成为客户经营和服务的平台，通过全方位提升用户体验以打造金融服务生态平台。

招商银行每一个分支机构、线下网点也配合 App 战略进行相应转型，打出线下服务温情牌、人性牌，最终打造线上线下一体化的全渠道服务体系。远程核身技术的发展及信息传递方式的开放使实时互联成为可能，金融核身可以在各个场景中发生，银行服务将无处不在。对客户来说，银行不再是一个专门的金融场所，其服务可以脱离网点及专网的限制，具备了渗透到客户生活场景的能力。

布局多元化场景，结合智能技术加速和提升变现能力

过去因收益无法覆盖成本而被银行忽略的长尾客户，成为互联网企业截取流量的来源。它们抢占了各类线上线下场景和用户入口，并通过小额高频的支付业务完成生态圈的闭环构造。

失去维系客户黏性的高频支付业务，银行离客户尤其是年轻客户越来越远，甚至有沦为产品供应商的危险。更令人担忧的是，若失去新一代年轻客户的青睐，银行金字塔顶端的"价值客户"的根基将不再牢固。

招商银行早在 2010 年就未雨绸缪，推出掌上生活 App1.0 进行多元化场景布局来应对年轻客户流失的潜在危机。不同于招行 App，掌上生活 App 侧重打通生活、消费、金融，以"金融为内核，生活为外延"，打造"品质生活"，布局生活场景，如两票、商城、旅游等场景，向着生活类的"超级应用"跨越。

引入数字化 GM 和新的网络银行事业部加速
推进银行数字化转型

招商银行新成立的网络银行事业部汇总，数字化 GM 承担了招行数字化创新和转型的领导职能：参与规划公司数字化战略和创新项目、组织和管控各个数字化团队、从创意到发布管理数字化产品、发起和推进创新项目的跨部门协作和决策（互联网金融领导小组）。

除了销售端"移动转型"的银行定位，招商银行积极运用前沿金融科技技术，加速自身数字化转型进程。

招商银行提出了打造"金融科技银行"的战略定位，加大科技创新投入力度，促使金融业务与科技技术深度融合，以期为客户提供更优质、更迅捷、更便利、更安全的金融理财服务。招商银行"闪电贷"主要是利用了招商银行的数据平台，对客户资产信息、交易记录等大数据进行分析，实现了对客户授信额度、贷款风险的精准定位，以电子化取代纸质资料，减少了客户的跑腿时间，节省了大量的人力成本，同时极大地提高了申贷、审贷、放贷的效率，从而吸引了大量的客户。招商银行还通过类似的方式，不断与多家电商平台、互联网公司等企业进行合作，不仅促进了招商银行与这些企业自身的影响力，也让招商银行获得客户资源、挖掘客户信息、实行精准营销等的渠道得到了广泛拓展。

招商银行的"闪电贷""摩羯智投"等项目给客户提供了非常便捷的服务，"闪电贷"之所以能够迅速审核客户信息，实现迅速放贷，就是利用了招商银行的大数据系统，在客户申请的同时，对客户的资产情况、信用记录、交易信息等诸多数据进行统筹分析，从而精准定位客户的授信额度、贷款风险等，有效地缩减了传统柜台办理业务的时间，节约了大量人力成本，提高了招商银行的放贷效率。一经推出，即得到了客户的一致好评，并帮助招商银行吸收了大量客户，进一步又扩充了招商银行的大数据资料库。

案例启示

一是充分利用技术实现自然交互、提供个性化内容。过去由于技术限制，人被迫主动适应机器，必须输入密码或文字等机器读得懂的语言。现在，技术的发展使机器能够读懂客户的自然语言。一方面，优化银行服务流程。自然语言具备随身"携带"的特征，其在审核流程中的应用省去了很多过往的"必要"环节。与此同时，自然语言具有防伪性能好、唯一性等特征，其在安全性上的出色表现，将帮助银行业迈向更为广阔的自助及线上服务领域。另一方面，客户行为的数字化使银行能够识别每位客户的不同需求，从而提供最为精准的个性化优质信息，提升客户直观体验，提高信息获取效率。

二是开拓现代化智能服务。首先通过数据识别客户需求，并根据需求主动推荐产品、资讯及相关服务。其次通过整理和分析客户的海量金融数据，为客户提供数据产品，让客户更了解自己。最后利用人工智能等先进技术，通过机器提供一部分原本仅能由人工提供的复杂服务。

三是非结构化数据的开采运用。我们不难发现，在大数据时代，商业银行除了更易于给客户提供差异化的产品，商业银行有条件通过数据分析对客户的需求进行实时的跟踪。过去传统的结构化数据主要用于对已产生的交易信息进行记录，而越来越多的非结构化数据的出现、采集和分析，能够帮助商业银行对客户行为趋势更好地进行洞察，预判客户即将采取的下一步行动，然后进行精准营销。招行通过"闪电贷"等业务拓宽自身数据库的同时，一方面为精准营销打下用户基础，另一方面为自身数字化转型进程提供数据保障。

结构化数据的采集与分析助力银行内部风险管理。资金安全是商业银行开展各项业务的基石保障，商业银行需要在市场营销的各个环节对金融风险进行控制。通过对结构化、半结构化及非结构化的各类数据进行全面的分析，能够建立动态的、可靠的客户信用系统，通过对各类交易风险的识别，帮助商业银行做到对风险的事前预警、事中控制，达到防范和控制金融风险的目的。正如招商银行基于"平台+金融+大数据"运作模式的"小企业 e 家"，不但能够更好地开展业务，也能够提前对风险进行识别，有效防控。

➤ 他山之石

中信银行：金融科技推动零售战略

中信银行成立于 1987 年，为中信集团的子公司，是中国改革开放中最早成立的新兴商业银行之一，也是中国最早参与国内外金融市场融资的商业银行。2007 年 4 月在上海证券交易所和香港联合交易所 A+H 股同步上市，截至 2021 年末，中信银行在国内 153 个大中城市设有共 1415 家营业网点。

近年来，我国数字经济发展迅速，数字科学技术与金融的融合逐渐深入，推动了银行模式的变化，数字化转型已成为新时代银行业构建发展新动能的关键。作为国有金融企业，中信银行也顺应了数字经济发展趋势，坚持创新，贯彻新发展理念。

2014 年，由于经济下行、利率市场化等因素影响，银行业依靠利差盈利的传统模式增长乏力；同年 7 月，中信银行正式启动了零售战略二次转型，全力布局"大零售"，改变了以对公批发银行业务作为重心的发展战略，调整业务中心，开始布局零售银行市场。2017年，中信银行的发展规划中提出了"科技兴行"的口号，2018年开始探索互联网金融与零售业务数字化领域。中信银行以数字化转型为发展主线，积极开拓零售业务，截至2020年末，其零售业务占比已经提高至40%左右，是2014年二次转型前的2倍。

数字化管理与智能获客

数据作为当今社会的第一生产力，具有很高的价值，对于金融业，客户数据价值则具有非常大的潜力。

中信银行对客户数据进行数字化管理，并通过数据分析构建客户画像与标签，从而实现精准营销。在获取客户来源上，将传统与七大场景相结合，包括出国、出行、住房、健康、教育、党建与品质生活。

对于银行客户管理，中信银行将客户按客户资产和不同客户群进行分层与分类经营管理，构建线上线下相结合的全经营渠道，利用数据分析技术，挑选出潜力的大众客户优先提供服务。通过对不通层级与种类的客户提供针对性的产品与服务，提高服务效率与质量。目前，中信银行拥有的客户标签已经超过了1000个，形成了千人千面的产品推荐机制。并且，数据分析还帮助了银行对产品进行统一布局，向客户提供个性化的产品组合，满足客户需求。而对于公司管理，银行也为各层级的管理者经营决策提供了数字装备和数字工具，实现公司治理的数字化。

科技创新驱动业务

中信银行通过创建数字化核心指标，加强业务引导，提升了中后台对前台的经营支持，运用数字化手段加强零售、信用卡、个贷营销等多平台的关联，为渠道整合与各业务部门融合提供支持，同时设立专业 AI 客服，为客户提供 24 小时的服务。

中信银行不断加大对科研的投入，并引进人才加强科技研究部门的专业能力，将信息技术与业务相融合，更好地实现数据化创新。2021 年，中信银行累计科技投入近 70 亿元，营收占比 3.59%；总行的科技人员达到近 2800 人，占总行人数的 60%；全行科技人员近 4300 人，占比近 8%。除此之外，中信银行还搭建了大数据平台，深度挖掘客户数据，加强营销与服务平台、中信大脑 AI 销售模型等之间的联系。2022 年初，中信银行在原有信息技术的组织架构基础上新设立了一级部门——大数据中心，大数据团队近千人，与业务板块联动共同形成业务、技术、数据的"三角"架构，全面提高数据服务能力。

在数据处理和数据挖掘上，中信银行统一数据资产管理和运营，搭建自助式数据共享平台，并提供数据分析工具和数据挖掘自助工具，面向业务分析人员和数据科学家提供不同的数据工具，让不了解技术的人员能够快捷、方便地进行数据探索、数据分析，而技术专业人士则可以自行构建分析工具，获得更高的自由度和灵活度；在业务数字化上，通过提供 AI 人工智能算法、数据 API、知识图谱、多方安全计算、数据文件五大类数据服务，将数据与业务相结合，嵌入业务处理过程中，实现业务系统的数字化、智能化。

开放银行平台化

近年来，中信银行与各行业进行合作，与许多企业共同搭建的生态场景约 5500 个，包括携程、国航、百度、滴滴等，累计交易近 4 亿笔。通过和各类企业的合作，中信银行的服务范围不断拓展，在金融科技创新下，借助场景互联、联动获客以及联合经营，实现了服务全覆盖，真正实现合作共赢。

此外，中信集团也让中信银行拥有巨大的资源整合能力。集团子公司之间合作，成立中信联盟，形成了一个互利共赢的生态圈，随着服务的覆盖面不断扩大，也能为客户带来更优质的综合服务，打造品牌影响力，提高客户的忠诚度和满意度。

总结

中信银行顺应时代浪潮，将金融业务、企业管理与数字科技相结合，提升自己的竞争力，打造凸显自身特色的零售业务，利用科技创新，推行零售业务战略，在数字化转型的时代背景要求下，提交了一份不错的答卷。

➢ 他山之石

榆树农商银行：数字化创新助力零售业务转型

榆树农商银行，全称吉林榆树农村商业银行，成立于2011年，既是由原榆树市农村信用合作联社改制而成，也是榆树市第一家由本地发起，在本地成立的银行机构。近年来，受国家经济增长方式转换、大行业务下沉、市场竞争加剧、行业监管趋严、发展历程累积和新冠疫情突袭等因素叠加影响，榆树农商银行遇到农信系统多数行社同样需要解决的，"业务增长乏力、营业收入下行、利润效益下滑"等经营问题。农商银行作为服务"三农"和小微企业的主力军，在新的经济环境、产业形势下，机遇和挑战并存，农商银行的转型迫在眉睫，需要改变传统的商业模式，以适应未来经济、社会发展的需要。

为了在高质量发展背景和双循环的经济发展格局下实现转型升级，榆树农商银行以创新引领发展，2020年4月在新一届领导者上任后，按照省联社部署，结合地方党委政府安排，以"土且香"为蓝图，进行了一系列的创新改革，在服务乡村振兴和服务实体经济中发挥了金融供给侧的作用。

制定发展战略，明确零售业务转型

2020 年以来，榆树农商银行全面实施"支农支小，零售转型"战略，并制订了"两服务四走进"工作方案，把工作重点转移到农村、农业、农户，从而更好地服务"三农"。

全体员工深入乡村中去，收集农户、农业新型经营主体、个体户等小微企业的信息，并建立档案，截至 2021 年底，榆树农商银行共走访了 9.9 万户客户，建立档案达 8.6 万户，新营销贷款 1200 户共计 1.4 亿元。在"回归本源、专注主业、支农支小、零售转型"的思想指导下，针对小农户"融资难、融资贵"的难题，榆树农商银行推出了一系列免抵押、免担保、低利率、可持续的普惠金融产品，例如"榆农快贷"，利用创新产品将农户自身的宅基地、林地等资产实现融资，激活农村潜在的消费需求和投资需求，推动乡村振兴。

榆树农村商业银行还一鼓作气推出了"榆快·园丁贷""榆快·天使贷""榆快·公薪贷"等系列金融产品，最高可贷 30 万元，为社会各阶层群众提供了可用贷款。

发展金融科技，利用数字化创新

从 2020 年开始，榆树农商银行已经全面施行了无纸化办公，电子印章、远程授权、集中作业、后督优化等一系列工作都全面线上完成，客户业务也从传统柜面模式向移动端自助化进一步转型。

榆树农商银行着手建设包括信贷运管、数字化线上产品和普惠金融微信小程序渠道在内的科技系统。2020 年 9 月 1 日，运管系统正式投入使用，该系统在加强合规管理、严格业务办理流程控制的同时，大大解放了客户经理的生产力；2021 年 1 月 4 日，集信贷产品展示、身份认证、在线申贷、审批和提还款功能于一体的微信小程序"榆快金融"正式上线，这也是在东北地区首位推出贷款程序的银行，将贷款过程的复杂手续和严格的审批程序整合，建立了集信贷产品展示、客户身份认证、在线贷款申请、后台智能审批、多渠道还款等功能于一体的数字化金融服务，该服务已经覆盖榆树市所有农区，友好的界面、便捷的操作（从申请到放款只要1分钟的时间）也大大提高了业务宣传、办理效率，客户体验感由此大幅改善。数据显示，截至2021年8月中旬，"榆农快贷"已累计签约授信1.4万户，授信7.7亿元，累计用信1.15万户，累计用信金额6.8亿元。

同时，榆树农商银行施行了"整村授信"的措施，对榆树市所有村庄开展全面的预授信风险评估，覆盖范围共388个行政村、2442个自然屯、3198个村组。其通过"批量信息导入、行内大数据筛查、背靠背准入评估、风险交叉验证"等工作，将所有农户信息入库，并实行名单制分组管理，"黑名单"为禁入户人员，"灰名单"为待观察，"白名单"为预授信准入户，而蓝名单则是存量用信户，共计27.1万户入库，其中白名单共10.5万户预授信41.8亿元。村民信息精准建档，为以后信贷投放业务及其他业务的拓展打下了坚实基础。2020年9月，其零售业务"科技大脑——普惠金融运管系统"投入使用，为整村授信提供信息处理平台支撑。

联合智慧监管，助力乡村自我"造血"

乡村振兴的基础是产业振兴，榆树农商银行不断创新金融服务，致力将金融服务与农村产业相结合。因此，银行不仅只向对带动乡村振兴的农户、合作社、企业提供金融服务支持，还为农村产业发展提供金融支持，例如其推行的"活牛贷"，解决了长期以来畜牧业发展的资金问题，为养殖户扩大养殖规模、发展养殖产业赋能。银行联合太保榆树分公司、吉林省正明监管公司，为抵押牛只办理了肉牛养殖政策性保险，并为牛只佩戴电子耳标、为养殖场安装监控设备，利用智慧监管远程监控和监管巡视员定期检查的方式，解决了活体抵押的贷后管理难题，到2021年11月11日，榆树农商银行已为78家养殖户的肉牛安装了监管设备，完成了3973万元"活牛贷"的贷款发放。真正实现了用金融助力肉牛产业发展，促进农民自我"造血"、可持续性地增收致富。

启示与建议

一是合作推进科技赋能行业改造。现在是互联网的时代，"互联网+"科技正在改造各行各业，银行也不例外。农商银行在谋求互联网科技加持的过程中，大多数农商银行科技人员队伍不齐，同时由于业务体量较小，难以承担自主研发和建设的高风险和高成本，因此农商银行可以与同业机构合作开发和建设科技系统。此种开发和建设模式最适合当下发展较落后且有意上线科技系统的农商银行。

二是采取适合农商银行发展的模式。农商银行所属的区域性市场，按照地理区隔，可以分为农区市场、城区市场两大块，农商银行瞄准零售业务的转型可以归结为两个问题：其一，如何深耕农区市场；其二，如何拓展城区业务。农村是农商银行的根基，农区市场对农商银行的重要性无须赘言，在深耕农区市场的方式方法上，"整村授信"+"网格化营销"是可以借鉴的成熟的业务发展模式。

三是创新信贷管理机制。传统信贷流程按照部门性质分为前台营销、中台管理、后台风控与保障，也称"大三台"，信贷人员实行"包放包收包管"的终身责任制。这一模式带来的弊端在于，银行信贷人员与大量分散客户之间数量上的不匹配以及随之形成的信息不对称，造成银行服务被动、效率低下，并且"一手清"容易引发"暗箱操作"风险，同时，客户经理放贷到一定规模后，存量维护工作繁重，也难免会出现不良，传统责任认定又以结果为导向，很容易造成客户经理"畏贷""惜贷"，没有营销和放款的动力。为了有效解决上述风险和效率之间的固有矛盾，极大地释放市场营销的力量，必须让客户经理解放思想、放下包袱，把他们从繁杂的管护压力中解放出来，把全部精力投入对客户的营销与服务中，需要在准入环节把控好风险，严选进入银行授信体系的客户。

第三节　商业银行数据要素赋能的基础设施

基于《发展规划》和《指导意见》的思想，商业银行需要打造新型的数字基础设施，以其为支撑，实现消费端和产业端的数字新连接。

（一）建设绿色高效可用的数据中心

数据中心产业是新基建重要领域之一，近年来发展非常迅速。数据中心最初诞生于互联网早期，以"机房"的形式存在，随着信息技术在社会中的应用逐渐深化，数据中心的概念也逐步变得丰富起来。在新时代，数据中心作为数据枢纽和应用载体，它是社会中各个行业信息系统的基础设施保障，也是搭建信息化平台的前提，是数字经济发展的基石。

数据中心的建设需要以业务发展需要为中心，同时由于社会、环境等因素对数据中心也提出了更高要求，传统数据中心建设模式不再适用于现在社会的需要，绿色节能、快速部署、智能运维、安全可靠是未来数据中心基础设施的热点需求。

首先,因双碳目标的提出,数据中心作为能耗大户,其PUE能耗限制变得更加严格,为了减少碳排放,各种节能减耗技术相继被提出,可再生能源的研究与应用也在逐渐深入,从而促进低碳、零碳数据中心产业的发展。其次,数据业务对于数据中心的交付时间要求越来越高,为了实现大规模的高效部署,数据中心产业开始探索模块化、预制化模式,采用标准化设计,现场即插即用,实现了快速安装、快速交付,同时也可以减少现场施工带来的安全隐患;数据中心为了应对数据量的增长对数据中心管理提高了要求,逐渐实现了自动化、无人化和智能化。最后,为了实现数据中心的安全性和可靠性,也需要将目标贯彻到数据中心的生命周期中,从整个流程进行完善(见图5-2)。

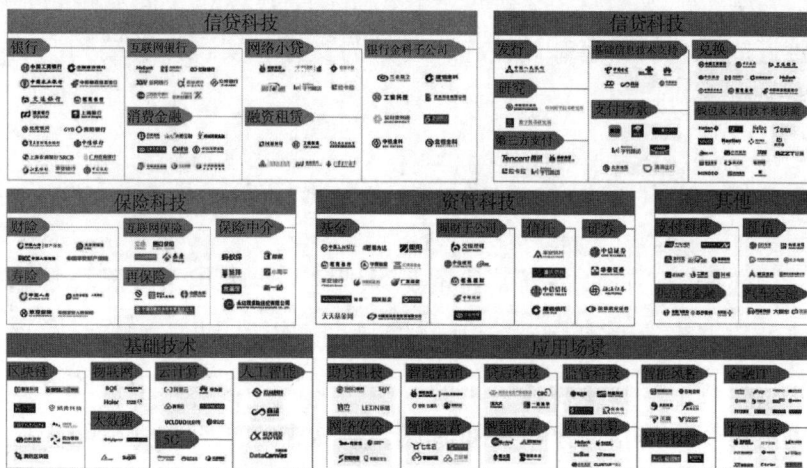

图5-2 商业银行数字化转型产业图谱

(二) 布局先进高效的算力体系

2022年2月17日,国家发展和改革委员会、中央网信办、工业和信息化部、国家能源局联合印发通知,同意在京津冀、长三角、粤港澳大湾区、成渝地区等八个地区启动建设国家算力枢纽节点，"东数西算"工程正式全面启动。在"东数西算"工程的带动效应下，以算力为核心的数字信息基础设施进入新一轮建设周期，成为新基建重点。

算力不再是信息技术领域的专有服务，而是数字经济时代最核心的生产力之一，逐渐渗透到各行各业生产全过程。算力不仅可以降低企业运营成本，还能帮助企业进行智能决策。

（三）架设安全泛在的金融网络

根据《数字中国发展报告（2020年）》，我国已经建成全球规模最大的光纤网络和4G网络；5G网络建设速度和规模位居全球第一，5G独立组网率先实现规模商用。为了完善数字基础设施，银行业也应该积极融入创新网络，优化建设高可靠冗余网络架构，提升金融网络的服务能力和健壮性，为金融数字化转型架设通信高速公路。同时，物联网、区块链等技术的应用，可以帮助银行实现多渠道互联以及解决数据安全性、可靠性等相关问题，为金融场景提供底层基础支撑。

➤ 见微知著
发挥数据潜能，赋能业务全过程
——以微众银行与阿里巴巴小额贷款为例

中国银行业发展模式加速嬗变。中国银行业将迎来高竞争、高分化、降增速、数字化的发展阶段，数字化转型成为新时代银行寻求新增长引擎的必然选择，也是体现银行经营管理能力差异化的"试金石"。在商业银行数字化转型的过程中，需充分发挥数据要素的底层业务支持作用与产业链全过程的风险管理作用，在业务办理时真正实现便捷化，精准化，在硬件构建与业务办理两方面赋能商业银行数字化转型。

以微众银行为例。作为一家创新型互联网银行，微众银行没有营业网点和柜面人员，为解决客户身份认证、客户服务等问题，在依法合规的前提下，微众银行将人工智能、生物识别技术应用到远程客户身份认证、智能客户服务等领域，构建了独具特色的创新产品服务。使用数据库与前沿数据分析技术，微众银行成功实现无人化经营。微众银行对客户数据进行储存，使用面部分析相关技术精准识别；另外，微众银行客户端使用移动计算提供综合化、全景化的智能服务。由此可以看出，数据要素在微众银行的基础设施建设数字化转型中起到了尤为重要的作用。

在大数据分析和应用方面，微众银行依托先进的大数据技术，构建了大数据基础平台，并逐步建立了业务分析、数据管理、平台管理等各级用户的完整工具系统，推出了微粒贷、微业贷等全线上的普惠金融产品，产品依托传统的信贷经验和数据，结合互联网的大数据收集和应用，以机器学习算法和统计方法建立了一套信用风险评价体系。

数据要素赋能基础设施建设，助力商业银行数字化转型。微众银行依托先进的大数据技术，构建了大数据基础平台，基于用户的理财需求、资产状况、风险承受能力等因素，通过大数据分析用户个性化的风险偏好及其变化规律，微众银行以投资组合理论与风险偏好结合算法模型定制个性化的资产配置方案，并利用互联网进行实时跟踪调整，高效率、低成本的财富管理服务能够帮助微众银行扩大客户群体的储蓄规模。阿里系金融也充分享受数据红利。通过在线视频调查，淘宝信用贷款的信贷审核人可以与申请人进行面对面的交流。一方面，体现了服务的人性化，节省了客户的时间与交通成本；另一方面，也使审核人员不用实地上门就可获得申贷所需要的必要单证，进一步了解申请人的信用程度等问题。同时，审核人员还可以在线帮助申请人完善财务报表等财务审查材料，帮助符合条件的申请人顺利地获得贷款。通过面部识别技术与脸部数据库储存，阿里巴巴小额贷款构建便捷安全的线上交易模式，在充分发挥数据要素潜能的基础上构建信贷平台，提高小额贷款效率。

另外，数据要素贯穿于业务办理的全过程。产业链中各环节均离不开数据要素赋能。处理前台工作时，微众银行以移动计算提供综合化、全景化的个人金融信息服务，例如消费账务、投资账簿、家庭财务规划等，形成客户黏性进而提升资金吸纳能力。办理业务时，微众银行利用移动计算技术与金融科技公司提供信息服务充分结合，设计更具综合性的个人金融服务方案，通过一个账户绑定存贷业务、财富管理、投资理财、保险服务等综合服务，并获取前端客户，提高用户依赖性，有效形成账户沉淀的同时减少坏账；售后服务更凸显精准便捷，通过智能客服，平台直接连接用户与银行，用户随时随地可以体验到便捷高效的售后服务。

小额贷款业务方面更是如此。以阿里巴巴小额贷款为例，数据要素助力客户便捷办理业务，助力银行批量化进行放贷，赋能前台进行精准营销与投放。在客户申请表提交之后，阿里会收集申贷卖家以往的经营数据、现金流向、信用认证等资料进行分析，按照实际需要决定是否安排外访调查与视频调查。如果需要，阿里委托第三方机构去企业的所在地进行实地考察，与申请人会谈，了解企业的经营发展情况，对贷款所需要的相关资料进行收集，根据需要对相关资料进行拍照并决定是否与相关部门联系以作进一步的侧面调查。在放贷审核与分析方面，对阿里小贷的贷款审核机构来说，获得商户与企业的经营数据、现金流量、信誉等级、好评率等信息比较容易，对这些数据的处理分析才是最大的挑战。大数据处理分析需要众多符合需要的模型和强大的算法支持，对具有数据分析能力的专业人才更是有一定的需求和要求。为此，阿里成立了阿里云做独立的数据分析与挖掘工作。阿里云的支持提高了阿里小贷对数据处理的标准化程度和处理速度，甚至使信贷服务能像普通的工业产品一样，实现精准的、批量化的流水线生产。此外，阿里小贷视频调查技术凸显人性化和便捷化。通过在线视频调查，淘宝信用贷款的信贷审核人可以与申请人进行面对面的交流。一方面，体现了服务的人性化，节省了客户的时间与交通成本；另一方面，也使审核人员不用实地上门就可获得申贷所需要的必要单证，进一步了解申请人的信用程度等问题。同时，审核人员还可以在线帮助申请人完善财务报表等财务审查材料，帮助符合条件的申请人顺利地获得贷款。

在传统金融业态下，银行主要通过物理网点吸收储蓄，而当前创新型金融科技平台汇聚了大量小额资金的收支使用，对于银行形成资金沉淀是一种挑战，微众银行与阿里小贷的案例为其他中小银行提供了新的思路：

一方面，运用金融科技为存款人提供便利的存取款业务，要通过线上化、移动化，使所有的客户能实现便捷办理业务，提升存款业务的良好体验，也就是说，中小银行要大力实现线上办业务，远程操作，与银行实现"零接触"，同时要积极引用数字技术，提高商业银行的业务承办效率，让客户从排队中解放出来，在前端业务办理与基础设施平台建设中充分发挥数据要素的储存构建作用。

另一方面，需要加强底层技术能力建设，并通过改变底层技术架构来改变金融服务的成本结构，用更低廉的服务成本去服务更广大的客户群体，提供更普惠的产品，提升差异化竞争实力，弥补市场空缺。传统的财富管理服务往往以理财经理、理财管理顾问为主体，在服务推介、客户管理等方面具有极高的人工成本，难以适应现阶段金融服务的大众普惠特征，因此，基于大数据的智能投顾将帮助中小银行吸收更多客户资源，同时能够大大降低边际成本，实现经营情况的大幅改善。

此外，从阿里小贷的业务中，我们可以看出，充分发挥数据要素的潜能，需要相关算法与模型的加持。一方面，技术的不断进步可以完善相关的算法、模型，减少不良贷款的发生概率；另一方面，通过对数据的分析，还可以发现信贷市场发展的趋势，及时调整自己的信贷产品或者推出新的信贷产品以应对变化的市场需求。以数据为基础，以算法为工具，既能避免错漏分析，也能避开"垃圾进—垃圾出"的由不良数据带来的数据窘境。

➢ 他山之石

百融云创：全面赋能金融机构的大数据分析商

百融云创科技股份有限公司简称"百融云创"，创立于2014年3月19日，是一家用人工智能、风控云为金融行业提供客户全生命周期管理产品和服务的智能科技公司。公司将总部设立在北京中关村，并在上海、深圳、武汉等城市设有分支机构，服务覆盖全国。公司有近700位金融机构、互联网企业及咨询公司的加盟，对金融各行业的业务情况十分了解。百融云创已经在之前的A、B、B+轮融资中获得中国国际金融公司、高瓴资本、红杉中国、IDG资本等约7亿元投资并于2021年3

月 31 日在香港联交所主板挂牌上市。

当下"大数据+"火热，金融行业也有一股利用大数据赋能金融业务的风潮。传统金融企业虽然在行业内有着丰富的数据和经验积累，但因缺乏大数据技术、相关的基础设施以及能够开发大数据系统的专业人员团队。从头开始开发一整套大数据分析系统或许对于国有大行而言财务上并不是困难的事情，但是对于大多数金融机构，完全自主地开发财务上并不是一个理智的决定。

百融云创抓住这个时代契机，凭借自身对金融信息的尽早布局和对各金融机构的行业建模能力获得了金融行业客户的信赖。百融云创为信贷行业用户提供包括营销获客、贷前信审、贷中管控以及贷后管理在内的客户全生命周期产品和服务；为保险行业用户提供精准营销、存量客户管理以及个性化产品定制等产品和服务，为金融业数字化升级作出了贡献。

1. 语音识别助力银行业降低成本

某国有大行在偏远地区拥有业务，但是受地理环境制约，该银行在为偏远山区农民提供服务、发放社保卡等业务时，都必须翻山越岭，走进大山深处。比如发放社保卡后的集中回访以确认是否村民本人领取社保卡，这样的简单服务，耗费大量人力、物力，提高了经营成本。

百融云创提出了使用语音识别技术来远程完成确认工作以替代人工的解决方案。百融云创语音识别技术过硬，其人工智能语音能做到让客户与其对话时感知与真人几乎一样；面对村民严重的口音，语音识别的准确率仍然可达80%。尽管仍有部分无法识别的内容，但是这一部分可以交给人工识别，仍然无法识别的就交给业务员前往现场，但是这一部分仅有不到5%。

百融云创先进的语音识别技术不仅可以承担电话回访的简

单工作，还可以承担信息验核、还款通知、催收警告等复杂任务，极大地降低了银行的成本。

2. 机器学习助力消费金融识别风险

某外资消费金融公司由于公司的客群相对下沉，主要业务集中于为蓝领人群提供手机分期服务。这类客户中的大多数都没有历史信贷信用记录，他们就是金融机构眼中的"征信白户"，公司很难依靠人民银行征信中心的信息来对蓝领客户进行信用评估。

百融云创利用人工智能模型预测的手段实现自动化的信用风险和欺诈风险识别。通过长达两年的反复测试与业务验证，百融帮助该公司将授信业务流程完成了从线下到线上的转型并整合数千乃至数万个变量，构建起了稳定可靠的风险管理模型。该模型有效地提升了客户整体的分析和运营能力，降低了坏账率。同时还帮助客户将授信流程从几小时缩短到了10多秒，大大优化了客户体验，使该公司可以低成本地高效开展新的消费金融业务。

3. 人工智能助力保险企业反欺诈

近年来，车险欺诈案件呈上升趋势，且呈现专业化、团伙作案的特点。某国有财产保险公司在防控理赔欺诈方面面临流程烦琐低效、识别难度高等问题。该公司希望利用内外部数据要素和行业领先的建模能力，提升对车险欺诈案件的预测和识别能力。

百融云创引入机器学习、神经网络等先进技术优化现有模型，结合其在金融行业的沉淀与积累为客户定制开发车险反欺诈评分，从而提升对车险欺诈案件的预测和识别能力。具体而言，百融云创发明了三种针对车险反欺诈场景的模型算法，包括：基于理赔项目关联关系的特征提取算法、基于SNA的车险团伙欺诈算法和基于报案查勘文本信息的特征提取算法。同时，百融云创还引入信用等级、财务状况、消费习惯、团伙欺诈等"从人因子"，为客户量身定制车险反欺诈评分，从人员的角度挖掘车险案件的风险点，弥补了保险公司仅用理赔案件信息进行欺诈识别的短板。

当下中国金融行业正处在数字化转型的关键期，百融云创抓住时代机遇，尽早布局，结合自身强大的技术基础为各金融行业提供专业的解决方案。从以上案例中我们可以发现，新技术的运用可以为金融机构带来巨大的效益，因此该行业的市场仍然巨大。百融云创在不断扩展用户、获得收益的同时也为中国金融行业整体数字化作出了贡献。

第四节　数据要素赋能商业银行数字化转型的发展方向

信息技术的发展、大数据社会的来临，数字化、信息化正在促进社会的变革，各行各业也正在重新定义业务模式及服务体验。在金融领域中，随着大数据技术的广泛应用，信息技术催化了互联网金融的发展，金融与科技的连接不断加深，金融生态和金融格局也都受到了影响。

(一) 研究背景

金融业，实际上是一个对技术高度敏感的行业，历史上每一次的技术变革，都影响了金融行业整个的运行机制与运行模式。例如，电话、电报的出现使金融能够实现跨区域、跨国际，电脑的发明使大量数据处理成为现实，也促进了近几十年来的金融创新。以计算机、互联网为代表的信息技术，为金融业的快速发展提供了高效的、不可或缺的工具。随着第三次工业革命的爆发，互联网技术的广泛应用会彻底改变传统商业银行的格局。传统金融的概念也会随着互联网金融的出现、金融科技的创新而逐渐发生改变，在大数据社会中，数据作为最重要的生产要素之一，正在成为银行业产品创新和业务发展的基础。

（二）全球银行数字化

1. 全球银行数字化特点

从发展情况来看，全球银行数字化呈现以下三个特点：

（1）重视数字化转型战略规划

从国际经验来看，银行在推动转型之前，就已经确定好了数字化的战略定位，以数字化为指引，从金融创新、技术研发、客户获取渠道、生态圈建设、零售业务转型、运营成本转型等方面明确未来转型的方向，以实现数字化。

2007年，花旗银行就推出了手机银行，2012年提出"移动优先"战略；2015年，花旗银行就在银行卡和财富管理方面开始了"移动优先"战略，其根本就在于快速应对变化的环境和客户日益增长的对数字银行的需求，从而支持业务的成长；2017年，又提出了以"简单化、数字化、全球化"为主线的"打造数字银行"的新数字化战略，重视客户的核心需求，强化自身的数字研发、技术创新、金融创新等数字化的能力。

（2）将数字化转型和银行自身业务发展内外环境相结合

欧洲的银行业重视将数字化转型和银行自身定位、目标、发展内外环境等紧密结合，并且从顶层设计上制定了战略转型规划。2014 年，汇丰银行就以实现渠道全面数字化为目标，实行了客户旅程数字化项目；2015 年，又以"从根本上将业务模式和企业组织数字化"作为数字化转型的战略目标，并推出了五大措施——客户旅程数字化、数字化产品创新、利用大数据技术创造价值、优化 IT 架构和数据治理、加大对金融科技的投资研发力度。

（3）重视人才培养

银行重视人才、引进人才、培养人才，创建专业化管理团队。一些银行还专门设立首席转型官、首席数字官、数字化战略推进委员会或办公室等高级管理人员和机构专门负责转型中的协调、预算和人员组织，强化转型的目标管理。例如，西班牙对外银行（BBVA）由董事长和首席执行官亲自负责数字化转型，其在总部设立全球数字化委员会，还在全球各区域设立了数字化转型执行委员会。2006 年，西班牙对外银行将"成为全球数字银行领军者"作为愿景，并启动了为期十年的数字化转型战略，推动四大转型工程的实施，包括传统业务数字化转型、优化客户解决方案、布局金融科技、推动开放银行。

2. 国际数字化转型模式

从国际实践来看，国际先进银行的转型模式，可以概括为三种：颠覆式变革模式、系统化改造模式、重点性突破模式。

颠覆式变革模式中，银行将自身的定位确立为从事金融服务的科技公司，因此会从客户的视角，参考科技公司，重新打造新的业务模式、组织架构、考核模式等，目标是提升用户体验、降低成本，提高创新效率。这种模式常用于部分中小银行，例如，荷兰 ING 银行以满足互联网时代客户日益变化的需求为导向，立志将自身打造成一家从事金融服务的科技公司。

系统化改造模式是通过对标金融科技公司，引入大数据、云计算、人工智能等信息技术，将科技赋能于银行传统业务，重塑银行经营模式、拓展服务便捷，促进银行的科技创新、金融创新。该模式常见于大型银行，因为相比于中小银行，大型银行的经营更注重稳健，其转型目的在于巩固竞争力和稳定市场份额。例如，摩根大通积极学习、布局和防范来自外部"颠覆者"的竞争，提出了"移动优先、万物数字化"的战略口号，并在转型后迎来了爆发式的增长。

对于重点性突破模式，银行将提升客户体验作为主要着手点，从优化客户体验、提升服务质量、打造一体化服务平台等方面进行变革，实施重点突破的数字化转型。这一类模式常用于较为谨慎或资源存在束缚的商业银行，例如，澳大利亚联邦银行将 IT 作为引领竞争战略的核心要素，把技术创新当作主要手段，最终形成了一系列的数字化转型举措。

3. 数字化转型历程（见图 5-3）

手工化升级期 ➡ 信息化替代期 ➡ 数字化萌芽期 ➡ 数字化爆发期

图 5-3 数字化转型阶段

国际银行数字化转型主要经历了四个阶段，手工化升级期、信息化替代期、数字化萌芽期和数字化爆发期。手工化升级期的主要特征为会计电算化，第三次科技革命的影响下，计算机迅速发展，欧美银行业也逐渐开始大规模运用微型计算机。1975 年，中国银行成为国内同业第一家使用计算机的银行，开始了计算机运用的探索与实践。紧接着，进入了信息化替代期，此时，由于业务和风险管理的需求，银行业持续探索深化计算机在商业银行中的银行，以金融衍生品交易为代表的非息收入迅速增长，摩根大通作为行业的先行者之一，其衍生业务额同贷款额的比例达到了惊人的 130∶1，第二名花旗银行以 110 : 1 紧随其后，在该时期，主要特征为跨行联网清算的全面推广和网上银行、ATM、电话银行等电子渠道的广泛应用。

在数字萌芽期，面客渠道开始向数字化渠道迁移，手机银行等移动金融服务逐渐成为主流。各个银行依旧在探索银行线上的数字化，在 2008 年国际金融危机爆发后，以摩根大通和富国银行为代表的银行，通过数字化转型，利用信息技术提升了自己的风控能力，保持了较低的不良率。2014 年，银行业迎来了数字化爆发期，整个行业的数字化转型从分歧走向一致，其转型途径主要是：关注客户的核心需求，利用金融科技创新，抢占发展先机，并利用信息技术对传统银行的业务模式进行流程再造、产品创新、服务升级，强化自身的数字化能力，通过构建综合平台、打造开放银行等模式，积极推进数字化转型。在该阶段，数字化转型随着银行业战略转型与投入变革的交替升级，呈现出逐步加速的趋势。

（三）中国银行业的数字化

目前来看，为顺应金融科技发展趋势，提升服务实体经济的能力，我国许多商业银行开展了在金融科技方面的创新实践，提出数字化转型，其中许多实践都取得了较好的效果，但从总体上来看，我国依然存在一些问题，例如中小银行转型资源不足、科技能力受约束、大银行系统性转型困难等问题。

根据中国互联网金融协会、瞭望智库（2020）对我国商业银行进行的数字化转型调查，在满分为 5 分的前提下，调研银行数字化能力自评估最终平均得分为 3.01 分。不同的银行，得分也不同，其中得分最高的是互联网银行，股份制银行、国有大型商业银行紧随其后，得分分别为 3.45、3.31，最低则是农商行，得分为 2.39。而在业务类型上，数字化程度最高的是个人信贷和支付汇款，得分最低为票据业务。调查还发现，目前大数据和生物识别技术在银行的应用较为广泛，而区块链与物联网技术应用相对较少，还处于初步发展阶段（见图5-4）。

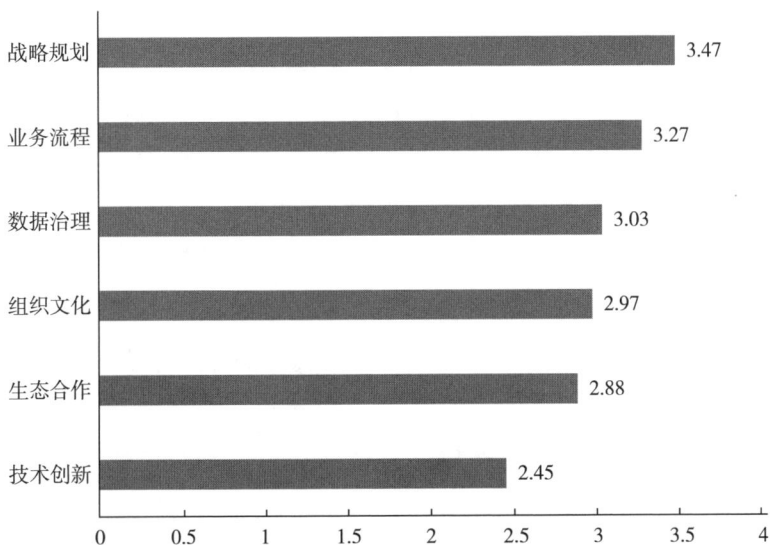

图5-4　六类领域数字化能力自评平均得分

现阶段，我国在金融科技布局、技术投入、人才储备等方面，与国际领先银行相比，还存在一定的差距，例如，在金融科技的投入上，麦肯锡（2018）调研表明，国际领先银行将税前利润的 17%～20% 投入金融科技的研发和创新之中，在调研银行中 2018 年 IT 投入占总营收的比例超过 5% 的银行仅有 13 家；对于科技人才的引入和人才储备来说，国际领先银行十分注重人才培养，摩根大通技术人员占比约 20%，高盛达 25%，而中国则较少，大部分银行技术人员小于 5%。同时，我国的数字化转型还存在一些问题需要解决。

其一，我国监管协调机制不健全。面对金融科技创新，需要对未来可能出现的问题有更高的容忍度和弹性，其中既要注意风险问题，又不能实行"一刀切"，否则会抑制金融创新的发展。除此之外，银行数字化转型也需要监管的支持，例如"开放银行"的实施需要将银行的核心能力与数字化时代的开放协作相结合，其关键在于监管的支持和不同监管部门之间的配合。

其二，数字化转型策略需要"因地制宜"。我国不同地区地理、经济、社会等环境有所差异，银行所处区域、自身的特点发展的方向也有所不同，因此在数字化的浪潮中，不同银行需要根据自身的特点以及所预期的发展目标制定合适的战略，在数字化的大背景下找到自己的定位与目标，不可盲目照搬其他银行的策略，数字化转型不是一蹴而就的，也不能"包治百病"，需要理性看待，最终要实现的是银行长远的、可持续的发展。

其三，确立银行内部持续推动的动力机制。在数字化、信息化的转型过程中，银行内部各个部门、各个机构之间竞争、合作关系交错，好的推动可以提高竞争效率，因此需要建立有效的内部激励机制，提高多数内部人共同的利益。

其四，数字化转型理论支撑不足。近年来，技术更新迭代过快，理论更新的步伐已经无法跟上银行新技术的变革，甚至形成了技术引导理论发展的现象。银行数字化转型研究侧重于现象、素材和实践，缺乏理论分析与指导，因此需要构建适应于数字化转型的理论，来合理分析银行数字化转型的内在机制和外在约束。

（四）数字化未来发展方向

1. 战略分析

首先，银行要以价值为导向，坚持服务实体经济，为客户创造价值，并以此反哺业绩增长，加强顶层设计，进行全局的、系统性的规划。将金融和信息技术深度融合，实现包括前、中、后台，业务条线、数据要素与信息科技的协同作战，加强不同领域、不同部门之间的合作，组建业务与技术相融合的团队协作模式。实现数据和技术从"支撑赋能"到"价值赋能"的转变，形成"以数连接、由数驱动、用数重塑"的数字化价值观。建立金融创新激励、重视培养技术人才，激活企业的创造力、生命力，加速银行的数字化转型。

从发展趋势以及数字化特点来看，数据、需求、技术是未来银行发展金融科技与数字金融时非常重要的问题。

首先，数据作为大数据时代重要的生产要素，数据驱动也成为金融创新的核心能力，2022年1月，《发展规划》提出"十四五"新时期金融科技发展的新愿景，期望以"数字、智慧、绿色、公平"为原则提供高质量金融服务，将数字元素注入金融服务全流程，将数字思维贯穿业务运营全链条，走出有中国特色并与国际接轨的金融数字化道路，实现金融创新科技驱动和数据赋能，力争到2025年实现金融数字化转型整体水平和核心竞争力的跨越提升。可见在未来，数据驱动将是未来我国经济发展的趋势。那么，银行业也需要以数据资源为基础，结合科学技术，激活数字化经营、重塑经营模式，提高服务效率和质量。

其次，对于需求，在双循环背景下，消费已成为拉动我国经济增长的主要驱动力。并且，金融科技发展的核心是提高金融交易效率、提升金融产品品质，所以消费者的需求种类和需求规模是决定金融科技市场空间大小的主要因素。金融科技的经济价值就决定了金融科技的需求动力。银行在进行数字化转型时，也需要以用户需求为导向，进行金融创新。

技术层面，在银行发展过程中，不仅要重视技术，还应该重视技术中的伦理问题，这关系到未来技术在金融领域中健康的、可持续发展的道路。新技术的应用降低了金融成本，打破了传统金融的信息不对称问题，但同时，技术的潜在风险和金融的逐利性带来了一系列伦理问题，如大数据杀熟、算法歧视、隐私泄露等。

2. 具体业务分析

在银行数字化转型过程中，其业务也在发生变革，下面将选取 4 个不同的业务领域，分析其未来的数字化转型发展道路：

（1）消费金融

消费金融，是向各阶层消费者提供消费贷款的现代金融服务方式。在数字化过程中，企业会利用数字技术，以数据来驱动决策，并将传统的线下业务便捷化、线上化，为客户提供全生命周的、以消费为目的的金融服务。我国目前消费市场空间巨大，作为总需求的重要组成部分，对经济增长具有非常重要的作用。

数据显示，自 2011 年以来，最终消费支出对国内生产总值增长贡献率都在 50% 以上（去除 2020 年疫情的特殊影响）。随着社会经济的发展、社会保障体系的完善、居民消费水平不断提升，进一步促进了消费的增长，这也造成了消费金融服务需求增加。同时，我国非常重视普惠金融的发展，2016 年国务院印发了我国首个发展普惠金融的国家级战略规划——《推进普惠金融发展规划（2016—2020 年）》，表明支持普惠金融的发展是一项长期的国家级战略任务。消费金融的数字化发展，能够有效解决许多居民由于征信不足、收入水平较低以及居住地金融基础设施不够完善，而导致的消费金融服务能力不足等问题，也有助于更好地满足这些普惠金融客群的融资需求。

消费金融的发展趋势总结来说有五点：持牌化经营、线上化运营、科技化赋能、规模化发展、合作化共赢。为了防范信息安全、科技风险以及传染性风险，消费金融业务的准入及运营监管仍将持续趋严并逐渐规范。从成本、获客渠道、技术条件和风险控制上来说，线上运营相比于线下更具有优势，可以帮助企业构建消费场景、延展服务产品、增加客户黏性，在此过程中，科技赋能也是非常重要的一环。由于数字化平台的规模经济效应，银行需要扩大规模，实现规模经济来增强自身盈利能力，同时，全球数字经济是开放而又紧密相连的整体，银行也应与其他企业积极合作，实现合作共赢。

（2）零售业务

零售业务通常指的是商业银行通过现代经营理念，依靠高新技术等方式向个人、家庭或者是中小微企业提供的金融服务，通常该服务具有一定的综合性和一体化。零售业务已经成为商业银行一个全新的利润增长点。

零售业务原来在发展过程中，存在几个问题：一是产品结构单一，种类不随时代变化，使客户对于银行的信任度降低；二是客户缺乏管理，不同的客户存在很大的消费差距，传统商业银行并没有根据客户的偏好进行精准管理与分类，因此也没有办法根据客户需求优化服务；三是营销不足，业务营销手段过于一致，没有创新，缺乏目标。

在数字化过程中，零售业务的改革一方面要适应客户的需求变化，创新产品服务，借助数据分析工具，对用户数据进行精细分类与管理，能够随时更新用户需求的变化，从而进行精准营销，提高客户的满意度；另一方面，要构建风控体系，既要基于科技及数据思维，搭建风险模型，又要不断调整风险管理模式，寻求新的风险防控路径。

（3）财富管理

随着居民财富的积累，中国财富管理市场的潜力逐渐释放，在后疫情时代，客户消费、投资等一系列行为的线上化、场景化趋势也催生出了新的财富管理发展机遇。截至 2020 年末，中国个人金融资产已经达到 205 万亿元人民币，2025 年这一数字有望达到 332 万亿元，其金融资产占比仅约 20%，而美国的金融资产占比达到 71%，约是中国的 3.5 倍，因此中国个人金融资产的配置结构仍存在优化空间。

为了持续加大银行在财富管理市场中的重要地位，银行仍需秉承"以客户为中心"的核心思想，持续推动数字化转型。第一，银行要实现对客户的自动化和精细化管理，将客户进一步分层，建立客户画像，根据需求、偏好等数据推荐并提供给他们所需要的服务和产品。第二，要实现全渠道的深入融合，线上线下渠道的协同配合，统一客户在不同渠道体会到的服务体验，加强线上线下的交互，丰富场景，持续完善财富管理服务，对高净值客户进行线下导流，增加与线下网点的接触，提供更加专业的配套服务。第三，打造复合人才团队，培养技术人才发现需求并有针对性地进行技术研发而非被动开发或维护的能力，促进科技和业务的深度融合，技术创新能力和业务实践能力并重。

（五）结语

随着技术、经济的发展，银行体系的传统商业模式很难维持下去，经济环境的变化要求商业银行必须据此做出改变。在数字经济时代，银行要找准自己的定位，利用信息技术、金融创新、科技创新发展自身优势，以数据为核心，以用户需求为导向，规划出一条适合该行的发展道路。

➢ 他山之石

民生银行：精细化经营及差异化触达吸引优质存款资源

重点围绕精准获客、细分经营的策略，通过金融大数据推动业务实现转型增效与创新发展。精准获客方面，聚焦目标价值客群，建立客户标签体系，实施差异化授信与定价策略，加强获客渠道的选取与建设，有效提升目标客户占比。细分经营方面，基于大数据获得客户需求优化产品设计，并建立客户星级体系。

民生银行打造个人手机银行5.0全新版本，接入远程银行，线上线下协同服务能力全面提升，在大数据平台的基础上，针对财富客户推出财富首页、金融产品排行榜、民生慧保、指数基金"晴雨表"、AI财经热点、资讯热榜等新功能；持续探索前沿科学技术在金融服务领域中的应用场景，利用大数据创新手机银行智能化服务，为用户提供更加方便、快捷、安全的线上金融服务。

第一，精细化经营为客户提供优质金融服务。在精细化经营方面，民生银行逐步转向场景化客群经营的业务模式，围绕客群精细化经营，通过"科技+数据"双轮驱动，智能匹配客户需求，主动实现银行服务供给侧结构性改革，通过与实际场景的融合，为客户提供场景化的综合金融服务。此外，民生银行还持续提升场景金融业务核心竞争力，合作商户数量与质量持续提升，场景内获客、交易、分期、品牌宣传成效显著，客户群体的扩大为民生银行负债业务注入新活力。

第二，加强场景建设，通过客户画像实现差异化触达，提高用户业务体验。在场景感知方面，手机银行利用大数据准实时的加工及计算能力，对客户关键事件及时感知，同时通过场景标准化建模及场景引擎构建，实现各类场景快速接入和实时响应，为场景化客户服务能力打下基础。此外，民生银行还会通过大数据的模型运用及实时推荐引擎，基于客户画像特征和历史行为数据分析，实现差异化的产品推荐和渠道触达，为客户提供个性化、精准化、智能化和场景化的金融服务，全面提升客户体验，做客户"最懂你的银行"。在针对差异化需求的服务下，客户能够快速沉淀，针对性服务能够增加现有客户对民生银行的偏向，以及潜在客户有存款服务时选择民生银行的可能性，民生银行存款业务的可持续性和潜在增长机会都有所保障。

商业银行存款是其负债的主要来源，存款业务的高质量主要体现在存款的持续稳定增长，以及存款结构的合理稳定性。民生银行应用大数据扩展存款业务的案例，对其他股份制银行有所启发：

一是运用金融科技为客户提供定制式的存款产品，通过高科技产品的设计，为客户提供更多个性化、亲情化的金融服务；同时要运用金融科技为存款客户提供金融信息，特别是投资信息，为客户投资多元化提供便利，锁定优质存款客户，为可持续发展设计美好愿景。

二是运用金融科技做好客户结构的分析、维护。要运用金融科技中大数据对所有的存量的、增量的客户行为跟踪，为经营管理者提供实时的存款客户情况的分析信息，对于存款客户在本行的资金运行轨迹等设置预警或提示指标，能及时提醒管理者对重点客户进行重点关注、攻关、营销，对于触动提示指标的客户要分析其原因，据此进行市场反应，选择相对的策略。重点客户的存款资源大多为高质量存款，因此优质客户资源的维护是民生银行优化存款质量的不二选择，同时也可以提供存款业务的可持续性。

➢ 他山之石
常熟银行"信贷工厂"：数字化集中审批，效率提升与风险隔离

金融科技兴起，有望重塑行业竞争格局。近几年 FinTech 成为市场关注的焦点，全球各金融机构也对 FinTech 保持了热切的关注度和持续不断的投入。受益于互联网和通信技术的快速发展以及庞大的客流市场，我国成为亚洲甚至全球 FinTech 市场的主力。金融科技的发展重塑着金融行业，原有的行业间竞争边界和行业内竞争格局有可能被打破：外有金融科技公司、互联网公司不断侵蚀或者冲击现有的业务领域，根据 PWC 针对银行家等金融机构从业人员的调研，未来五年首先被冲击的业务领域可能是消费金融、支付、投资与财富管理等，这些领域都与银行业关系紧密。同时保险、基金、投资银行等领域也紧随其后。内有大数据、人工智能和区块链等技术的推广和应用，给行业带来了新的生机。

科技是推动行业进步的重要力量，银行积极拥抱金融科技浪潮。任何行业经过一段时间的发展都会走向更加垂直的细分领域，银行作为一个古老而常新的行业也不例外。从历史上来

看，每一次技术革命的过程中，新的产品和技术都推动了银行的变革和创新，引领行业走上一个新的台阶。在此次科技化浪潮中，全球金融消费行为出现重大变化。我国各大银行积极拥抱金融科技，不断加快支付、信贷、客户服务、数字化等领域的布局，同时加强与互联网公司进行合作，与外部企业实现战略对接、平台对接、系统对接等合作，不断借助金融科技实现产品和服务的升级和延展。

案例分析

常熟银行积极采用信贷工厂模式进行业务管理。信贷工厂的突出特点是设计标准化产品，并以类似工厂流水线的作业流程执行信贷业务。其模式的特点有"六化"，即产品标准化、作业流程化、生产批量化、队伍专业化、管理集约化、风险分散化，以此在风险可控的前提下提升运作效率，以较低成本扩大规模。在产品设计时，区分目标客群并考虑细分客群及其不同成长阶段的差异化需求，以客户为中心来设计各类标准化的产品组合，适应小微业务短频急的需求，以便批量化运营。在作业流程设计时，将信贷业务的客户接触、业务受理与尽职调查、核查审批、贷款发放、贷后管理、集中清收全流程分成前、中、后台三个部分，并按统一的流程标准分岗运行，专人专岗，以降低道德风险与操作风险。

这种信贷工厂模式同样存在明显的优缺点。其优点在于：（1）降本增效。一方面，标准化的流程本身使运作效率和服务效果明显提升；另一方面，流程化为批量复制提供了条件，带来了明显的规模效应，有效降低业务成本。（2）分散风险。分离前、中、后台业务并采取专人专岗运行，相较业务员完成全流程的模式，大大抑制了道德风险和操作风险。

此外，常熟银行使用大数据模式，积极为信贷业务赋能：

大数据模式依托海量数据积累，实现了小微信贷业务全过程的自动化、线上化。该模式主要依赖征信回归模型和计算机技术，基于历史数据找到与借款人是否违约显著相关的自变量，建立回归关系，并读取自变量的当前时点数据，以预测借款人的未来还款情况，进而自动化审批、放款。数据的获取可通过互联网实现，如在授信时通过网络读取借款人消费账单、电商及社交网站记录的交易数据等，极大地提升了审批尽调及放贷效率。其优点在于显著地降本扩面，极短时间内即可完成尽调及决策，通过全自动化实现批量放贷，极大地提升了业务效率并降低业务成本。

常熟银行将"基于 IPC 技术的信贷工厂"方案赋能科技，全流程移动作业，模式独具特色，有效实现降本扩面。当前常熟银行小微模式以 IPC 技术为底层逻辑，业务流程执行信贷工厂标准化流水线作业，通过移动信贷 MCP 系统实现全流程移动作业。具体来讲，即将整个小微信贷业务流程切割成贷前、贷中、贷后三个环节，并细化每一环节的功能职责和工作规范；其中贷前依赖 IPC 技术，由一支庞大的业务员团队深入当地，负责软、硬信息收集并进行交叉验证，考察借款人还款意愿及还款能力；而后采用信贷工厂模式流水线作业，细分业务流程为贷款申请、客户调查、合同签订、贷前对账、放款审核、贷款发放、贷后管理，标准化执行全流程；信贷工厂全过程结合移动信贷平台 MCP 系统，该系统具备七大亮点功能：一键信息采集、快速核查身份、征信立等可取、自动影像放、便捷离线调查、全面合同签约、实时充盈管理，使信息处理有效自动化，实现移动调查、移动上会、移动放款，大大减少业务人员案牍工作量，降低了开户、风控、签约的难度，在业务成本可控的前提下业务效率得以大幅提升。2021 年，常熟银行小微贷款业务线上审批率达 36%，小微线上贷款总额 97.21 亿元。

同时，常熟银行通过线下地推模式提升获客效率。针对本地市场，江苏常熟长年位于百强县前列（2021 年排名第四），拥有中国最大的服装批发市场，小微客户资源丰富。依托地推团队对当地营商环境的深入了解，常熟银行定位于批发零售、门窗装潢、家庭纺织等行业，在常熟地区铺设了 109 个网点，加上农村综合金融服务站，基本实现一行政村一服务站。而针对异地市，2019 年常熟银行在海南设立兴福村镇银行，通过控股村镇银行开拓中西部欠发达县域，覆盖了 16 个原国定贫困县，借助分支机构和 330 家村镇银行网点触达乡镇小微客户，2020 年末常熟银行的村镇银行户均贷款仅 20 万元。线下地推体现出良好的获客效果，2020 年末，常熟银行的小微有贷户已经超过 15 万户，并且实现充分下沉，户均小微贷款仅 28 万元，远低于同业平均水平。

在风险控制方面，常熟银行采用数据库加持，对信贷业务进行风控管理。随着零售业务高速发展，银行后端数据库的压力越来越大，传统关系型数据库越来越无法支撑业务的快速发展。用户的经营信息不断累积，以及受活动推广等影响下，传统数据库很容易达到性能"瓶颈"。据了解，常熟银行每天来自全行 40 多个系统的增量数据达到 150G。同时，传统封闭式架构也给数据互通、智能化驱动带来限制。常熟银行希望运用科技手段真正实现数字银行，从整体上改造银行传统的前后台 IT 系统架构，实现包括快速的后台数据处理、高并发稳定性等系统处理能力。

据了解，经营贷一般在零售贷款中不良率较高，但常熟银行的不良率降低到了 1% 以下，是上市农商行中不良率最低的银行，充分体现了常熟银行在小微贷款业务方面积累的丰富经验和在风控决策方面的突出优势。数字化转型中，金融科技自主可控也是时代的诉求。因此，常熟银行最终选择了蚂蚁分布式关系数据库 OceanBase 以及分布式图数据库 GeaBase 进行系统架构升级，对风险进行实时记录监控。

据了解，OceanBase 作为蚂蚁金服自主研发的金融级分布式数据库，经过支付宝交易、支付、会员、账务系统等核心业务及众多金融场景多年的打磨，最高曾创造了 4200 万次/秒处理峰值的纪录，在保障业务事务特性的同时，能够提供海量数据的高效处理能力。高并发及稳定性能力符合常熟银行的使用场景。此外，OceanBase 历史库平台可为常熟银行提供"一站式"数据存储、归档解决方案，帮助银行进行统一的数据处理、决策管理。更重要的是，mPaaS、OceanBase 可实现技术应用快速上线、平稳迁移。对于常熟银行等中小银行来说，在这个分散化的金融科技市场上，能快速采用整体满足银行级战略发展的技术产品，是较合适的选择。而且，就数据库而言，这关乎每一笔资金、关乎银行命脉的关键技术领域及安全稳定。

常熟模式在小微金融业务与信贷业务的办理上值得借鉴。相比传统 IPC 模式，我们认为常熟模式有两个突出的特点：①效率提升。信贷工厂模式将前台客户信息录入、中后台审批管理等流程标准化、数字化，实现小微信贷各产品的流水线作业，有效提升放贷效率，更加符合小微企业"短小频急"的贷款需求。②风险隔离。信贷工厂模式由专门风控团队负责集中审批，实现了风险隔离，有效降低风险成本。同时结合区域型银行的获客经验，我们认为通过线下地推触达客户，有利于实现良好的风险管控。依托地推团队的线下触达和实地调查，银行能够持续深入地跟踪企业的真实经营，但值得注意的是，线下地推依赖人工，存在获客成本偏高的问题。

基于金融科技的应用，常熟银行正为打造未来数字银行夯实基础。常熟银行表示，面对未来的增长方向和发展，银行零售业务需要打造区域特色，发挥业务灵活优势，通过超级手机银行、数据智能等数字化技术更好地服务区域内经济，包括高效敏捷的业务创新服务、场景化开拓与运营等，以小微金融激活实体经济活力，打造小微金融促进民营经济发展的名片。江浙沪银行利差、风控水平领跑全国，小微金融业绩强劲。可见，在实体经济重镇，当银行将更多的服务能力输出给实体经济，既是产融结合的机会，也是实体经济数字化。

➤ 见微知著
数据要素时代财富管理生态构建：攻城略地与相得益彰

在互联网的浪潮下，财富管理机会与挑战并存。一方面，金融机构在城投系统中扮演着重要角色；而随着时代的发展，城投债等高收益且必须由金融机构经手的相关业务逐渐减少，"资产荒"逐渐成为常态，银行普遍面临大型业务订单流失，资产减少，净息差减少的困境。另一方面，随着居民金融观念，理财观念的完善与相关知识的普及，中国居民资产配置中金融资产的占比增加；消费金融处在疫情后恢复期，且前期野蛮生长乱象逐渐消退，以银行信用为担保，金融科技为支撑的高信用消费信贷越发受欢迎；在数字化与下沉化的时代，银行仍有较大的潜在客户群体待被挖掘。

同时，金融科技在银行内控与外联的应用前景广泛。金融科技有望引领银行在多个领域取得突破。国内银行发展金融科技的着力点主要是数字平台的建设、人工智能和区块链技术等方面。展望未来的金融科技应用，认为有望在以下几个领域取得突破：①大数据和数字化，加快推进数据化改革和进程，从营销、产品设计、客户服务等全流程进行改革；②人工智能，人工智能运用领域广泛，人脸识别、智能投资、柜台和语音服务、智能风控等领域均有快速发展的潜力；③区块链，区块链作为支付领域的革新技术，行业内部主要有跨境汇款、数字货币、票据业务和供应链金融等方面的应用。

案例分析

在机遇与挑战并存的环境下，各财富管理机构采取了不同策略进行数字化市场的占领与下沉市场的扩张。以下选取蚂蚁金服、天天基金、招商银行三大机构，从客户群体、商业模式、金融场景、平台内容与运营模式方面分析新时代财富管理机构扩大市场份额的不同方法。

在客户群体方面，三个平台的客户群体侧重有所差异。蚂蚁金服利用其庞大的低经验用户流量基础，率先开放平台延伸服务能力，客群经营采用"智能标签化分层+精准营销"，客户集中于理财意识整体偏低，风险偏好较低净值、低经验的年轻客群；天天基金拥有高黏性的交易用户，资讯和社交是客群经营的重点，开放平台进一步强化优势，客户群体集中于大量专业、有经验、高活跃度的交易型用户，且用户群体年龄偏大、财富较高，重视平台的资讯和社交功能且有较强的独立思考能力；招商银行则适配财富业务的银行账户，成熟体系延伸服务大众客群，助力建设财富管理大生态。

在商业模式方面，蚂蚁金服利用阿里平台带来的流量，综合互联网公司的场景化品牌构建与科技手段，将相关理财咨询通过平台精准推送，并通过智能客服的构建与客户一一对接；天天基金注重垂直流量与社交咨询属性，依靠自身选品工具与海量数据推送相关咨询，使用互动咨询的方式触达用户；招商银行则依靠自身客群与线下服务平台，采用"线上+线下"相结合的方式，使用运营工具与风控系统将相关咨询传达给用户，并采取"以人为本"的数字化转型理念，在线下线上服务与财富管理中注重用户满意度。

金融场景方面，蚂蚁金服采用"流量禀赋+场景转化+科技基因+集团品牌"的复合模式，打造S2B2C模式，技术服务费进一步助力流量变现，如协助资管公司识别不良资产，智能运营节流，智能运营参谋等工具的构建；天天基金采用"垂直流量+资讯/社交引流+互联网基因"的方式，助力"一站式"互联网财富管理战略升级，尾佣收入提升加速流量变现；招商银行以"庞大客群存量+财富管理先发优势+O2O经营方式"构建金融场景，客户深度经营"初心"不改。

平台内容与运营方式方面，蚂蚁金服采用支付宝小程序引流的方式，给用户提供海量但缺乏交互性的财经快讯，并定期组织相关直播，可达成单场人数"100W+"的成绩；天天基金由东方财富外部引流，在私管领域互动性较差，财经咨询讨论度高，且专设"基金学堂"，注重投资者教育；招商银行引流从线下平台或反金融场景引流，话题讨论区设有专业门槛，为中高端客户提供优质服务。

案例启示

不难看出，三种类型平台的背后，是不同平台经营生态的差异。以蚂蚁金服为首的互联网金融平台以典型科技生态构建财富管理获客平台，采用互联网公司"本地生活场景+数字经济输出"的经典结合为金融业务积累海量客户。同时，其坐拥巨大流量基础，前沿技术（如大数据）实力领先。以战投结伙伴，"金融+生活+技术"生态产业链已经形成，并极力发展"数字支付基础+数字金融延伸"项目。天天基金注重构建财富管理生态圈。公司构建以"东方财富网"为核心的互联网财富管理生态圈聚集了海量用户资源有用户黏性优势，在垂直财经领域始终保持绝对领先地位，为公司进一步拓展业务领域、完善服务链条奠定了坚实基础。在此基础上，天天基金专注垂直细分领域，拥有一定垂直壁垒和获客优势。招商银行注重促进"大"生态：招行与客户之间，以及客户与客户之间的资金与信息交互，构成了一个以金融场景为主的开放生态。对内，招行打通"财富管理—资产管理—投资银行"价值链，构建母行、资管、基金、保险等全牌照融合的格局，形成大大小小的飞轮效应。对外，以客户视角的资产负债表链接全社会的资金和资产。

综上所述，蚂蚁通过支付业务聚拢最广大客户，开放平台延伸服务能力，整体产品线要符合大众简单、确定要求；东方财富以高黏性、强交易属性客户为主，咨询和社交是经营重点，资产交易和基金销售相结合；头部股份行在线下网点基础上，线上开始构建以自身理财子公司、公募基金、他行理财子公司为主的财富生态，从产品销售转向客户资金沉淀。各平台使用不同策略，针对不同客户群体构建平台生态，实现数字化转型，对传统银行对线上财富管理平台的构建与优化有很强的启示意义。

第五节　数据要素发展与商业银行防范化解的金融风险

(一) 研究背景

习近平总书记在中央经济工作会议上强调，要正确认识和把握防范化解重大风险，防范化解金融风险，特别是防止发生系统性金融风险，这既是金融工作的根本性任务，也是金融工作的永恒主题。党的十八大以来，特别是第五次全国金融工作会议以来，在以习近平同志为核心的党中央坚强领导下，在国务院金融委统筹指挥下，防范化解金融风险取得重要成果。金融业系统性风险上升势头得到有效遏制，成功避免了系统性区域性金融风险集中爆发，经受住了新冠疫情等极端情形的严峻考验，金融业总体平稳健康发展。

在金融体系中，银行业有着十分特殊的地位，不仅向储户吸收存款又为企业、个人提供贷款，是经济中不可或缺的一部分，并且又有着极强的经济顺周期性，面临挤兑、坏账等风险。由于银行业的系统重要性，银行业的风险可能对经济产生极大的影响。从历史上看，许多金融危机都是从银行业的风险聚集开始的，而最终造成的伤害却扩充到了整个经济，比如20世纪30年代的美国金融危机。尤其在中国银行业有着更为特殊的地位。银行是我国金融体系绝对的中心，许多企业极度依赖银行业获得资金——银行业是我国经济发展的"压舱石"，也因其巨大的体量可能为经济带来巨大的风险。因此提升中国银行业对金融风险的防范和化解能力，对提升中国整体金融系统的化解和防范金融风险的能力具有十分关键的意义。

（二）文献综述

学术界和监管界对于防范化解银行业金融风险都有着充分的研究。学术界对银行的挤兑风险的讨论中最为出名的是DD模型，也就是Diamond和Dybvig（1983）构建的一个银行挤兑的博弈论模型，其开创性地指出了挤兑的出现本质上是因为银行准备金不足，而只要达到一定条件，挤兑一定会出现。但领先于学术界的模型解释，美国监管界早在 20 世纪 30 年代的银行挤兑潮之后，通过法案确立了存款保险来尽可能降低挤兑出现的风险。学术界对银行界的风险的另一个关注点是银行的信用风险，也即银行贷款无法充分收回的可能性。有一系列文献讨论了银行的信用风险的度量，其中 Merton（1974）提出的资本结构模型（Capital Structure Model）最为出名。Merton 将 BS 公式的原理融入了银行的贷款模型，将银行放出的贷款看作一个银行持有的空头的看跌期权的头寸，进而可以使用 BS 公式的类似方法对贷款进行定价。Merton 的模型对业界也产生了很大的影响，此后最为著名的 KMV 方法也在此之上建立。业界关于银行的信用风险的定价还开发了诸多方法，比如基于线性判别法的阿特曼 Z 指数。

对银行业金融风险的认识的一个大进步是 1988 年由国际清算银行提出并最终由十国集团等央行委员会采纳的《巴塞尔协议》。这一版的巴塞尔协议一般被称为《巴塞尔协议Ⅰ》，其主要的贡献在于产生了国际统一的商业银行的风险控制标准，其资本充足率限制对金融间关产生了极大的影响。此后的《巴塞尔协议Ⅱ》将银行风险全面化、精细化，又增加考虑了操作风险、外汇风险等种类，并细化了风险度量的方法。

银行业金融风险的另一个里程碑是《巴塞尔协议Ⅲ》，其中首次将宏观审慎的思路变成了国际的共识。宏观审慎的逻辑提出将金融风险放大宏观的角度上进行考虑而非仅仅考虑孤立的某一家银行，因为金融风险是会在时间和空间维度上积累并传播的。由于银行业的高度顺周期性，银行业很容易在经济上行期积累金融风险，进而在经济下行期造成金融危机。此外，由于银行之间存在债权债务关系，金融风险也可能沿着银行间的债权债务关系传播，因此《巴塞尔协议Ⅲ》还提出了系统性重要银行的概念。

（三）数据要素发展防范化解金融风险的实现路径和未来方向

在金融实践中，重要理论和技术创新都为防范化解金融风险提供了有力工具。在数字化转型和金融科技化的概念深入人心的今天，数据要素的规范有效地使用被视为一种全面革新金融风险识别和管理的新途径。本节内容意在向读者介绍当前业界与监管界运用数据要素资源防范化解金融风险的手段与未来的发展方向。

1. 数据要素在金融监管中的应用

2018 年，习近平总书记在中央政治局第二次集体学习时强调了大数据对提升国家治理现代化水平的重要性，并要求借助新技术手段加大力度推动治理模式的创新。由于金融领域的数字化程度高、数据密集等特点，充分运用数据要素辅助金融监管成为当下金融监管科技前进的重要方向。当前在金融监管中，数据要素运用主要趋势是平台化和集中化，即整合来自政府部分、借款企业或个人以及金融机构等各类数据信息，并通过大数据分析实现对中小企业与地方金融机构的金融风险的精准识别，从而实现对系统金融风险的全面掌握。其次，新技术运用也成为一大趋势，人工智能、监管沙盒等技术在帮助金融监管机构构建金融市场和新政策的全面理解。

在新时代，数据资源作为一种极其重要的生产资料，能在不同领域发挥极其关键的作用，比如在电子商务中，运用数据资源可以精确刻画用户画像进而作出有效推荐，再如，商业银行运用的大数据信用风险识别技术，运用多维数据预测用户的违约概率进而帮助银行决定是否放款。但是真正想发挥数据资源的作用需要获得全面且多维的数据。全面的数据指的是数据要尽可能地包含多的样本，这样基于大数据的分析结果才尽可能具有代表性；多维的数据指的是数据要尽可能地多样化，因为单一的数据很难具有很强的解释力，比如预测一个人是否会违约仅有其银行流水是不足够的，而要尽可能地获得如其消费习惯等其他维度的信息。因此，在金融机构主导的金融数据平台的建设中有两个特点。

一是打通数据壁垒，解决"数据孤岛"问题。在金融系统中，不同类型的金融实体都拥有其自身的数据，但是其数据并不能流动，因此，监管者就很难利用统一平台对各类金融实体进行监管，严重影响效率。因此，在金融数据平台建设中，要注意打通数据壁垒，尽量使不同类型的数据能够在统一平台上聚集进而可以发挥数据要素的规模效应，进而起到"1+1>2"的效果。其次，统一金融数据平台可以被相关金融企业使用，进而提升金融体系整体的效率。比如商业银行可以通过统一金融数据平台获得关于中小微企业的更多信息，进而缓解在贷款信用风险评估时中小微企业普遍存在的抵押物缺乏、财务信息不透明等问题对评估的影响，因此缓解了中小微企业的"融资难、融资贵"问题，同时降低了商业银行的信贷风险。广东省在此方向上做出了一系列努力。为尽快摸清地方金融机构底数，广东省地方金融监管局借鉴原中国银监会"1104 工程"（银行业金融机构监管信息系统）经验，开发建设"广东省金融智能监管系统"。该系统本质上就是通过收益金融机构数据并利用智能化手段分析数据以此辅助监管。具体而言，该系统采用区块链技术，利用验证节点和非验证节点对监管数据进行分布式管理，利用共识机制以及智能合约实现数据的交叉比对验证，确保金融监管数据的实时报送、不可篡改，此后在区块链技术保护的数据之上构建了如 P2P 网贷蜂巢（COMB）指数和交易场所强力（FORCE）指数等模型，衡量具体金融机构风险的指标。

二是注意统一数据标准，提高问题发现能力。当下我国金融组织数目庞大、种类繁多、业务模式多样，而且在混业经营潮流下，当下金融体系内在关联得到增强，比如，商业银行就凭借其强大的资金实力进入了融资租赁、商业保理等领域。以广东省为例，截至 2021 年，仅备案的地方金融机构就超过 1.5 万家，其业务更是交织复杂。可以想见，仅靠少数监管人员以传统手段进行的检查必定是难以及时发现违规行为以及潜在风险，因此也就无法对违法犯罪行为起到震慑效果。通过构建金融数据监管平台和统一数据标准，监管机构容易开发一套自动化的监管手段，进而及时对可疑的金融行为进行有效筛查和甄别，并采取精准的监管措施。还是以广东省为例，为了及时研判各类金融风险事件，广东省借助全网的底层数据，先后搭建了深圳金融风险监测预警平台、联合腾讯开发灵鲲金融安全大数据平台（以下简称"灵鲲"系统）以及广东省地方金融风险监测防控金鹰系统（以下简称"金鹰"系统）三个系统，实现对金融犯罪的预警。在以上系统中，广东省强调数据标准的统一，因为没有数据标准的统一就难以进行数据交叉验证以筛选风险企业，进而数据挖掘分析效果难以保证。为保证数据质量，广东省专门开发的"灵鲲"系统就收集涉及 300 余万户商事主体的近 500 项行政数据，结合腾讯公司掌握的月活跃 10 亿以上的社交传播信息和互联网支付信息以及庞大的"黑产"知识图谱，形成基于全网的底层数据。之后所有的具体分析都建立在此之上，可见其重要性。

除去数据平台化和集成化，监管界也要不断创新，使用先进技术来进行金融监管。在"监管科技"中"监管沙盒"技术值得关注。"监管沙盒"是一种通过模拟金融政策施舍后的效果来辅助监管当局进行探索适宜金融创新发展的新型监管机制与办法的一种技术和机制。事实上，"监管沙盒"已经先后在英国、美国、新加坡等多个国家进行试点。具体而言，"监管沙盒"前通过"沙盒"模拟在一定时间内对创新金融产品及服务的观察，提取相应数据信息进行分析比对，用于发现新金融产品或金融政策的缺陷及风险隐患。到目前为止，一些城市已经获得了人民银行金融科技创新试点，在探索中的"监管沙盒"表现良好。

2. 数据要素在商业银行中的应用

数据要素作为一种重要的生产资料，不仅可以协助监管机构制定正确有效的政策，也可以帮助具体的金融机构完成风险管理的目标。以我国金融系统中的核心商业银行为例，数据要素的充分运用可以帮助商业银行控制内部的风险。从某种程度上说，商业银行就是经营风险的金融机构，以风险经营作为盈利的手段，所以风险控制是其发展的根本，优秀的风险控制不仅在整体上表现为金融市场的系统性风险小（监管机构关注的），也会表现在具体银行的财务报表之上（商业银行关注的）。

事实上，商业银行为了控制信用风险曾做出了诸多努力，比如经典的风险控制模型有 KMV 方法、信用评分卡模型等。其中信用评分卡模型更为多数商业银行欢迎，评分卡模型主要是利用大量的历史数据进而刻画出消费者的信用、收入水平和支付能力等指标，再把各个指标分成若干个档次，依次计算得分，再将各项得分按照一定比例加权，最后算出贷款申请者的信用评分。评分卡模型赢在操作简单，基层业务员也能在培训下完成。但是其存在诸多问题，首先其较为古板，权重更新缓慢，很难适应新时代的诸多改变，比如新的行业的出现，如果仍用过去的评级手段难以正确识别真实风险水平。其次，该方法严重依赖历史数据，而静态的历史数据难以真实、全面、实时地反映企业和个人的真实情况；主观性较强，因此存在操作空间，道德风险较大，难以精确给出结论；对不同人群的区分困难，实际表现普通。

充分利用数据资源，开发新方法就能够缓解旧方法的不足。比如近年来，在算力快速进步、算法实现突破和大数据技术不断成熟的助推下，人工智能在多个领域快速成长，甚至在不少领域已经超越人类，因此在技术层面上人工智能来帮助银行进行风控成为可能。

人工智能风控较传统方法有了诸多变化，其拥有以下特点：（1）模型迭代快。人工智能模型是一个建立在银行数据之上的程序，只需要根据给定的数据进行训练即可，不再需要大量的人力、物力进行统计评估，因此人工智能模型能够快速将最新数据融入模型。（2）数据维度广，识别隐藏关系能力强。在人工智能模型下，我们可以将一些看似与信贷违约毫无关联的特征加入模型，让模型自动识别内在的关联，而这些其他维度的数据往往能起到出乎意料的效果。（3）节省时间和人力成本。一个人工智能风控系统只需要一个开发团队进行研究和维护，在开发完成后信贷风险评估的成本近乎为零。申请贷款的企业或个人可以简单在网络上填报信息就可以获得人工智能系统的评分，而不再需要经过网点业务员的操作，因此也减少了其中权力寻租导致的不良效果。

事实证明，基于机器学习算法的互联网金融风控模型表现要优于传统的统计评分卡模型，机器学习模型能更好地预测个人信用风险，从而构建更加有效的风控体系。

（四）实证探究

当今我国传统的商业银行都在数字化和智能化的赛道上争抢自己的有利位置。数据要素的运用为银行进行风险管理带来了新工具，进而为银行防范化解金融风险提供了新手段。全流程的数据支持可以从银行业务的各个环节提供风险管理的指导进行防范化解金融风险，比如在大数据和人工智能的技术帮助下，银行可以更加精确地识别低违约率的客户放出贷款，进而降低银行的不良率；再如，银行内部大数据可以识别操作粗心、不熟练的员工进行提醒进而降低操作风险等。

本节中，我们使用搭建的数据要素市场化指数来代表各地银行的数字化转型程度，进而探究数据要素市场化对商业银行防范化解金融风险的影响。

1. 变量选取

A. 数据要素市场化程度

此处采用本书成功构建的中国数据要素市场化指数，从数据要素发展资源支持、数据要素产业赋能、社会探索等六个层面对各地的数据要素市场化程度进行了衡量。数据要素得分越高，则说明该地银行运用数据要素的能力越强。

值得注意的是，为探究数据要素市场化程度对商业银行的风险防范和控制能力的影响，本节理应选择一个银行层面的数据要素运用程度的指标。但是限于构建银行层级数据运用能力难度过大，本节采用省级数据代理总部在该省份的商业银行的数据运用能力。在具体操作上，我们将总部在同一省份的商业银行的相关指标取均值，因而构建各省份的"代表性商业银行"的特征进行回归分析。

B. 风险度量

银行业的风险度量可以从很多角度出发，如银行业的信用风险，《巴塞尔协议Ⅲ》中关注的影子银行指标等。限于解释变量数据要素市场化程度指标为省级数据，本节中只探讨不良率代表的信用风险指标和资本充足率为代表的巴塞尔协议关注的金融指标。

从信用风险角度，传统的度量指标有不良率、拨备覆盖率和前十大客户贷款比例。不良率度量的是贷款中次级以下的贷款的比例，其度量的银行面临的贷款损失的规模；拨备覆盖率度量的是商业银行的计提的准备对可能损失的比例，反映了银行的风险承担能力；前十大客户的贷款比例则反映了银行存款的集中度，这也反映了银行的风险。

在巴塞尔协议中，另外比较重要的几个指标是，资本充足率、一级资本充足率和核心资本充足率。这些指标和拨备覆盖率类似，其度量的是商业银行承担风险的能力。

C. 控制变量

考虑到不同区域的商业银行的规模和经营特征都有很大的区别，因此为了仅度量数据要素运用程度对银行风险控制的能力，我们需要控制银行的其他特点，比如银行的贷款总额和存款总额等。

表5-1为变量名和变量描述。

表5-1　变量描述

变量符号	变量名称	数据来源
dfa	数据要素运用能力	数据要素市场化指数报告
Ttloan	贷款总额	CSMAR
Ttdeps	存款总额	CSMAR
Nplra	不良率	CSMAR

续表

变量符号	变量名称	数据来源
Trdra	前十大客户集中度	CSMAR
CAR	资本充足率	CSMAR
T1CAR	一级资本充足率	CSMAR
CoreCAR	核心资本充足率	CSMAR
Pvcra	拨备覆盖率	CSMAR

2. 模型设计

本书使用面板回归的方法，将数据要素运用能力作为解释变量，将各银行风险度量指标作为被解释变量，银行的贷款总额与存款总额作为控制变量。模型有：

$$X = \alpha + \sum time + \beta dfa + \gamma Ttloan + \delta Ttdep$$

其中，X 为六种风险度量指标中的某一种，$time$ 为控制时间固定效应的二值变量组。回归后观察 β 的数值和显著性判断数据要素运用能力是否对相关风险指标有影响。

3. 回归结果

我们将信用风险部分的三个指标作为被解释变量进行回归，得到结果如表 5-2 所示。

表 5-2 信用风险部分实证结果

变量	（1）Nplra	（2）Trdra	（3）Pvcra
dfa	-6.0570***	-191.23***	1953.4***
	(-3.008)	(-5.217)	(6.010)
Ttloan	-0.5671	-9.2828	-166.44
	(-0.896)	(-0.8059)	(-1.6539)
Ttdeps	0.5787	9.7618	158.33
	(0.906)	(0.8397)	(1.5583)
Cons	2.529	55.055*	64.116
	(1.457)	(1.7424)	(0.2334)
N	78	78	78

注：*、**、***分别表示在10%、5%和1%显著性水平上显著。

从表5-2中可知，数据要素运用能力对三个信用风险指标都有显著的影响能力，其中数据要素运用能力对不良率和前十大客户贷款比例两指标是显著的负向影响，而这些指标都直接度量了商业银行的信用风险暴露，因此可以认为高数据要素运用能力的银行拥有更强的风险控制能力或者提高数据要素运用能力可以提高对信用风险的控制能力。值得注意的是，数据要素应用能力对拨备覆盖率有着相当显著的正向影响，这表明高数据要素运用能力的商业银行拥有更强的抗风险能力。

巴塞尔协议中关注的资本充足率指标作为被解释变量的回归结果如表5-3所示。

表5-3　资本充足率实证结果

变量	(4) CAR	(5) T1CAR	(6) CoreCAR
dfa	32.196***	37.712***	30.526***
	(4.5132)	(5.5943)	(4.6096)
Ttloan	2007.8	−872.01	−408.84
	(1.2722)	(−0.5847)	(−0.2790)
Ttdeps	−2771.8	798.94	71.915
	(−1.6650)	(0.5077)	(0.0465)
Cons	28.7420***	7.5070	14.811**
	(4.4325)	(1.2250)	(2.4603)
N	78	78	78

注：*、**、***分别表示在10%、5%和1%显著性水平上显著。

与直接信用风险指标的表现类似，数据要素应用能力对三个资本充足率指标都在1%的显著性水平下有着正向的影响。这可能说明数据要素应用能力高的企业往往倾向于提高资本充足率作为对抗风险的手段。

➢ 他山之石

中国银行：大数据背景下的全面风险管理

中国银行股份有限公司（以下简称中国银行），是我国国内第四大银行，为财政部管理的中央金融公司。中国银行是中国唯一持续经营超过百年的银行，也是中国国际化和多元化程度最高的银行。中国银行下属机构遍及中国内地及 61 个国家和地区，旗下有中银国际、中银投资、中银基金、中银保险、中银航空租赁、中银消费金融、中银金融商务、中银香港等控股金融机构。2021 年 6 月，在《银行家》杂志公布 2021 年全球银行 1000 强中中国银行排名第 4 位。

全面风险管理，是指企业围绕总体经营目标，通过在企业管理的各个环节和经营过程中执行风险管理的基本流程，培育良好的风险管理文化，建立健全全面风险管理体系，从而为实现风险管理的总体目标提供合理保证的过程和方法。商业银行全面风险管理在我国起步较晚，虽经过多次改革，在风险管理上确有一些进步，但多数商业银行在风险管理工作上还存在很多不足。

中国银行作为大型商业银行，充分利用自身优势，积极开展技术合作，运用科技手段建立全面风险管理系统。中国银行与腾讯公司合作推出"新一代网络金融事中风控系统"，引入腾讯在大数据、云计算、机器学习等技术，实现在风险管理层面特别是信用风险、市场风险、操作风险三个方面的全面控制。

1. 信用风险的识别与控制

中国银行成立的年限较长，自身数据积累长达几十年之久。依托庞大的历史信息，中国银行构建了传统的二维评价模型，通过该模型能够实现债项评级和客户评级。经过大数据分析处理后，对法人客户进行了细分，如老客户、微创新企业、小型企业和大型企业等，中国银行能够基于客户评级模型得到法人客户违约的概率，从而减少信用风险损失发生。完整的信用风险计量，除了完成客户的评级之外，还必须对债券进行评级。因为客户在违约之后，造成的每项债券并不是等比例损失。例如，客户分别选择有抵押贷款和无抵押贷款时，两者的损失率是不同的，对于银行来讲，应当对债项损失率进行逐笔测算。

有了完整的二维评价体系之后，中国银行就能够十分方便地进行贷款管理，此外，还可以基于这一体系确定贷款价格，即基于基准利率结合银行的实际情况确定风险溢价，明确贷款定价。利用大数据，中国银行除了对法人本身关注之外还可以了解到风险信息、损益信息、资本市场之外的属性信息，如客户所处的地域、产业和行业等信息，假如客户是上市企业，还可以重点关注客户的市值变化情况。举例来说，一个行业里先进企业和落后企业，在政府提倡压缩过剩产能时，中国银行就可以根据属性信息决定如何给这个行业的企业放款。

2. 市场风险的识别与控制

随着中国银行不断的发展和扩大，每天国内国外海量的市场交易行为增加，市场风险也逐步增加，如何利用大数据来完善市场风险管理系统，中国银行主要采取了以下方法：利用大数据，建立集团层面的、全口径全覆盖的全面风险管理架构；逐步构建全面覆盖和集团层面的全面风险管理架构，中国银行每天都会采集大量关于利率、汇率和商品等产品信息和市场价格，并对这些数据进行筛选和处理。现在中国银行的市场数据库里存储着超过2亿多条的数据，然后利用中台和后台进行分析，以便后续进行使用。截至目前，中国银行的数据分析应用几乎涵盖了所有的系统，如财会公允价值计量系统、交易对手信用风险计量系统、风险计量系统、资产负债管理系统、交易管理系统和产品控制系统等。

3. 操作风险的识别与控制

2005 年，中国银行正式开始启动收集内部损失数据，得到了 1.5 万余条数据。并且从一些其他渠道购买了 SAS 企业的外部损失数据，截至目前，中国银行总共具有 1 万多条外部损失数据。并针对各种不同的情景开展了相应的分析，得到了 3500 余条计算结果，这些计算结果具有十分重要的作用，既能够用于监控内部员工的经营行为，还可以用于反洗钱、反欺诈和操作风险资本占用计算等方面。另外，依托大数据，中国银行在其业务系统中加强了对操作风险因素的流程管理，充分发挥流程自动化优势，极大地提升了中国银行的风险防范能力，有效地减小了操作风险发生的可能性，能够在银行业务系统和风险监控系统中实现对重点交易、重点账户、重大金额和重大事项的远程监督和实时监督检查，强化中国银行对重点领域的监控；确保风险处于可控范围之内。

中国银行勇立时代潮头，创新大数据结合全面风险管理的模式，成功集成整合了传统风控和大数据风控，并构建了多维数据大数据信息平台以支持数据挖掘和分析，最终取得了不错的效果，也为中国银行业做出了表率。但是现实总是机遇与挑战并存的，当前的大数据风险控制中也会面临一些问题，比如大数据时代的信息安全问题等都值得我们的关注。

> 他山之石

光大银行：大数据反舞弊审计

中国光大银行股份有限公司（以下简称中国光大银行）成立于 1992 年 8 月，是经国务院批复并经中国人民银行批准设立的全国性股份制商业银行，1997 年 1 月完成股份制改造，成为中国第一家国有控股并有国际金融组织参股的全国性股份制商业银行。光大银行背靠光大集团，具有较强的综合实力。近年来，光大银行提出建设发展"123+N"数字银行发展体系并持续加大科技投入、强化科技队伍建设和优化科技创新机制，在金融科技创新应用上取得了一定的成绩。

当前我国银行审计工作现状不容乐观，银行员工舞弊案件频发，给我国金融市场发展带来了非常消极的影响。在每年银行开展的各项审计项目中，反舞弊审计项目是银行各审计项目中操作风险最大的一项，而且随着银行业内外部环境变化以及金融创新的发展，员工实施舞弊的手段越来越复杂，加之银行业务种类的多样性导致审计人员难以发现员工舞弊行为，解决舞弊问题成为一件迫在眉睫的事情。

在此背景下，光大银行依托自建的大数据应用开发平台研发出了大数据反舞弊模型，在对员工行为进行审计过程中引进大数据技术，以深度挖掘数据信息，通过识别五类客户关系圈、三重识别控制账户和三层挖掘员工及员工亲属账户三种方法快速找到审计疑点。

1. 识别五类客户关系圈

光大银行大数据反舞弊技术的第一要义就是锁定可疑人群。具体而言光大银行反舞弊模型会使用大数据技术重点识别敏感客户、担保公司的高管股东、融资性担保公司、授信客户的高管股东和自然担保人、授信客户这五类人群，并将他们的银行账户、他行账户数据进行深度挖掘。缩小排查对象范围之后，排查工作量大大减少，因此可以进行更为细致的检查。

在进一步的检查中，光大银行引进了特征识别功能以更加精准地识别出审计疑点。具体而言，对于敏感客户群体，该模型又将其细分为以下三类：第一类，为多笔贷款还款的客户；第二类，同一账户获得多笔贷款资金汇入的客户；第三类，交易摘要中存在较多利息、还款、借款等字样的客户。对于授信客户群体，模型将其细分为正常结清客户、正常有余额客户、逾欠息客户、核销或打包转让客户四类。按照每种客户群体的特征，划分为不同的关注等级，敏感度越高则关注度越高，信用度越低则关注度越高，通过采用这些方式帮助审计人员识别可能与员工发生利益输送关系的主体，为审计工作提供线索。

2. 三重识别控制账户

反舞弊审查中的一个困难是，员工很可能采取控制或使用他人账户以规避审查。大数据技术在解决此类问题上表现优异。光大银行的大数据反舞弊模型采取三重识别方式来判断控制账户，具体识别方法如下：一是通过识别员工与客户的资金往来交易情况以及非行内员工频繁使用办公设施进行网银交易情况，判断员工是否对他人账户进行控制、使用；二是通过根据员工与客户预留同一手机号来判断员工与客户账户之间可能存在控制关系，因为快捷支付、登录手机银行账户、查询账户余额等情况均需要短信通知手机号来完成验证；三是通过根据员工与客户登录同一手机银行情况判断客户账户是否被员工控制。一般情况下，手机作为个人私有物品不会频繁将其交由工作人员进行操作，当员工与客户手机银行登录次数较高，而且双方的登录时间区间基本重叠，便可以断定员工存在控制客户账户的行为。

3. 三层挖掘员工及员工亲属账户

为尽量排除舞弊空间，光大银行除了从上述交易对手方（五类客户关系圈）和员工控制账户两个方向进行数据挖掘之外，还从员工自身以及员工亲属账户两个方面进行了数据挖掘，其具体过程分为以下三个步骤：首先，获得员工在行内的所有账号信息（通过查询员工在人力资源系统中记录信息获得）；其次，通过查询员工账号中涉及的交易记录，确定出部分员工的亲属账号（包含行内和他行账号）和员工他行账号；最后，根据上一层次中确定的账号信息，进一步挖掘其余员工关联亲属账号信息，最终建立起较为全面的员工亲属圈管理体系，让通过亲属账户来实现舞弊的途径也被切断。

光大银行在金融科技浪潮中站在了行业上游的位置，利用其自主开发的反舞弊系统很大程度上解决了由员工舞弊行为导致的操作风险。从宏大的战略的方面说，光大银行对人工智能等新技术的开放态度、大力支持和尽早布局的战略眼光值得学习；从细节技术层面说，光大银行积极收集音频等非结构化数据、员工的消费等外围数据用于审计分析的技术设计也值得参考。更重要的是，光大银行对人才队伍的建设——大数据审计离不开高水平的审计人才队伍，大数据模型的搭建也离不开大数据系统研发团队，只有具有先进技术、充满活力的队伍才能将像审计工作这样的普通工作提高到战略高度，促进大数据技术与银行业务的融合，提升公司整体的表现。

> **他山之石**

昆山农商行：大数据内部审计

昆山农村商业银行，全称"江苏昆山农村商业银行股份有限公司"，是经中国银行业监督管理委员会批准成立的股份制金融机构，成立于 2005 年 1 月 8 日，前身为昆山市农村信用合作社联合社。作为一家地区农商银行，昆山农村商业银行是环球银行财务电讯协会（SWIFT）和全国外汇交易中心会员。昆山农商行在全国县级农商行中表现出色，这与所处的昆山经济发达，常年位居中国百强县之首有关。

内部审计对于商业银行的发展至关重要，因为如果内部审计出现，那么职员腐败等问题的扩大将给商业银行带来沉重的打击。而农商行由于其自身规模较小，风险抵补能力较弱等特点，内部审计漏洞可能要造成更大的问题。

为应对内部审计问题，昆山农商行依托其区位优势，引入了大数据技术以解决当下内部审计中数据总量增大、数据样本增多、数据关联性强的问题。昆山农商行为了顺应大数据时代的浪潮，积极探索，实现了一定的成果。

1. 基于数据分析与挖掘的操作风险防控

昆山农村商业银行于 2012 年开发建设了审计平台，通过对核心、信贷、国结、网银等系统的业务数据进行整合，形成覆盖全行各主要业务的内部审计"大数据库"。在内部审计大数据库的支持下，昆山农商行根据操作风险的行为特征，构建了一套操作风险科技防控体系，针对符合条件的可疑交易和操作进行及时的风险预警，让违规操作无处遁形，有效防范操作风险。该体系针对不同类别的操作风险进行分类监测甄别：对企业和个人客户的大额、可疑、网银的交易金额、时间及频率进行分析归类识别，对于其中的可疑交易及时预警；对内控制度的重要环节和内部人员的可疑操作行为进行实时分析监控，对于可疑人员进行内部调查；对信贷操作流程合规性、信贷资金流向合规性进行分析监督。分类防控操作风险的手段可以减少对每种操作风险的排查难度并提高每种操作风险的预测识别准确度。昆山农村商业银行已建立了八大类106个预警规则模型的风险监测体系，有效防范操作风险。

2. 基于数据分析与挖掘的案件防控

除去对各类操作风险的全面监控，昆山农商行还开发了针对特殊性案件的防控体系。近年来，经济发展形势波折起伏，民间借贷野蛮生长，银行工作人员参与其中的案例也常有发生。昆山农商行为防范员工参与民间融资，选择与员工签订合规协议，获得员工授权并对其账户进行监测。通过建立"员工账户与授信客户往来"和"员工账户与公司类授信客户主要投资人往来"等模型，有针对性地展开数据挖掘、比对，对于可疑交易要求员工进行说明，对违规交易进行告诫、处罚，有效防范员工参与民间融资情况，并在历次银监部门、省联社和省审计厅的检查和排查工作中经受住了检验。员工的正常交易并不在监测范围内，但此项工作得到了绝大多数员工的理解和支持，并在事实上防止了此类案件发生。

3. 基于外部数据的风险预警

大数据内部审计系统的核心是有价值的数据。此前的操作风险防控系统和特定案件防控系统都主要依靠昆山农商行内部的账户和交易数据，其在数据的种类上较为缺乏，因此大数据系统能发挥的作用仍然有限。随着国家不断加强信用体系的建设，以央行征信系统为基础的各项信用数据的不断完善，各类外部数据被引入银行内部作为完善客户信息的措施成为一种趋势。昆山农村商业银行尝试通过公共网络获取中国法院诉讼公告信息，与内部数据进行关联，通过建立的"涉诉授信客户预警"模型，在投入使用的当天发现行内某授信客户涉及诉讼案件，及时向支行提出预警，使支行在第一时间对企业进行了关注。通过加入外部信息，昆山农商行大数据系统获得了更高维度的样本储备，因此拥有了更强的风险预警能力。

昆山农商银行充分归结银行信贷、网银等内部业务并结合公开的外部数据搭建起自主大数据平台，在此基础上运用大数据技术数据挖掘手段进行内部审计，并取得了一定的效果。昆山农商行对大数据技术的重视和提前布局值得其他商业银行学习。更为具体的，昆山农商行在大数据技术布局上，积极整合内部数据，接入外部数据构建全面操作风险监测系统为之上的大数据技术运用奠定了很好的条件，可以为其他银行构建自主系统参考。

第六节　数据要素赋能商业银行实战一：
"抢滩"数字人民币

数字经济发展需要建设适应经济高质量发展要求，普遍惠及大众、通用创新开放的新型零售支付基础设施。在现金功能和使用环境发生深刻变化、加密货币特别是全球稳定币发展迅速、国际社会高度关注开展央行数字货币研发的大背景下，数字人民币研发、试点、推广被赋予了更多的社会属性和政治意义。数字人民币成为未来金融发展的重要趋势，各大商业银行纷纷"入局"，"抢滩"数字人民币。商业银行如何在风口中抢占先机，是摆在我们面前的一项重大课题。

（一）数字人民币进入新发展阶段：总体概貌

1. 数字人民币政策密集发布："三期叠加"

2021 年下半年开始，数字人民币进入政策井喷期。2021 年 11 月国务院《关于支持北京城市副中心高质量发展的意见》提出"支持大型银行依法设立数字人民币运营实体"；2022 年人民银行年度工作会议提出"加强金融科技应用与管理，稳妥有序推进数字人民币研发试点"；2022 年 1 月，国务院办公厅印发《要素市场化配置综合改革试点总体方案》明确提出支持在零售交易、生活缴费、政务服务等场景试点使用数字人民币；2022 年 2 月《金融标准化"十四五"发展规划》用一个章节内容详细阐述了法定数字货币的标准要求。同时，依据"十四五"规划，我国数字人民币试点城市积极发布推动数字人民币发展的政策，为数字人民币试点推广做好政策准备。

自上而下各项支持政策的密集落地，数字人民币发展政策进入关注度持续上升期、政策风口维持期、监管态度友好期"三期叠加"阶段，数字人民币推广布局进入高速阶段。政策制定是产业发展的重要环节，数字人民币同时拥有金融和科技双重角色，既是央行发行的数字形式的法定货币，又是新一代数字化信息技术的产物，成为金融科技时代重大金融创新之一，多项政策不仅为数字人民币推广普及创造了良好的社会信任基础，更为确保数字人民币法定属性、严守风险底线、支持创新发展营造了安全、便利、规范、包容的落地环境。

2. 数字人民币落地应用加速："金融新基建"

数字人民币落地应用进入加速期，全国试点范围不断扩大，应用场景不断丰富，覆盖领域持续扩展，社会公众参与度迅速提升。到 2021 年底，数字人民币试点场景已超过 808.51

万个，累计开通个人钱包 2.61 个，交易金额达 875.65 亿元。2022 年 1 月，数字人民币（试点版）App 在登录各大应用平台，从春节期间的大规模红包到北京冬奥会的全球首秀，数字人民币在试点地区、使用功能、应用场景等多方面大步提升，2022 年 4 月，数字人民币第三轮扩容新增天津、重庆、广州等 6 个城市作为数字人民币试点地区。在多家银行深度参与的基础上，数字人民币已经覆盖了餐饮服务、生活缴费、购物消费、交通出行、政务服务等多个场景，并产生了手机扫码、碰一碰支付、可视卡式"硬钱包"、与现钞双向兑换等支付模式。

数字人民币"飞入寻常百姓家"，作为中国金融业致力于推广的新型支付方式和数字经济时代的"新基建"，数字人民币的推广将为相关生态产业带来长期、可持续的机遇。中国的数字货币研发和试点工作走在了国际前列，作为安全、普惠、通用的新型金融基础设施和公共产品，伴随数字人民币试点范围和内容的深化发展，在技术持续完善和应用场景不断增加的共同推动下，进一步满足人民群众多样化的支付需求，在服务实体经济和惠及百姓民生等方面将发挥更加积极的作用。

3. 数字人民币产业图谱初现："合作与博弈"

数字人民币流量入口采用兼具集中化与分散化的综合方式，央行 App 与运营机构 App 相结合，运营机构结合自有资源特色拓展数字人民币应用场景，确保数字人民币广泛可得。同时，指定运营商业银行和非指定商业银行间的"银银合作"，使非运营合作银行可以接入数字人民币服务，帮助运营银行实现用户覆盖与服务下沉，在试点过程中，已形成直连模式、间连模式、混合模式三种合作方式。

在双层运营体系下，数字人民币全产业图谱基本形成。人民银行作为发行层，统筹数字人民币研发、监管和推广；指定运营机构、非指定商业银行、第三方支付机构、清算机构、电信运营商共同组成数字人民币流通层；餐饮、购物、出行、娱乐、政务构成数字人民币应用场景；软件系统提供商、硬件系统提供商和手机厂商构成应用支持层，构成完整的数字人民币产业体系（见图5-5）。

图5-5　数字人民币产业图谱

作为数字经济发展的核心要素和迭代的金融基础设施，数字人民币将深刻影响金融主体和非金融主体，将区别于传统账户体系的特性创造出新的支付逻辑，为数字人民币产业体系中的不同业态带来新的合作模式和市场博弈，为相关的技术和解决方案的供应商带来新的商业机会。参与主体之间良好的协同合作与良性竞争将进一步完善数字币的生态体系，为实体经济层面的企业与社会公众提供更具针对性、有效性的数字金融服务与产品支持。

（二）商业银行推广数字人民币面临挑战：困境分析

1. C 端支付业务：用户留存转化率不佳

第三方支付平台具有先发优势，第三方支付市场经过长期的技术改造和业务迭代，已经形成了以微信、支付宝高市场占有率为主导的寡头竞争形势，市场高度集中。同时，微信、支付宝已经从支付这一高频场景逐渐向其他场景引流，形成了多元化的支付生态，涵盖强大社交功能和多个垂直细分领域。云闪付作为中国银联主推的第三方支付平台，自正式上线以来一直依靠大型消费活动和营销补贴来获取客户。尽管云闪付在短期内取得了庞大客户群体，但其原来积累的客户资源和互联体系却未充分发挥作用，仍无法与微信、支付宝分庭抗礼。

目前，数字人民币仍处于试点阶段，从支付方式上看与云支付同为市场后来参与者，尽管数字人民币与微信、支付宝存在本质上的区别，但就用户基数而言，由于缺乏用户积累和高频引流场景，用户接受壁垒高居不下。比如，建设银行在试点城市中投入了大量网点、人力和财力等资源，以高额红包补贴和赠送礼品为主要推广策略，但此种方式在加大建行运营负担的同时，也难以成为长久之计。

从数字人民币 App、中国建设银行 App 和建行生活 App 使用体验来看，不少新用户仅仅是为了"薅羊毛"，支付习惯短期内难以改变，真实场景 App 使用频率仍较低、消费体验有待提升、补贴难以持久。同时，用户停留时间较短，App 运营流畅度问题依旧未能得到有效解决，数字人民币和银行卡账户以及微信、支付宝之家转账过程烦琐，应用场景与实际生活存在较大脱节，用户需求不能得到有效满足，多场景渗透还有较大空间。

2. B 端收单业务：重复布设成本高企

支付方式的革新始终以便捷、安全为首要目标，从现金支付到银行卡支付，再从银行卡支付到移动支付和智能识别支付演变的过程中，商户的终端设备也在不断更新，同时也产生了较大的推广布设成本。到目前为止，数字人民币仍需依托主流支付方式，数字人民币 App 已兼容二维码、NFC 两种支付模式。我国支付市场经过多年的发展已十分成熟，现有支付终端已经可以较好地满足商户和企业客户的多种支付需求，B 端作为数字人民币推广的重要一环，相同支付方式的不同收款终端将产生高成本、低性价比的支出，对于商户而言缺乏布设的积极性。

对于企业而言数字人民币在 B 端尚未形成完整的商业模式，商用业务阻力较大，无法赋能企业的数字化转型，绝大多数企业暂不具备数字人民币支付结算的硬件软件系统和终端机具。企业支付配套基础设施数字化升级缓慢，在订单实时下单、支付、认款、发货等操作中仍以人工操作和传统银行柜面业务为主，企业原有支付流程和生产效能未能提到有效提升。数字人民币暂不具备重塑企业供应链，构建上下游企业数字化产融生态的能力。

3. 银行业务重塑：业务脱节日益突出

商业银行作为中国金融体系的绝对主力，从长期来看，以商业银行为主导的间接金融模式不会发生根本改变，商业银行以存贷业务为主导的经营模式也不会发生根本改变。金融科技的进步和数字技术的革新并不会改变商业银行作为金融中介的核心功能，而是通过流程优化和再造提高商业银行核心功能运行的效率。现阶段在数字人民币推广过程中，数字人民币更多是扮演一种消费券（Vouchers）角色，即利用大额优惠方式吸引消费者使用数字人民币进行消费，而通过"类消费券"式的引流却还未能有效转化为银行具体业务，对商业银行核心资金资源调节配置影响十分有限。

总体来看，商业银行数字人民币业务从营销推广到业务普及还有较大空间。具体而言，数字人民币作为"数字现金"，还未能成为商业银行存贷款业务的主要资金来源和发放形式，也还未能成为中间业务的主要渠道，除前台推广业务外，中台后台离数字人民币业务相对遥远，大多数业务未有效接入数字人民币体系。在这种情况下，数字人民币推广普及不仅偏离了既定的目标和愿景，更加剧了基层分支行和营业网点的成本和负担，一线营业员工疲于应付和完成任务，推广效果较为有限。因此，着力解决业务脱节和流程重塑问题，提高数字人民币与金融业务的融洽程度，是数字人民币"落地生根"的必要条件。

4. 支付系统壁垒：零售支付市场各自为政

二维码支付作为当前主流的支付方式，具有推广成本低、商户布设广泛、使用场景全面、用户接受度高等优势。但是，由于微信、支付宝在支付市场领域的垄断地位，二维码编码规则和标准不统一，不同支付机构的条码无法互认互扫，支付平台之间建起了庞大的人为阻隔和支付壁垒，资金无法互联互通，市场分割无奈且严重。较高的支付壁垒又催生以拉卡拉等为代表的场景垄断和聚合支付码的涌现，在进一步加剧二级支付市场竞争和安全、隐私问题的同时，商户使用成本也不断攀升。

NFC技术作为数字人民币主推的另一项支付方式，为降低数字人民币对二维码支付方式的依赖找到了较为成熟的发力点。在银联的主导下，尽管早期移动NFC支付市场在商户资源和机具铺设上奠定了良好铺垫，但由于不同手机与 NFC 标签、POS 机之间的技术运用不同，NFC 支付仍存在较大的硬件壁垒，硬软件系统改造尚需时日。同时，从我国手机市场的现实情况看，NFC 功能主要设置于中高端机型，没有 NFC 功能的智能手机在我国市场上还有相当的比例。出于安全性和其他多方面的考虑，NFC 技术的普及应用仍有较大距离。

（三）"抢滩"数字人民币的优化对策：政策建议

1. 打造"标准体系"，制定统一的交易规则

从现实看，国有银行不仅是引领数字人民币产业潮流的"领跑员"，更是规范数字人民币产业的"教练员"。在中国人民银行和银保监会这样"裁判员"的指导下，承担起牵头制定数字人民币交易规则和行业标准的政治和社会责任。当前，数字人民币产业方兴未艾，从底层技术到场景运用，从规范发行到用户使用，都急需行业统一的交易规则和运用标准。

从数字人民币赛道上的"运动员"到"教练员"，国有大行应充分发挥业务总量、客户积累、技术迭代等多项优势，紧跟政策导向和产业潮流，搭建起数字人民币政策判读、标准探讨、技术创新、产品推广的综合平台。同时，吸引金融监管机构、行业组织、商业银行、科研院所、科技公司等在内的多家机构参与研发创新，在数字人民币规范发展中扮演行业引领者、标准引领者、技术引领者多重角色，在数字经济发展的大潮中顺势而为独树一帜，将数字人民币发展转化为银行数字化智能化转型的重大机遇，在新一轮金融革命和技术创新中敢为人先，推动建行在经济高质量发展新阶段迈上新台阶。

2. 赋能"生态场景"，优化改善用户的使用体验

金融科技经过数十年的高速发展，已经成为数字经济发展

的主力和引领金融创新的重要力量。尽管以互联网金融为代表的金融科技在发展过程中暴露了诸多问题，但应该肯定的是，金融科技在金融创新的大方向上是正确的，互联网金融在生态场景、用户积累、业务再造上的思路和方案是具有前瞻性和突破性的。在新一代金融科技和数字革命的竞争中，成熟的商业银行不应仅仅局限于政策体制和行业壁垒所构建起的竞争优势，更应该学会向"竞争对手"学习，取长补短，抢占金融科技先机。

数字人民币作为具有中国特色的金融科技创新，更应该主动向互联网金融学习，融入中国数十年来数字经济发展的"中国智慧"和"中国方案"。中国已经成长起一大批具有超大客户群体、海量消费和使用数据、有着重大社会影响力和创新生命力的互联网大厂和代表性金融科技企业，它们更懂得数字人民币的主要需求群体具备怎样的行为习惯和消费需求，在数字人民币的推广和使用上能够更有针对性、更低成本地提供解决方案。

针对建行数字人民币在推广和运行中存在的短期问题，应首先着力优化用户体验，改善场景渗透和用户活跃度不佳问题。从 C 端看，数字人民币功能还需优化提升，在仍可维持现有补贴的情况下，建行生活 App 仍需进一步贴近生活消费实际，借鉴相对成熟的互联网第三方支付 App 和生活消费类 App 的架构方式和覆盖领域，完善建行生活 App 的消费选择。从 B 端看，数字人民币线下商铺布局事实上仍停留在概念和封闭测试阶段，应用途径尚需进一步拓展，在试点城市试点场景封闭测试的基础上，可考虑试点城市大规模线下推广和商户端免费发放二维码、免安装费、手续费等措施，推动支付方式的互联互通，提高场景渗透率。同时，无论是从数字人民币法定货币属性还是数字人民币发展趋势看，数字人民币都应尽快接入主流 App（如支付宝、微信、京东、淘宝等平台），加快线上渠道布局。

3. 推进"业务转型"，探索业务重塑的细化方案

数字人民币的营销推广方式不应仅仅停留在消费补贴，更应该注重如何联动金融业务来推动银行数字化转型。当前，数字人民币仍处于试点推广阶段，各商业银行对数字人民币推广竞争激烈。尽管数字人民币试点推广和客户群体活跃度保持确需大量资金投入和成本，但如果高额投入成本下用户转化率仍较低，未能很好培养用户使用黏性，或高投入下数字人民币引流未能转化为具体业务，补贴推广的竞争方式对于所有营运机构而言都是低效率且难以持久的。

在推广的基础上，加快与数字人民币相关的金融业务数字化是推动数字人民币从"任务"到"业务"＋"服务"的重要渠道。商业银行应积极探索数字人民币贷款、数字人民币风控、数字人民币中间业务等具体业务，积极探索从补贴推广到业务重塑的细化方案。相比纸币而言，以数字人民币为载体的金融业务能够深刻改变银行业务流程，缩短业务办理流程和时间，降低运营成本。此外，数字人民币贷款风控业务还能够实现精准追踪资金流向，减少道德风险问题和商业银行不良贷款率，防范金融风险。

4. 用好"政企资源"，拓展数字人民币推广渠道

区别于其他第三方支付产品，数字人民币运营机构拥有央行授信，同时各商业银行早已积累大量政务商务资源，资源富集程度不可同日而语。对于建行而言，可以以大量政府、学校、企业、事业单位等用户资源为依托，撬动大量政企资源。提出利用政企资源拓展数字人民推广渠道的逻辑是，从用户资

金使用渠道来看，既然使用户从原有的已经形成使用习惯的"数字钱包"中转换到数字人民币钱包是高成本的，那么为什么不直接将用户的资金直接从"源头"就汇入数字人民币钱包呢？

运营机构拥有央行授信，背靠大量政企资源，应将用户从政企资源中获得的资金直接通过数字人民币形式发放。这样就无须重复耗时耗力拓展用户积累，且用户会主动下载、使用数字人民币进行消费。借助政府和企业的力量，数字人民币可以通过指定运营机构优先接入薪资发放、纳税缴费、财政补贴、罚款挂号等高频政企服务场景，培养用户的支付习惯和黏性。同时，调动政企资源还能有效加强政府治理能力，在税收、补贴等业务中，监管部门可结合数字人民币的可追溯性与智能合约等特点，解决资金流和信息流的时滞问题，加强政府的治理能力。

5. 瞄准"支付蓝海"，加强生物识别的技术创新

在传统支付技术的"红海"中，数字人民币运营机构并不占技术优势，甚至面临较高的推广和技术壁垒。但相比于二维码支付而言，生物识别和支付过程以"秒"计算，支付效率较高，且生物特征的独一无二性也带来了更高的支付安全性。目前，生物特征识别支付技术已有微信"青蛙"、银联"蓝鲸"和支付宝"蜻蜓"等产品，但线下总体覆盖率仍较低。

生物识别支付技术创新将为数字人民币差异化竞争并辟新赛道，接入智能识别终端机具将在生物识别领域带来聚合支付的联想空间。生物特征识别支付技术的特性与价值也将丰富数字人民币的支付方式与支付场景，使数字人民币受到更多用户与商家的青睐。在疫情影响下，刷脸支付、非接触式指纹支付、虹膜支付、声纹支付等生物识别方式或将迎来全新机遇，成为数字人民币在生物识别支付领域的战略方向。

第七节　数据要素赋能商业银行实战二：拥抱数字消费金融

"十四五"规划作出了构建新发展格局的重大战略部署，提出要畅通国内大循环，促进国内国际双循环。金融业要主动适应于社会主要矛盾和人民需要的深刻变化，适应于后疫情时代经济结构转型和产业升级的客观要求，适应于数字经济和金融科技发展的现实需要。消费金融是为满足消费需求而产生的金融服务，对于新冠疫情背景下提振消费信心，稳住经济增长基本面，推动"国内大循环"建设具有重大意义。年轻群体（"90后""00后"）日益成为数字经济时代的消费主力，展现出新生代巨大的消费力，回答年轻群体究竟需要什么样的消费金融服务这一问题变得十分重要，本书将探讨商业银行面向年轻群体的数字消费金融的转型背景与细化方案，为商业银行寻找新的利润增长点，推动商业银行数字化转型提供参考。

（一）年轻群体消费偏好与金融需求：主要特征

1. 新生代红利：年轻群体日益成为数字经济增长的主要力量

数据显示，2020年底我国年轻群体（"90后""00后"）规模已达3.6亿，占总人口比重接近四分之一。作为"独生子女"的一代，年轻群体在中国改革开放与经济高速增长中成长，尽管在经济能力上不如中年群体（"70后""80后"），但年轻群体在祖父两辈的全力呵护下成长，消费规模已举足轻重且仍在不断增加。在物质丰裕的时代成长，渐渐掌握"财权"的"90后"和"00后"较其父辈也有更强的消费意愿。"80后"人均GDP与出生率负"剪刀差"达到代际人口最大值，成长红利代际最低，而"90后""00后"则是成长红利最丰厚的两代。"00后"同期出生率较"85后"下降41%、较"95后"下降20%，成长阶段正值中国人均GDP突破10000美元并迈向20000美元甚至突破30000美元。特别是在新冠疫情以来，年轻群体推动数字经济腾飞，成为后疫情时代推动经济增长的主要力量。

年轻群体的消费能力是数字经济赋予的时代红利，年轻群体应当且必须成为银行业数字化转型中最重要的关注人群，年轻群体是面向数字经济发展银行业利润增长最重要的客户力量。相对于努力奋斗以求生存的前几代人，年轻群体的成长阶段正值中国经济社会高速腾飞的发展阶段，"衣食无忧"的年轻群体拥有着巨大的消费潜力和多样化的消费需求，正在成长也定将成为推动中国经济增长的主要力量。

2. 数字原住民：年轻群体是数字金融发展最主要的受众

在成为消费主力的同时，年轻群体也是数字金融发展最主要的受众，作为"数字原住民"，年轻群体对于数字技术有一种自然的亲切感。一方面，互联网带来的多重变革，为年轻群体提供了丰富多元的世界，塑造了新生代独特的价值观念和消费取向。数据显示，我国"90后"移动互联网规模已达到3.26亿，取代"80后"成为互联网新的主流人群，年轻群体对互联网的依赖也日益加深。另一方面，互联网深刻影响着年轻人的同时，如今正处于交流、求知、消费欲望旺盛时期的他们也开始成为互联网即时通信、电商、娱乐的庞大用户群的中坚力量，成为互联网繁荣的主要推动力量。

金融科技的发展将数字消费金融推向了数字经济时代的潮头，年轻群体成为推动消费金融发展的重要力量。近年来，数字金融在监管宽容、社会关注、技术关注叠加的基础上蓬勃发展，成长起一大批打破传统金融中介壁垒的数字金融企业。作为金融领域的新生力量，金融科技赋予数字金融全新的业务模式和运行体制，极大地提高了金融运行效率和覆盖率，特别是成为年轻群体获得金融服务最主要的途径，以第三方支付、数字理财、消费信贷为代表的金融创新成为数字金融发展的重要风口，年轻群体成为推动数字金融发展和创新的决定性力量。特别是对于消费贷款而言，消费贷款已经成为数字金融发展覆盖用户最广、放贷成本最低、利润率最高、数字化转型最成功的金融产品。

年轻群体已经成为数字金融发展的主力，金融科技促进商业银行数字化转型迎来新的拐点，消费金融将成为商业银行消费贷款业务竞争的蓝海。商业银行传统消费信贷业务主要为信用卡贷款，信用卡贷款市场竞争激烈，获客成本和运维成本高昂，运营模式成熟，利润进一步降低。与传统消费信贷相比，数字消费贷款引流渠道更为广阔，大数据定价成本更具竞争力，基于用户行为的风险控制更加精准高效，利润空间将进一步释放。数字消费金融业务有望成为商业银行尤其是国有商业银行新的利润增长点。

3. 自我与理性：年轻群体具有个性独特的消费特征

年轻一代在物质丰富的年代成长，视野更加开阔，自我意识更强，更加关心自己的内心世界和精神需求，具有更加包容和多元的心态，这推动了年轻群体个性独特的消费偏好和金融需求的产生。一方面，年轻群体的消费和金融需求从产品消费向情感和兴趣消费升级，催生出众多新兴经济业态的产生：粉丝经济、网红经济、宠物经济、懒人经济、盲盒经济、圈子经济等以个性爱好为依托的消费形态广受年轻群体喜爱。另一方面，年轻群体虽然"挣得不多"，但已具备理财意识和金融素养，不少年轻群体开始在移动互联网平台买基金、炒股、买保险，数字金融机构早已开始在年轻群体市场进行布局，逐渐发展成新经济和新金融业态的主导力量。可见，年轻群体多样、个性、旺盛、理智的消费"新"需求不仅推动了经济新业态、新模式的不断涌现，更为数字消费金融的发展"添砖加瓦"。

商业银行应该主动跨越"代际鸿沟"，摒弃对于年轻群体的"傲慢"与"偏见"，在数字消费金融市场上开发出真正契合年轻群体的金融产品，从容应对年轻群体的消费崛起。年轻群体是数字消费金融最强大的主力军，是流量的终极变现利器，但绝不是"任人宰割的羔羊"，年轻群体接受过更多的金融教育，他们在满足个性的同时也对数字金融保持警惕，只有真正立足于年轻人需要的金融产品，才能在数字金融的浪潮中站稳脚跟。

同时，与社会公众认为的年轻群体财务状况堪忧相悖的事实是，中国年轻群体具有更高的金融素养，财务状况也更加稳健。需要认识到，年轻群体作为数字经济时代消费的主力军，一方面，年轻群体有购房、购车等金融刚需，不能简单地看负债总额而忽视负债结构。另一方面，尽管80%以上的年轻群体都用过消费信贷产品，但金融行为也更加成熟和理性，反消费主义也正成为主流。数据显示，80%的年轻群体具有理财习惯，年青一代每月储蓄比例也正在上升，2021年，年轻群体月均储蓄均值达到1624元。同时，年轻群体具有更好的信贷习惯，半数年轻人仅使用消费信贷作为短期资金周转，且在当月还清，更加珍视自身的信用情况。

中国年轻群体对于金融行为的态度更加理性和谨慎，商业银行消费金融服务的数字化转型要"读懂"年轻人的金融认知，消费金融产品要具有鲜明的年轻特点和理性导向。中国的年轻群体绝大部分接受过中高等教育，具有基本的金融知识储备，在大多数金融消费中能够合理匹配自身需求，金融行为也更加成熟理智。

（二）面向年轻群体数字消费金融：发展环境

1. 数字金融枝繁叶茂：多场景深度嵌套，存量资源大有可为

数据和流量是数字生态得以建立完善的核心资源，年轻客户群是数据和流量的主要来源。二十年来，互联网大厂深植中国广袤的人口和疆域，飞速成长为全球最大的网络虚拟空间，成为助推中国经济高速发展的重要力量。互联网大厂多年来深耕年轻群体，积累了数以亿计的用户数量和海量的数据存量，在科技加持和数据要素市场化改革的今天，存量资源得以充分释放。今天，中国的数字经济已经建立起全方位、多层次、宽领域的生态场景，覆盖即时通信、综合电商、文化娱乐、交通出行、效率办公、金融支付、本地生活等方方面面，直接或间接影响着中国人衣食住行的每个角落，成为新发展阶段最深刻的时代烙印。

数字生态场景是当前和未来很长时间内商业银行应全力以赴的优质资源，国有大行更应具有"互联网思维"，数字化升级更应该把握数字时代发展的风口，在激烈的银行业竞争中抢占数字的发展机遇，盘活行内资源深度嵌套数字生态场景，为规模和利润创造新的增长机遇。互联网大厂站在服务消费者的一线，积累了海量用户和用户行为足迹，这些资源具有排他性和竞争性，是互联网大厂读懂用户和取胜市场的法宝。在数字

经济背景下，尽管商业银行也在努力向互联网靠拢，但合作方式、业务领域仍局限于金融"范式"，缺乏数字金融的"底层逻辑"，商业银行数字金融融合能力还有待进一步提高。

2. 金融科技方兴未艾：大数据精准施策，流量变现商业价值

数据是数字金融发展的基石。拥有数据，金融机构才能寻找到理想的目标客户群，做出可靠的客户定位，提供具有竞争力和满足客户需求的金融产品。同时，拥有流量的平台用户才可能选择使用该机构的金融产品，中国已经成长起一批拥有庞大流量的互联网巨头。腾讯、阿里巴巴、京东等互联网大厂依靠流量业务积累了海量的客户，先发优势十分明显。以腾讯系为例，腾讯依靠 QQ、微信和游戏等社交应用积累了海量高黏性的客户和庞大的用户数据，背靠社交 App 的数据资源与引流，微信支付和微众银行能够训练高精度的人工智能模型高精度地寻找目标客户，微众银行、网商银行等腾讯系互联网金融机构成为商业银行的"黑马"。

当前，以人工智能（AI）、区块链（Blockchain）、云计算（Cloud-computing）、分布式计算（Distributed-computing）技术为代表的金融科技技术已经成熟。以最为关键的大数据风险定价技术为例，以金融数据与其他外部数据为基础的人工智能模型能够在远少于传统风险定价模型所需用户填报信息的情况下取得更加优秀的不良率，从现实看，互联网银行的不良贷款率更加优秀。

同时，金融科技的广泛使用不仅降低了商业银行的经营风险，自动化模型所带来的人力成本和业务时间的减少同样值得关注。例如，微众银行 2019 年年报披露科技员工 1080 人，已占全体总数的一半以上。而网商银行 2019 年末员工人数仅为

841人。员工人数减少意味着营业成本的压缩，互联网商业银行真正实现了无网点的营业模式，但是互联网银行能够接触到远超银行网点获得的客群数。互联网银行的业务模式值得国有大行深思。

金融科技不是商业银行面临的主要问题，商业银行已经具备将流量价值变现商业价值的核心能力，"金融数据"与"互联网多维数据"融合能够打破"数据孤岛"，将先天优势和后天优势有机统一，将互联网流量变现为金融资源，重塑互联网金融市场。商业银行拥有精确到分位数的详细的用户交易数据，掌握用户详细的金融资产信息，互联网企业则掌握用户生活、消费各个方面的多维数据，如社交数据、出行数据、购物数据、餐饮数据等，能够对用户进行精准画像和智能分析，对用户未来行为进行精准预测。商业银行"牵手"互联网大厂则将彻底打破行业壁垒，实现用户数据实时全线贯通，实现"1+1>2"的作用，推动规模报酬递增。可见，与互联网大厂深度合作是商业银行的理智选择。

3. 社会土壤包罗万象：年轻客群接纳度高，投资者教育成本更低

中国金融科技的高速发展离不开较高的社会接受程度，传统金融供给不能满足庞大的金融需求是金融科技迅速成长的重要基础。从供给端看，金融科技降低了金融服务门槛和成本，普遍提高金融服务的广度、深度和精度，突破了物理营业网点和营业时间的限制，使普惠金融可持续发展。从需求端看，以年轻群体为核心的数字金融客户群更加偏好使用数字化金融产品，选择数字金融平台获得更加便利、高效的金融服务，对新推向市场的金融工具也持有更加包容的接纳态度，年轻群体的资金也更偏向于流向数字金融平台。

数字化转型中的商业银行要充分利用年轻群体对于数字金融的热情和能力，年轻群体较高的接受度是影响商业银行数字金融产品研发的重大利好，数字经济时代的金融产品更需要适销对路。年轻群体具有更高的金融素养和接受能力，投资者教育成本更低，客户群体规模更具优势，获客成本更低。相较于"70 后""80 后"，年轻群体乘上了数字金融发展的东风，金融专业素养明显提升，金融基础、投资能力、风险意识均显著增强，这为数字金融的长远发展奠定了良好的社会基础。

（三）聚焦年轻群体的数字消费金融的转型：政策建议

1. 科技向善、数字为民：坚持发展和合规的有机统一

金融科技的成熟并不意味着可以依赖"技术黑箱"获取超出合理范围的收益，却深刻意味着在"数据为王"年代更应该坚守底线，对监管和法律保持尊重和敬畏。金融科技的发展以大数据为核心基础，以云计算、人工智能为核心计算手段，贯穿营销、获客、风险评级、贷款发放、智能预警、智能理财等业务全过程。单从技术层面看，大数据能够获得广泛的运用，是以牺牲用户隐私和数据所有权为基础的，对于数据归属权、数字隐私保护等问题在中国仍存在广泛争议和法律真空，在合理利用和权利保护之间的界限仍不清晰，这也是金融科技发展应当着力解决的"瓶颈"问题。

大数据对于推动数字金融乃至数字经济发展的方向具有革命性意义。大数据是推动中国互联网企业和国有商业银行走向世界金融舞台中央的重要力量，没有金融科技，就没有中国数字金融的今天，也就没有商业银行数字化转型的宝贵机遇。尽管国有大行肩负着推动银行业数字化转型，服务实体经济，防范化解金融风险的重大使命，但这与国有大行追求新发展机遇并不矛盾。应当认识到，发展数字消费金融是数字经济时代的正确选择，既是推动社会生产力发展的重要力量，也是满足人民美好生活向往的重要纽带。数字消费金融发展的积极作用应当充分肯定。

"科技向善""数字为民"理念在商业银行数字消费金融中应该一以贯之，国有大行在数字消费金融的"大蛋糕"面前更应该保持"国之重器"应有的情怀和担当，依法合规经营是商业银行数字消费金融业务乘风破浪的"压舱石"。国有大型商业银行应该带头在金融科技领域技术攻关、标准讨论、消费者保护方面进行探索，在数字消费金融发展中模范带头遵守相关规定，在用户隐私和商业运用之间寻找合理边界，在推动金融科技服务实体经济中争当"排头兵"。

2. 力推"年轻 plus"战略：拥抱年轻群体互联网生态

互联网场景生态圈由构成要素、各要素间连接关系、场景生态圈的"动力机制"三方面组成，其商业模式需要形成价值链或价值网络，让生态圈的各个参与者在该商业模式的价值创造活动中都能获利。商业银行深度融合的互联网场景生态圈，有别于商业银行自身运行的商业模式，其商业模式更注重整体价值链条的创造。互联网是"天然的"多方参与的场景生态圈，需要多方共赢、开放互联，兼顾每个参与者的利益诉求，逐步形成稳定的平台效应，转化出互联网场景生态的良性驱动力。

发展数字消费金融，商业银行应该以金融科技为引擎驱动，与互联网企业深度融合，深耕互联网金融场景生态，推动金融服务面向年轻群体，积极拥抱年轻群体主导的互联网场景生态。商业银行应该主动关注社会情感环境的变化，投入多方力量读懂年轻群体的心理，把握年轻群体经济行为和消费特点的动态变化，研究年轻群体的个性爱好和独特需求，利用金融科技手段顺应年轻群体对于互联网生态的需求。立足服务年轻群体、满足实际需求的数字消费金融，可获得用户乃至多方参与者的持续反馈，通过消费场景升级实现自我驱动和更新，多方参与者也会持续从中受益，而后反哺场景生态圈，形成正向反馈激励促进更新升级，从互联网小场景变成金融大生态（见图5-6）。

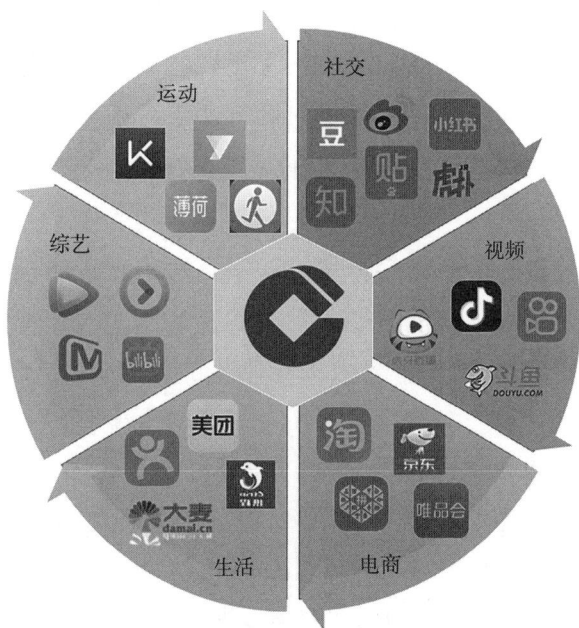

图5-6　"年轻plus"战略示例

短期内，商业银行应深入融合互联网场景服务平台，深耕贴近年轻群体的生态运用场景，构建商业银行"年轻plus"金融生态圈，追逐数字经济发展的"热点"，解决年轻人消费和金融需求中的"痛点"。推动"银行数字化+社交""银行数字化+短视频""银行数字化+综艺""银行数字化+运动""银行数字化+直播""银行数字化+生活"等场景完善和建立，积极融入年轻群体消费生活的各个方面，提高金融服务的渗透力度，打通数字消费金融服务的"最后一公里"。

3. 深耕智能金融：人工智能服务个性化金融偏好

金融科技的发展离不开底层技术的发展。大数据能够及时全面准确地反映用户过往行为，为用户精准画像，预测用户未来消费动向，从而有利于商业银行和互联网企业提供具有针对性的产品和服务。而人工智能则作为新一轮金融产业变革的重要驱动力量，在金融科技深化中发挥着无可替代的作用。人工智能技术系统是用传感器来模仿人类感官获取信息与记忆，在海量个人信息面前，用深度学习和算法来模仿人类逻辑和推理能力，用机器代替人脑对海量数据快速处理，推动商业银行跨越式发展。

智能金融与面向年轻群体的数字金融具有天然耦合性，数字消费金融是人工智能发展天然的实验场景，人工智能将为年轻群体提供私人化、动态化、专业化的金融产品智能匹配服务。现阶段，智能金融主要运用于互联网金融场景和年轻客户群，包括智能营销、智能客服、智能投顾、智能信用评估等。目前，人工智能的"尾部效应"和"网络效应"使互联网金融企业获得了独特的竞争优势，在业务外围向核心渗透的发展潜力已经彰显，也将对未来商业银行的发展产生颠覆性变革。

4. 挖掘数据潜力：双向赋能构建互联网数据生态

年轻群体的数据具有更高的维度和更清晰的数字足迹，这也意味着年轻用户数据具有更广泛的商业价值开放潜力。商业银行数字消费金融业务的发展，需要构建以年轻用户运营为核心的互联网场景体系，包括平台场景、流量场景和价值场景。在数字生态中，数据具有核心的经济和社会价值，是消费金融业务的核心竞争力。而多维数据的提供者更多地来自年轻群体，年轻群体对互联网具有更强的黏性，在网络空间留下了更多足迹，互联网涵盖了年轻群体生活的每个细节，能够更加精准地对年轻群体进行画像和智能分析。

面向年轻群体数字消费金融业务的发展，商业银行应该着力建设互联网数据生态，夯实互联网海量数据开放共享的基础，推动数据跨机构流通，与互联网大厂共建统一的数据基础设施，将多维数据转化为共同的商业价值。商业银行自身具有海量的数据资源，更应该参与数据要素市场建设，推动互联网资源转化为数字资产。同时，加强与互联网企业深度融合，扩展数据的概念与边界，推动底层数据、平台工具、行业应用、安全管理等领域的互联互通，"车同轨、书同文"，在保障用户权益的基础上推动数字商业价值最大限度地释放。

第八节　数据要素赋能商业银行实战三：OMO 网点生态构建

步入新发展阶段，科技引领创新，催生新发展动能是关键。商业银行数字化经营已经走向常态化新阶段，网点赋能是线下业务发展的核心逻辑。如何推动网点联结外部场景、直接触达客户，赋能网点业务迭代升级是商业银行需要回答的"瓶颈"问题。本书通过探讨商业银行网点仍需保留的重要原因，分析商业银行网点数字化转型的主要趋势，提出破局网点数字化转型的 OMO 多元生态方案，为遍布全国、数量庞大的商业银行网点升级改造提供参考。

（一）商业银行线下网点依旧重要：价值重塑

1. 银行网点地域覆盖广泛，助力实体经济仍意义重大

业务数字化替代使商业银行网点生存面临前所未有的压力，网点员工减少、网点数量下滑、网点覆盖面缩减已成大势所趋。2021年，银行业金融机构平均离柜率已突破90%，网上和手机交易规模大幅上升。但应该注意到，无论是从网点数量还是从员工构成、网点规模来看，线下网点在业务板块中仍占有较大比重。截至2021年，中国银行、农业银行、工商银行、建设银行四大国有银行网点总数约有10.66万，全国银行网点总数仍超20万。同时，网点是普惠小微金融政策打通基层的重要节点，全国银行网点乡镇覆盖率达97.13%，覆盖全国绝大多数地区，基本实现基本金融服务"村村通"，基本打通金融服务"最后一公里"。

作为金融服务实体经济的"末梢组织"，商业银行网点的保留对于助力乡村振兴、助力小微企业和民营经济发展、推动基本金融服务均等化仍具有重大意义。网点是线上线下一体化，全渠道服务的核心，网点功能亟须与时俱进，数字化浪潮下如何保留银行网点，保留哪些银行网点，网点应该怎样改造以更好地贴近人民群众和政企金融需要，是商业银行在激烈的行业洗牌和竞争中必须着力解决的问题。

与西方商业银行不同，中国的商业银行是国家担保的金融资源向全社会提供基础资本支撑的主要纽带，具有非营利性，需要同时追求机会平等和社会福利的最大化。中国的商业银行不是简单意义"赚钱"的银行，除金融功能外，也需要承担政治功能与民生功能。例如，人民币是法定货币，现金业务是所有金融业务的基础性、根源性金融服务，人民币投、放、

收、储是《商业银行法》规定的最基本业务，在满足群众、企事业单位基本资金需求，在维护公众对银行信心，维护金融长治久安中扮演着"护城河"作用。尽管当前数字支付已十分普及，但中国金融环境具有极大的异质性，现金需求仍强且仍具不可替代性。商业银行在开展现金业务时的确会投入大量的时间、精力和物资资源，比如现金清点、安全设备更新升级、现钞运输等，但这是商业银行必须承担的法定责任。

2. 大量客户仍依赖网点，"数字鸿沟"问题越发突出

数字鸿沟（Digital Divide），指社会不同人群在互联网可及性、使用能力上存在的差异，不同群体所具备的差异化的信息检索能力和阅读能力，会造成的互联网使用维度上的差异并带来新的机会不平等。数字生活已走进千家万户，但跨越"数字鸿沟"仍是商业银行需要解决的重要问题。即使在全面数字化转型的今天，数以亿计的老年人口仍饱受数字技术的制约，被排斥于数字便利的门槛之外，仍主要依赖线下网点获得金融支持。同时，金融科技所带来的投资便利仍存在较高的操作风险和法律风险，追求保本微利、风险偏好规避、追求综合体验的客户依旧将线下网点和银行经理作为金融获得的主要方式。此外，庞大的农村和老年人口数量使"数字鸿沟"问题越发严重，对线上渠道不熟悉的"数字移民"更倾向在线下办理业务。"数字鸿沟"问题也引起了监管部门的高度重视，要求保留和改进传统金融服务的方式，坚持线上和线下渠道相结合。

绝大部分用户均还有银行网点存在的刚性需求，合理保留线下网点是数字化浪潮下仍需坚守社会责任的必然选择。从现实看，商业银行客户群体庞大，不同性别、年龄、地域、文化程度、风险偏好的客户对线上线下渠道的信任和偏好均存在显著差异，保守、追求真实体验的客户更偏好于采纳线下渠道办理金融业务，而追求数字体验、偏好风险的客户可能更加依赖线上渠道办理相关业务。

3. 复杂业务线上功能受限，当面受理沟通仍不可替代

商业银行业务具有复杂性和多样性，不同业务具有不同业务流程，数字化水平也不尽相同。大部分客户对不同的业务有不同的渠道倾向，在办理复杂业务和寻求投资建议时，面对面服务具有天然优势，网点仍然是客户开展核心、复杂、大额、重要业务的理想场所。一方面，部分业务难以在线上办理，很多细节需要客户亲自与从业人员当面洽谈，展示讲解产品，提示风险。另一方面，面对数额较大，工作量烦琐的业务，客户对线下网点存在心理需求，青睐于在线下，安全感较强的场所办理大数额的业务，而这正是线下网点的优势。

网点渠道在核心、复杂、大额、重要业务具有不可替代性。商业银行经历了从物理网点的时点局限性到 7×24 小时全域覆盖的数字化转型，但大量金融业务庞杂且专业性强，线上渠道将结构化批量化的业务高效处理，但涉及金额较大、专业化、安全性要求较高的金融服务仍必须依赖线下人工服务，数字化、智能化的金融服务仍然无法逾越金融服务中所必须具备的信任和情感。数据显示，仍有 87% 的新增客户在网点办理业务，线下渠道依旧有庞大的到店客流，进一步印证了线上渠道在复杂业务上的局限性。

4. 数字转型压力前所未有，融合是价值转型必然选择

从宏观上看，全球数字经济融合发展趋势更加深入，数字经济规模在国民经济中的地位持续提升，产业数字化成为驱动全球数字经济发展的关键主导力量。后疫情时代，传统行业数字化转型压力凸显。对商业银行而言，数字经济产生的信息更丰富更多维，有利于消除信息不对称，从而有限解决逆向选择和道德风险问题。作为以改善信息不对称为核心业务的金融中介，金融科技的发展使银行能够低成本地获得更多的有效信息，推动原有业务模式和服务方式的迭代和升级。

OMO（Online-Merge-Offline）业务模式的深度转型正在从消费行业向金融业衍生，依托数字赋能，线上线下渠道资源有效融合，商业银行实现双向突破，是银行直面外部金融科技公司竞争的内在支撑。零售领域的经验说明，实体分店可依靠其真实性、可靠性与线上平台进行优势互补，通过线上与线下的多渠道融合提升品牌效率。研究表明，互动渠道丰富多元是银行与客户产生双向价值的重要方式。物理网点通过情景化的设计提升客户体验，满足客户差异化需求，增加客户与银行的互动渠道。线上平台凭借其操作快捷，管理智能吸引客户。线上线下平台通过有机融合与优势互补，能最大化发挥银行的价值。

OMO非常关键，网点智能化趋势下商业银行依然应该利用线上流量吸引消费者。"酒香也怕巷子深"，互联网流量加持是网点生态场景良性循环的关键节点。例如，建设银行"中心化+分布式"的网点生态，突出区块链赋能线下运营。平安银行"双店经营"，云店和网点融为一体，突出全渠道优势。招商银行"网点+App"模式，突出银行经理专业咨询与智能投资顾问的有机结合。

（二）商业银行网点数字化的优化与创新：全域方案

"网点数字化+多元生活场景"是商业银行数字化转型的大势所趋，银行业整体将走向精细化、差异化，网点空间开发多元化属性日益丰富，场景生态不断动态优化。现阶段主要突破方向有"银行网点+养老场景""银行网点+惠民场景""银行网点+政务场景""银行网点+企业场景""银行网点+理财场景"
"银行网点+特色主题"等生态场景。银行网点可以结合所在
区域位置的具体特点，在场景模式多元化上先行尝试，以探索
最贴合、最高效的融合模式（见图5-7）。

图5-7　银行网点构建多维场景示例

1. 银行网点+养老场景：多元生态转型第一风口

中国养老金融市场处于萌芽阶段，前景非常广阔，"银行
网点+养老场景"是网点多元生态转型的第一风口。郭树清指
出"养老金融改革两条腿走路"的总要求，养老金融改革既要
符合国家法律法规，防范金融诈骗和金融风险，严格养老金融
产品准入门槛和标准，又要积极开展涉老业务创新、大力发展
满足老年人理财需要和心理需求的专业化产品。目前，国内已
有平安银行"颐年门店"、天津银行率先启动养老主题门店建
设，便于老年群体办理金融业务。

老年人是面临"数字鸿沟"最主要的人群，网点是数以亿
计老年人获取金融业务的主要渠道。因此，适时推出养老主体
场景的网点，不仅能优化老年人服务体验，还能针对老年客群
推出专项养老金融服务，如金融知识、体质健康、公益文化
等，全方位满足老年人的多样化需求。目前，商业银行可以结
合城市发展区位，主要改造老旧居民小区、老城区、公园附近

的网点为养老主题场景，实现"养老金收益+口碑收益"的有机统一。

2. 银行网点+惠民场景："社区化"大势所趋

银行网点的惠民场景是数字化转型的又一大重心，银行网点的"社区化"转型将成为趋势。在固有渠道的基础上，银行可以打通与网点周边居委会、业委会、物业、社会组织之间的联系，为居民提供力所能及的相关服务，如费用代缴、证明代开等惠民服务，密切网点与居民的联系，目前，中国建设银行已经在惠民场景中开展卓有成效的尝试，将物业费缴存、水电费缴存等服务搬入银行网点，成为社区生活的重要场景。同样，社会交往也可以成为银行网点融入居民生活圈的重要突破口，银行网点往往占据社区生活优越的地理位置，业务大厅是银行和社区共治的理想场所，网点可以成为基层开展集体协商、群众活动、党群服务的重要阵地，既可以为网点提升人气，又可以让网点和社区联系更加紧密，让网点金融服务渗入寻常百姓家。

"银行网点+惠民场景"突出了银行业公益惠民的转型理念，以金融的力量助力社会痛点的解决。网点积极承担社会责任已经成为银行树立良好声誉、展示企业形象的重要窗口，例如建行的"劳动者港湾"、工行的"工行驿站"、兴业银行的"兴公益"等项目，已经改造全国上万个银行网点，提供了超过50项社会服务，累计服务人数破亿，实现了"共享+扶贫+公益+宣教"的有机统一，展现了银行业惠民利民的责任和担当。可见，服务于广义社会治理需要是网点实现公益惠民功能是银行提升口碑的重要举措，是商业银行尤其是国有商业银行承担社会责任的重要途径。

3. 银行网点+政务场景：公共服务急需金融支持

银行网点构建银政互联场景，助力实现基本金融和公共服务均等化、普惠化、便捷化，为优化营商环境，共享发展成果提供了宝贵的契机和场景。不少银行已经参与进"银行网点+政务场景"的建设中。一方面，将行政窗口开进银行网点，客户在金融服务时即可享受网点工商行政、税务征收、房产过户、交通罚款等"一站式"服务。另一方面，将网点窗口搬进政务服务中心，使公众在政府服务中可以一条龙办理涉政金融服务，再一次打通了金融服务"最后一公里"。

银行网点是衡量区域经济发展、金融发展生态和社会安全稳定的重要代理变量。研究发现，银行网点的扩幅与企业创新发展息息相关，银行与企业形成"数字匹配"关系，推动企业进一步创新，达成银企共赢局面。对于政府而言，银行网点对于社会基层的感悟能力、金融科技前沿技术的适配能力、社会公众和市场信心的维护和提升能力，决定了银行可以作为政府联系人民至关重要的延伸载体，能够实现政府部门、银行机构、人民群众利益的"三赢"。

4. 银行网点+理财场景：赋能新型财富管理

中国居民收入已经从储蓄时代步入财富管理时代，网点是财务管理业务的重要突破口。商业银行作为最重要的资金中介和支付中介，承担着社会绝大部分大量的资金往来。伴随科技发展，人们利用智能设备进入新型消费模式，低成本化、个性化、时效化的理财成为所需。中国建设银行已经摸索出"普惠、共享、专业、智慧"的大财富发展战略，面向全量客户，以数字化经营赋能居民财富的结构性调整。

尽管智能投顾等数字化理财高速发展，网点理财仍大有可为。一方面，从营销学的角度来讲，人工营销永远比智能营销有着巨大优势，智能永远无法替代人类情感。另一方面，网点理财可以更加针对私人客户、老年客户、企业客户等中高净值受众进行一对一销售，提高理财产品的契合度。

5. 银行网点+村镇基层："基本面"不可动摇

商业银行网点数字化转型与 OMO 生态场景构建，不能动摇银行农村地区、贫困地区的网点"基本面"。尤其是对于覆盖区域广泛的国有大行和下沉深度深的农村金融机构而言，网点设置更应该"精兵简政"，在重点县域、镇域、农村区域加快旗舰网点建设，推进高效、密集网点多元生态场景网点建设。

同时，乡村振兴是以国有银行为支柱的银行体系本应承担的重大责任，在发达地区网点多元场景构建时，网点布局应向县域倾斜，在贫困地区重点增加网点，努力扶植农村地区产业发展。目前，广大县域农村地区，金融网点严重不足，金融服务渗透度仍有待提升，"数字排斥"问题越发严重。农村地区居民金融技能缺失，对现金柜台的需求更强烈。同时，落后地区银行网点应该兼顾社会效益，多领域提升面向农户的金融服务水平，持续开展金融教育，设立面向农业农村发展的金融产品和优惠活动，将普惠金融做出特色、做出深度、做出品牌。

(三) 商业银行网点多元生态构建的"惊险一跃"：特色场景

跨界营销是商业银行网点转型的全新趋势，打造爆款 IP 能够点燃银行业转型的新热潮，网点特色主题场景打造是商业银行业务拓展和品牌塑造的重要渠道，是推动业务领域深度拓展的重要路径。现阶段，银行网点特色场景塑造可以从 IP 化网点、亲子活动、消费体验三大板块出发。

1. 面向年轻群体的 IP 营销网点

年轻群体在互联网时代成长，消费行为和价值观深受互联网影响，面向年轻群体的网点要破圈传统银行网点功能，发展与IP挂钩业务。"IP"一词最早源于互联网，衍生于互联网影音视听产品中，如动漫、游戏、文学、影视等。在通行的互联网语境中，IP指自身具有一定吸引力，制造"梗"和"段子"，能够在多个互联网平台上进行内容传播、分发、引流、变现，带来"现象级""爆款"效应的产品。IP伴随年轻人的成长而兴起，成为年轻人生活的重要精神产品，形成了不少与IP相关的活跃圈子，释放了巨大的消费购买力。

IP探索或将成为银行突破传统网点升级"瓶颈"的重要创新。金融产品IP化往往能迅速捕获年轻人的眼球，在线上渠道的加持下，银行网点与IP联名可以迅速提升网点的客流量，推动网点金融产品销售增长。若定期联名IP举行相关营销活动，则可以长时间维持IP热度，源源不断推动IP转化为销售收入。应当注意到，大V和超级IP是银行构建特色IP生态场景的重要抓手，年轻人熟悉的大IP才有利于引流效应和扩散效应的发挥。"线上营销+线下打卡"实现IP产品的销售和IP业务的办理，让年轻人为兴趣与爱好埋单。目前，已经有少数银行网点对特色场景探索做出了积极尝试，例如电子竞技、电影动漫、文化创意等方向。短期内还可以从以下主题出发：大型主题游乐园（如环球影城）、社交型视频媒体（如bilibili）、游戏直播、网红带货等。

2. 面向家庭群体的亲子活动网点

在线下消费形势日益收缩的今天，城市综合商业或将成为线下消费的主要渠道，商业银行网点仍有布局的必要性和合理性，家庭成行、亲子休闲已成为城市商业综合体主要的人流量来源。近年来，为努力吸引留存年轻客户，亲子活动网点在商业银行中已有探索，为年轻客户提供幼儿照看、兴趣培养等托管教育服务。

更具有特色的亲子网点则做成主题教育类型。例如，包头农商银行青山路支行以儿童支行为定位，在银行网点内打造恐龙科普教育空间，将"博物馆"搬进银行网点，使网点成为集业务办理、休闲娱乐、科普教育、亲自活动为一体的亲子综合体，从根本上突破了金融服务的边界，极大地颠覆了传统网点的业务形式。随着人口政策的放开以及社会对家庭教育、素质教育的愈加重视，亲子相关领域将持续成为社会热点，网点内搭建亲子活动空间、定期举办家庭亲子活动必将成为商业银行网点转型的新趋势。

3. 面向新型消费的互动体验网点

消费体验可以作为银行服务转型的一个突破口，引入新型消费休闲场景，提高金融业务与新型消费业务的耦合度。例如，网点可以结合区位优势、业务拓展需求和合作方需求，将网点打造为数字人民币体验、新能源汽车体验、新楼盘开发体验、智能设备终端（AI）体验等新型消费互动体验，将网点金融服务紧跟实体经济创新和营销前沿。

面向新型消费的互动体验网点在一定程度上分摊了网点的运行成本，增加了网点的经营收入，更为拓展金融业务、获得新客户开辟了新渠道。网点可以作为某一业务或者某一消费服务的特色体验场景，在场景消费的同时"顺带"办理金融业务，例如新楼盘的房贷业务、新能源汽车的汽车消费贷款业务等。但需要注意的是，在开展面向新型消费的互动体验网点应当合法合规，明确告知用户风险，积极履行银行的监督业务，维护消费者的金融权益。

4. 商业银行特色生态网点构建的机遇与挑战

探索特色场景可能有较高的经营风险。无论是 IP 联名、亲子休闲还是新型消费场景构建，尚无参考经验和成熟的理论借鉴，网点特色场景探索均需要面对较高的改造成本和经营风险。网点的改造成本较高，联名的版权费，网点新修设施的采购、改造、升级，新消费产品的引进、选品、对接需要花费大量的人力和物力，在改造过程中、改造之后也会对银行主要业务和原有的客户群造成一定影响。同时，银行仍然需要结合特色网点实践进行系统性的产品和服务创新才能将"特色"转化为客户，将客户转化为业务。

能否将"特色场景与金融产品"有机结合、有效转化、将对网点的投资转化为网点的经济价值有效结合，才是特色类网点持续生存和经营的关键。比较典型的是，当前 IP 仍主要存在于实体经济中的文化创意领域，文创产品行业发展依赖 IP 背后的精神故事和价值象征，银行金融业务与 IP 所处行业的"距离"依旧较远，实质上并不能将 IP 与金融服务直接挂钩，是否具备客户转化条件仍需实践检验。此外，新型消费体验的网点改造成本十分高昂，在业务方式、人员管理、合规经营等方面具有较高的融合度和业务深度拓展要求。对于亲子互动类网点而言，也仅适用于位于商业街区、人流量较大的主干网点，特色场景的使用地域受限，且这些网点传统业务往往已经饱和，是否具备改造的必要还需要进一步探讨。

"银行网点+场景"需要考虑社会普适性和主流业务需要，风险最小的转型方式就是利用渠道优势承担平台类服务业务。养老、惠民、政务等网点转型会成为多数网点未来转型的场景模式。网点场景具备多重化的动机和条件，同时兼备适老金融、智慧政务、社区建设等多重功能，将更加有效地聚类和转化潜在用户群，提升银行的竞争力。

第六章　数据要素发展赋能商业银行服务新发展格局

第一节　商业银行深度融入新发展格局的主要方向

实体经济是一国经济的立身之本，既是财富创造的根本源泉，也是国家强盛的重要支柱。党的十九届五中全会明确提出要将经济的着力点放在发展实体经济上，发展实体经济，是构筑现代化经济体系的坚实基础，推动中国经济的高质量发展。

金融是实体经济的血脉，为实体经济服务是金融的天职。金融的发展，能够推动各类资源在不同的领域和行业间的合理配置，也能通过防范金融风险保障人民和企业的收益，带动消费，进而推动经济增长，服务实体经济。同样，实体经济的发展也能够推动金融行业的进步。

但在现阶段，我国金融行业服务实体经济的过程中仍存在部分问题，如银企之间的信息不对称问题，使金融机构的服务效率低下，金融与实体经济融合不够，既不利于金融机构的业务开展，又阻碍了实体经济发展的脚步。而数据要素的发展恰恰能够在金融机构与实体经济间及时传递真实准确的信息与数据，能够推动金融与实体经济的深度融合。

政府积极出台政策引导数据要素发展，推动金融和实体经济深度融合，金融机构为实体经济提供融资支持，推动实体经济数字化、智能化、网络化发展。总的来说，数据要素引导金融机构推动实体经济发展可以从以下多个领域进行分析（见图6-1）。

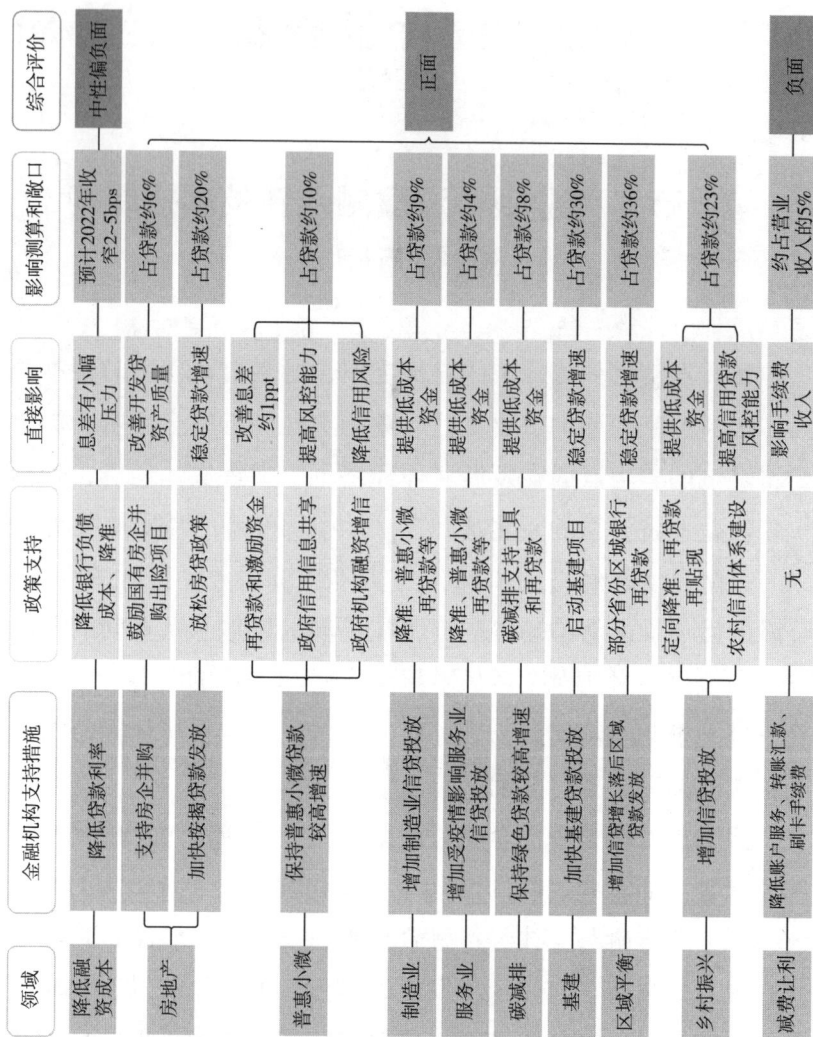

领域	金融机构支持措施	政策支持	直接影响	影响测算和敞口	综合评价
降低融资成本	降低贷款利率	降低银行负债成本、降准	息差有小幅压力	预计2022年收窄2~5bps	中性偏负面
房地产	支持房企并购	鼓励国有房企并购出险项目	改善开发贷资产质量	占贷款约6%	正面
房地产	加快按揭贷款发放	放松房贷政策	稳定贷款增速	占贷款约20%	正面
普惠小微	保持普惠小微贷款较高增速	再贷款和激励资金；政府信用信息共享；政府机构融资增信	改善息差约1ppt；提高风控能力；降低信用风险	占贷款约10%	正面
制造业	增加制造业信贷投放	降准、普惠小微再贷款等	提供低成本资金	占贷款约9%	正面
服务业	增加受变情影响服务业信贷投放	降准、普惠小微再贷款等	提供低成本资金	占贷款约4%	正面
碳减排	保持绿色贷款较高增速	碳减排支持工具和再贷款	提供低成本资金	占贷款约8%	正面
基建	加快基建投资投放	启动基建项目	稳定贷款增速	占贷款约30%	正面
区域平衡	增加信贷增长落后区域贷款发放	部分省份区域银行再贷款	稳定贷款增速	占贷款约36%	正面
乡村振兴	增加信贷投放	定向降准、再贷款再贴现；农村信用体系建设	提供低成本资金；提高信用贷款风控能力	占贷款约23%	正面
减费让利	降低账户服务、转账汇款、刷卡手续费	无	影响手续费收入	约占营业收入的5%	负面

图6-1　金融支持新发展格局的主要方向

(一) 基础设施建设、乡村振兴与区域平衡

我国农村金融服务存在难点与痛点,一是农村囿于地理位置较偏远,基础设施相对水平落后,农村信息数据库建立不完善,农村居民信用数据等较少;二是因为农村居民资产价值的衡量较困难,尤其是农作物收益随机性强,难以进行担保、抵押等;三是乡村金融建设不够,乡村金融机构与产品服务欠缺。因此,抑制了乡村金融在过去的发展。

但随着数据要素的应用,数字乡村建设的进程不断推进,通信网络、5G 技术的引入,不断完善数字基础建设,农村农业大数据体系建设工作逐步开展,实现对农业的大数据监测与管理,打造农产品全产业链大数据平台,实现农业资产数据化、数据资产化,进而与金融机构搭建数据共享平台,金融机构依靠涉农大数据对农村居民进行信用评估,并对农民进行精准画像,设计适合农村居民的金融服务与产品,为农村居民提供贷款机会,推动农业转型升级和规模化生产,也能进一步完善基础设施,助力乡村经济的发展,进而促进数字乡村的建设,实现乡村振兴。

数据要素使不同区域信息互通,金融机构能够合理配置资金等资源,加快构建数字经济空间布局的平衡机制和地区间以"数据"为中心的利益共享机制,协调不同区域的分工与合作,支持落后地区的经济增长,推动区域协调发展,缩小城乡差距和东西部差距。

(二) 普惠金融与绿色金融

中小微企业自身历史较短,资金、人力等多方面较为薄

弱，抗风险能力弱，缺乏有力担保，且因财务信息等不透明使金融机构无法掌握其实际经营状况，因而存在融资难的问题。借助5G、物联网、云计算和人工智能等新兴技术，通过应用场景授权创新数据开放模式，将大量的中小微企业数据进行解读，转化为可供金融服务机构使用和监管的金融资产，充分发挥数据要素的价值。金融机构借助数据要素掌握中小微企业真实情况，为中小微企业定制个性化融资方案，数据驱动金融，逐步形成新的产品与服务优势，解决中小微企业"融资难、融资贵"的问题，推动中小微企业的高质量发展。在小微信贷的审批、风控与催收环节，金融机构通过平台网络模型对企业数据进行分析，实现流程智能化、自动化完成。金融机构通过应用数据要素不断延伸金融服务触角，拓宽场景金融服务，以场景为依托向中小微企业提供金融服务与产品，在中小微企业的供应、销售、财务等各个场景赋能企业的日常经营，为其提供融资支持，完善多元数字化的普惠金融供给体系，助力普惠金融。

我国于2020年提出"双碳"目标，即在2030年前实现碳达峰，2060年前实现碳中和，这就要求金融业积极发展绿色金融，助力社会的绿色低碳化转型。一是依托数据资源创新绿色金融产品种类。将无形资产数据化，企业的碳排放权、排污权、可再生能源补贴等环境权益和企业的核心技术都可以作为质押品和抵押品，利用数据和虚拟资产进行绿色金融产品开发，丰富绿色金融产品和服务，提高绿色产业企业的融资能力。二是金融机构积极进行环境信息披露。开展碳核算工作，核算客户企业的碳排放量，评估客户的减排效果，进行相关风险的监控，助力探索建立全国性的碳核算体系，并定期展开碳数据披露，加快碳数据库建设，积极推动金融业环境信息披露数据监管和共享平台的搭建工作，防范"绿天鹅"风险——异常气候变化引发的金融危机。

（三）制造业领域

数据要素是制造业实现高质量发展重要资产，制造业企业日益重视数据要素，纷纷搭建企业数据平台，采集存储并加工分析制造业企业产品设计、生产与销售等各个流程的数据。

对于制造业企业而言，企业内不同部门实现数据互通，提高生产效率；同时生产过程透明化，通过大数据与模型对数据的处理和分析，能够不断精进工艺流程细节，对产品数据实时监测，有利于保障产品质量；生产与销售环节的各项数据能够使企业做出合理决策，提高经济效益。

对于金融机构而言，与产业链企业的数据平台合作，获取企业数据，不单独依赖某一核心企业，而是能够通过产业链上下游企业数据准确有效地评估企业信用数据，并实时掌握企业运营情况，防范风险，降低不良贷款率。同时，金融机构为通过评估的企业提供融资贷款，有助于制造业企业不断增加科研投入，提高产品科技含量与质量，不断优化服务体验，实现制造业和转型升级。

（四）房地产领域

数据要素的发展和应用，使银行能够全面掌握贷款人的征信情况、资产情况与偿还能力，从而做出是否给予贷款的判断。金融机构能够通过大数据采集与后台模型分析，为不同客户设计不同产品，使客户可以基于自身的收入水平和风险可承担水平选择合适的产品与服务。同时在放松房贷的政策支持下，银行等金融机构能够加快按揭房贷的发放，贷款保持稳定增速。这样一方面促进房地产行业的平稳发展，稳定房地产消费市场；另一方面使客户能够更便捷地获得住房贷款，提高人民幸福感和维护社会稳定。

金融机构顺应政策号召，积极引导与支持房地产企业并购，为房地产企业提供良好的并购环境，缓解房地产行业流动性风险，改善开发贷资产质量，同时能够维护消费者的合法权益。

当前数据要素推动金融服务的精细化、数字化，要求房地产行业采集并提供相关数据，同样也促进房地产的数字化、透明化进程，逐步实现在平台一键了解房产自身信息与历史交易价格、周边环境等各类数据，交易流程于线上平台直接完成，既减少交易成本又能实现交易安全，信息透明化有助于"智能社区"的建设与管理，全方面推动房地产行业发展。

（五）贷款成本的下降

数据要素的应用促使贷款成本逐渐下降，具体表现在以下三个方面。

一是贷款渠道网络化。金融机构依托数据要素和大数据、云计算、区块链等金融科技手段搭建线上平台，客户可以通过银行官网、手机银行 App 等多个网络渠道申请贷款。线上金融产品上线网络平台，客户可以直接通过金融机构平台了解相关产品和服务，并申请贷款，能够实现远距离走融资流程，无须实地提交材料，节省客户的成本与时间。

二是抵押形式多元化。我国于 2016 年搭建起全球首个数据资产评估模型与平台，并逐年推广，实现了对数据资产的全方位、标准化的评估，2021 年，全国首笔数据资产质押贷款成功落地。数据资产质押，通过区块链技术实现对企业生产经营活动各类数据进行存放记录，实现企业数据资产的价值转换。区块链技术下金融机构接受企业使用数据资产进行质押，担保手续与流程简化，同时客户自身财产和数据的使用不受影响。

三是贷款流程简便化。金融机构不断优化贷款融资服务体验，解决原有贷款流程耗时费力的问题，精简贷款流程，通过数据平台自动对客户信息接入并评估信用等级与风险，减少需要提交的书面材料。各大金融机构纷纷打造线上线下、全流程的金融产品服务体系，线上渠道通过人脸识别等技术实现身份识别与授权等流程，线下渠道服务也不断优化，减少贷款过程中的人力成本与时间成本，客户能够快速提款、还款。

第二节　数据要素助力经济社会高质量发展

（一）问题的提出

党的十八大以来，以习近平同志为核心的党中央高度重视发展数字经济，将其上升为国家战略。近年来，我国网络购物、移动支付、共享经济等数字经济新业态新模式蓬勃发展，走在了世界前列。数据要素是数字经济深入发展的核心引擎。随着信息技术和人类生产生活交汇融合，互联网快速普及，全球数据呈现爆发式增长、海量集聚的特点，蕴藏着巨大的经济社会价值。习近平总书记指出："要构建以数据为关键要素的数字经济""做大做强数字经济，拓展经济发展新空间。"这为我们发挥好数据这一新型生产要素的作用、推动数字经济健康发展指明了方向。

生产力发展是人类社会发展的决定力量。每一次社会经济形态变革，都伴随新的生产要素出现，并带动社会生产力跃升。在农业社会，土地和劳动是基本生产要素。进入工业社会，资本、管理、技术、知识等成为主要生产要素，极大地推动了人类社会发展进步。进入信息社会，数据成为新型生产要素，对生产、流通、分配、消费活动和经济运行机制、社会生活方式、国家治理模式等产生重要影响。

本节中我们通过实证研究手段探究数据要素的运用是否能提升地区的经济发展水平。

（二）文献综述

数据作为一种生产要素的思考很早就在学术界出现。卡斯特尔（M. Castells）提出了对信息的研究分为计算模型和经济模型两类的二分法，其中计算模型帮助人们将效率和信息作为指令来理解问题，关注信息和信息技术的应用对于提高人类信息驾驭能力的意义；而经济模型则关注信息消除不确定性的作用，认为信息带来的价值是预先获得消息和没有获得消息所带来的选择之间的差值。国内的冯梅从经济学术界对信息研究的角度出发，认为信息研究可以分为两个方向，一是将信息作为新兴产业，研究其价值、需求供给、投入产出等一系列经济问题；二是将信息作为商品流通的条件或经济决策的要素，考察其在经济活动中对其他要素或决策的影响。但无论从哪一个角度出发，学术界似乎都承认信息作为一种资源能够带来或推动经济的增长。

自 20 世纪 80 年代开始，随着数字化技术在全球范围内的飞速普及，经济学术界对于将信息和数据作为一种独立生产要素的认识也不断清晰。首先，1987 年，索洛提出了著名的"IT 生产率悖论"，他通过实证研究发现过去十年美国企业信息技术投资并没有促进企业绩效增长，因此认为数据实际中似乎并没有带来生产率的提高。但是，进一步的大量实证分析发现，信息技术投资对生产率其实是具有明显正向促进作用，并成为区域高技术产业和生产性服务业聚集效应形成的重要因素。

（三）实证探究

数字经济是继农业经济、工业经济之后的主要经济形态。在数字经济时代，数据已经成为与农业经济时代的土地和工业经济时代的资本、技术同等重要的生产要素，其对于生产的贡献度明显提升，这是现代经济发展的一个重要趋势。在这个数据时代，结合大数据和人工智能等先进技术，数据要素可以帮助企业有效管理降低成本，定位客户精准营销，赋能生产提高效率，似乎无所不能。因此，在理论上，一个地区运用数据要素的能力越强，其生产率水平可能就越高进而经济发展越快。

本节中，我们使用搭建的数据要素市场化指数来代表各地的数字要素运用程度，进而探究数据要素市场化对地区经济发展的影响。

1. 变量选取

A. 数据要素市场化程度

此处采用本书成功构建的中国数据要素市场化指数，从数据要素发展资源支持、数据要素产业赋能、社会探索等六个层面对各地的数据要素市场化程度进行衡量。数据要素得分越高，则说明该地银行运用数据要素的能力越强。

为探究数据要素市场化程度对经济发展的影响，本节中我们将数据要素市场化程度作为主要的解释变量。数据要素市场化程度指标内涵了地区数据要素发展资源、数据要素产业结合程度等因素，从微观机理上存在对经济发展的解释能力。因此在回归中，我们只需观察数据要素市场化程度指标前的系数大小和方向即可判断数据要素运用对经济发展的影响。

B. 各省份国内生产总值

国内生产总值（GDP）是最常用的度量经济发展的指标。国内生产总值是一定时期内（一个季度或一年）一个区域的经济活动中所生产出之全部最终成果（产品和劳务）的市场价值（market value）在衡量一个国家或地区经济状况和发展水平也有相当重要性。值得注意的是，国内生产总值是一个"流量"的概念，即其度量的是一段时间内的"增量"问题，故其值的绝对水平就可以度量一个地区的生产能力，因此此处适合作为度量地区经济发展的指标。

国内生产总值会受到很多因素的影响，比如地区的基础设施水平、地区的产业结构、地区的城市化水平等。此外，国内生产总值也和一些其他的宏观经济变量存在密切的关系，比如通胀率等。因此，在度量数据要素运用能力对经济发展的影响时，我们要尽量排除这些因素的干扰。

C. 控制变量

其他影响地区经济发展的指标可以分为两类，一类是随时间变化的时变因素，比如地区的产业结构等；另一类是随省份固定的因素，比如地区的地理位置等。对于时变的差异，我们可以通过将其加入线性回归模型作为协变量的方式控制其对经济发展的效应，但是对于地理位置等固定的因素，我们往往难以使用具体指标进行刻画，此时我们使用处理固定效应的思路，将过去一年该地区的地区生产总值作为协变量加入回归以控制不可见的其他固定因素。

表6-1为变量名和变量描述。

表6-1 变量描述

变量符号	变量名称	数据来源
dfa	数据要素运用能力	数据要素市场化指数报告
Idt	产业结构	CSMAR（第三产业产值/GDP）
PoR	城市化情况	CSMAR（非农村人口/总人口）
GDP	国内生产总值（省份）	CSMAR［log（GDP）］
GDP_log	滞后一期的国内生产总值（省份）	CSMAR［log（GDP）滞后］

2. 模型设计

本书使用面板回归的方法，将数据要素化程度作为解释变量，将各省份的国内生产总值作为被解释变量，将省份城市化程度、产业结构等作为控制变量。为了进一步展现数据要素市场化指数对地区生产总值的影响受到哪些因素的影响，我们设计了三个模型。

模型（1）为不加入控制变量，度量的是不控制其他因素时数据要素市场化指标对省份国内生产总值的影响：

$$GDP_{it} = \alpha_{it} + \sum time + \beta dfa_{it}$$

其中，GDP_{it} 为 i 省在 t 年的国内生产总值（省份），$time$ 为控制时间固定效应的二值变量组。回归后观察 β 的数值和显著性判断数据要素运用能力是否对经济发展是否有影响。

模型（2）考虑到不同省份的经济情况有所不同，若不控制其他因素，得到的回归结果可能是有偏的。为控制省份间的不同固定因素的影响，我们在模型（2）加入上·年的国内生产总值以排除固定因素影响。

$$GDP_{it} = a_{it} + \sum time + \beta dfa_{it} + \delta GDP_{i,\,t-1}$$

模型（2）中考虑了固定因素对线性回归估计的影响，但是经济生产的影响因素并非都是固定不变的，因此，在模型（3）中，我们考虑加入了可能影响经济发展的时变变量，如城市化程度度量指标和产业结构指标等。

$$GDP_{it} = a_{it} + \sum time + \beta dfa_{it} + \delta GDP_{i,\ t-1} + \theta Idt_{it} + \vartheta PoR_{it}$$

其中，Idt_{it} 表示 i 省在 t 年的产业结构，其度量方式为当年第三产业生产总值在全年生产总值中的占比；PoR_{it} 表示 i 省在 t 年的城市化程度，其度量方式为当年末非农村人口总数比上总人口数。

3. 回归结果

我们将各省份国内生产总值指标作为被解释变量进行回归，得到如表 6-2 所示实证结果。

表 6-2　实证结果

变量	（1）	（2）	（3）
dfa	0. 0143 *** （5. 523）	0. 0003 （0. 7496）	0. 0018 *** （2. 942）
Idt			0. 0005 （0. 210）
GDP_log		0. 9918 *** （56. 06）	0. 9943 *** （54. 14）
PoR			−0. 6998 *** （−3. 653）
$Cons$	15. 555 *** （34. 80）	0. 1427 （0. 5084）	0. 2552 （0. 767）
N	62	62	62

注：* 、 * * 、 * * * 分别表示在 10%、5% 和 1% 显著性水平上显著。

模型（1）回归结果显示，在完全不控制其他因素的情况下，数据要素市场化程度对各省份经济发展在 1% 的显著性水平下具有解释能力。但是由于影响 GDP 的因素中可能含有各省份的其他条件，因此以上估计可能是有偏的，因此我们只能说，从数据上看，数据要素市场化能力与各省 GDP 呈较强的正相关性。

模型（2）的结果显示，在将滞后一期的各省份 GDP 作为控制变量加入回归之后，由于各省份中的固定的不同因素得到了控制，数据要素市场化指标的系数也发生了变化。与模型（1）结果不同，模型（2）中数据要素市场化指标系数虽然仍然为正，但是在统计意义上不再显著。因此，模型（1）中的显著结果可能是由于各省份间的固定因素在一定程度上能被数据要素市场化指标解释。

模型（3）又考虑了常见的影响经济发展的时变指标，比如产业结构和城市化程度。在充分考虑影响经济的时变和固定因素之后，我们发现，数据要素市场化指标对各省份的经济发展确实拥有较强的解释能力。回归结果显示，数据要素市场化指标在 1% 的显著性水平下对各省份的 GDP 拥有正向影响。

综上所述，我们认为数据要素市场化确实能在一定程度上促进地区经济的发展。

第三节　数据要素赋能商业银行助力乡村振兴

（一）问题的提出

《2022 年数字乡村发展工作要点》中明确提出要强化金融服务能力，统筹开展数字乡村建设工作，培育乡村数字经济新业态，加快农村农业数字化、现代化进程。《关于做好 2022 年全面推进乡村振兴重点工作的意见》中首次提出强化乡村振兴金融服务，要求提高乡村金融服务质量，推动乡村振兴金融产品和服务的创新与多元发展，同时培养农村居民使用金融产品的主观能动性。

在乡村振兴战略的实施中，数据要素已然成为重要的生产要素，与传统生产要素相结合，推动农村经济的蓬勃发展，助力"三农"问题的解决，尤其是在金融服务领域。在农业发展中，农民因自身的经济状况限制，不具备充足的资金，缺乏有效抵押品，加上农村地区金融机构和服务的缺失，农村经济发展受限。但在数据要素的作用下，搭建起金融机构和农民之间的桥梁，降低了农民获得金融服务的门槛，农民能够更加便捷地享受到金融机构的服务，获得贷款发展农业生产，进而提高农民收入，助推乡村经济不断发展。数据要素的发展与应用，使商业银行更加了解农村居民的贷款需求，设计出专门针对农村居民的金融服务与产品，并通过大数据手段实现风险控制，对于贷款人的还款能力与信用情况做出精准判断，在大数据的作用下，贷款流程逐渐精简，可以在线上完成贷款，数据要素赋能商业银行，推动乡村振兴。但目前关于数据要素与农村发展之间关系的研究较少。在当下乡村振兴战略与数字化农村发展的目标下，需要明确数据要素是否具有推动农村发展的作用。此问题的回答，将有助于更多有针对性地制定助农政策，也能为商业银行未来发展指明方向。

（二）文献综述

目前现有的相关研究大多是以普惠金融对于农村发展带来的影响为主题，而没有专门聚焦于数据要素对于乡村振兴的作用。国内外学者对于普惠金融的减贫作用做了许多研究。Claessens 等（2000）研究表明，金融机构为农村居民提供多元融资渠道，有助于农村经济发展，脱贫减困，缩小城乡差距。韩阳、王敏和谭雪（2020）对我国东部地区数据进行研究得出普惠金融发展对于缓解贫困有积极作用。陈丹、姚明明（2019）通过实证研究得出，普惠金融发展对农村居民收入有显著提高作用。杨怡、陶文清、王亚飞（2022）基于我国省级面板数据发现普惠金融的数字化程度提高能够缩小城乡居民收入差距。

同样，也有部分学者从商业银行的角度出发，探究银行金融服务对于乡村振兴的作用。张奥阳、王聪（2021）的研究表明，强化乡村振兴金融服务能够提高农民收入，推动乡村经济发展。董晓林、朱晨露和张晔（2021）基于江苏省 43 家农村商业银行 2015—2018 年的面板数据进行研究并提出发展普惠金融，加快农商行的数字化建设，能够有助于乡村发展。何广文、刘甜（2018）基于乡村振兴视角，剖析中国农村金融困境，指出创新乡村振兴金融服务要更多利用互联网手段，银行与互联网信息平台合作，充分利用数据要素，推动乡村金融服务的数字化程度。张少宁（2022）指出，商业银行应进行普惠型金融产品和服务创新，符合农村农业特点，提高农村居民的满意度，推动农村经济水平提高，发展农村农业。张正平、刘云华（2022）通过对 165 家农村商业银行的历年数据进行实证研究发现数字金融发展推动农村商业银行运营效率的提高，有助于农村商业银行服务质量提高，推动乡村振兴战略的开展。

（三）实证过程

以农村居民收入水平为被解释变量，以数据要素发展指数为主要解释变量，以影响农村居民收入水平的其他因素作为控制变量，构建模型，从实证的角度对数据要素发展水平与农村居民收入水平之间关系进行定量分析。

1. 变量选取与数据来源

被解释变量：以农村居民收入水平代表农村发展水平，本书选取 2020 年各省份农村人民可支配收入作为衡量农村农民收入水平的指标。

核心解释变量：数据要素市场化程度。以数据要素发展指数代表中国数据要素市场化程度，从数据要素发展资源支持、数据要素产业赋能、社会探索等六个层面对各地的数据要素市场化程度进行了衡量。数据要素得分越高，则说明该地银行运用数据要素的能力越强。

控制变量：选取就业水平、农村宽带普及程度、农村贷款融资规模和助农财政支出为控制变量（见表6-3）。

表6-3　控制模型变量描述

变量符号	变量名	计算方式
Y	农村居民收入水平	农村居民人均可支配收入
dfa	数据要素市场化程度	数据要素发展指数
Job	就业水平	第一产业就业人数/年末农村居民总人数
Ipr	农村宽带普及程度	农村新接入宽带数量
$Loan$	农村贷款融资规模	涉农贷款余额
Ge	助农财政支出	地方一般公共预算中的农林水支出

2. 模型设计

构建数据要素市场化程度对农村居民收入水平影响的模型，以农民收入水平为被解释变量，数据要素市场化程度为主解释变量，模型设定如下：

$$Y = \alpha + \beta dfa + \delta Job + \lambda Ipr + \mu Loan + \tau Ge + \varepsilon$$

回归后观察β的数值和显著性判断数据要素市场化程度是否对农村居民收入指标有影响。

（四）实证结果与分析

1. 总体样本分析

在总体样本数据中，各个变量的描述性统计量输出如表

6-4 所示。从农村居民收入水平看，全国均值为 17814. 39
元，最大为 34911. 30 元，最低为 10344. 30 元，差距较大，因
此对数据做标准化处理，其余变量也进行此类操作。数据要素
发展指数与各个控制变量均存在类似波动，说明不同省市之间
存在较大差距。

表 6-4　各变量描述统计量

变量符号	变量名	均值	标准差	最小值	最大值
Y	农村居民收入水平	17814. 39	5738. 68	10344. 30	34911. 30
dfa	数据要素市场化程度	171. 30	37. 07	130. 62	273. 87
Job	就业水平	0. 61	0. 21	0. 16	0. 98
Ipr	农村宽带普及程度	457. 73	396. 40	2. 70	1416. 40
$Loan$	农村贷款融资规模	12474. 06	10512. 52	1468. 00	46896. 00
Ge	助农财政支出	756. 29	312. 62	154. 82	1339. 36

2. 实证回归结果

实证结果如表 6-5 所示。表 6-5 中第（1）列为模型中未
引入控制变量时，农村居民收入水平对数据要素市场化程度的
回归结果。第（2）列为引入就业水平、农村宽带普及程度、
农村贷款融资规模和助农财政支出四个控制变量后，农村居民
收入对数据要素市场化程度的实证结果。

表 6-5　农村居民收入水平对数据要素市场化程度实证结果

变量	（1）	（2）
dfa	0. 8986 ***	0. 7136 ***
	(11. 215)	(6. 007)
Job		-0. 2274 *
		(-1. 809)
Ipr		-0. 4148 **
		(-2. 748)

续表

变量	(1)	(2)
Loan		0.3652 ***
		(2.850)
Ge		0.0798
		(0.687)

注：*、**、***分别表示在10%、5%和1%显著性水平上显著。

在两列回归的结果中，可以发现，数据要素市场化程度与农村居民收入之间存在显著的正相关。数据要素市场化程度越高，当地商业银行运用数据要素能力越强，能够根据农村和农村居民的相关数据提供符合农村居民实际情况的金融产品与服务，更好地提高农村居民的收入水平，助力乡村振兴发展。在所有控制变量中，除助农财政支出变量对农村居民的收入影响并不显著外，其余各变量如就业水平、农村宽带普及程度、农村贷款融资规模等，对农民收入存在显著影响。

在控制变量中，就业水平的系数为负，其原因为就业水平是以第一产业就业人数占农村总人数代表就业水平，就业水平越低，说明农业从业人数越少，农村居民开始转变生产方式，由收益较少的第一产业转向收益较多的第二、第三产业，农民收入提高。农村宽带普及程度的系数为负，可能是因为我国农村互联网普及工作开展多年，《中国互联网络发展状况统计报告》显示，我国农村互联网普及率在2021年底已达57.6%，目前仍处于宽带建设进程的乡村属于欠发达地区，农村数字化程度较低，数据要素发展水平较低，农村居民收入较低。农村贷款融资规模的系数为正，可以正向促进农村居民收入的提高，农村贷款融资越多，代表农村居民有足够的资金用于扩大生产、购买机器等，增加农业等产量，改善产品质量，增加农村居民收入。

（五）结语

实证结果显示，数据要素应用能力对农村居民收入有正向影响，能够推进乡村振兴发展。因此，在贯彻乡村振兴发展战略时，应当积极推动商业银行数字化发展，提高商业银行应用数据要素的能力，打造农村地区数字金融服务场景，提升农村地区客户金融服务体验，进一步将乡村振兴金融服务标准化、便民化，助力中国农业农村发展，实现乡村振兴。

第四节　数据要素赋能商业银行支撑产业转型

（一）问题的提出

当前我国经济面临产业结构不合理、产业科技含量低等问题，尤其是在工业化方面，仍存在生产效率较低，能耗成本高且对于环境的破坏污染较严重等问题，工业经济增长依靠传统工业和重工业比重仍然较高。且许多企业规模小，集约化程度低，资金不足，缺乏成本来培养创新人才与发展高新技术，产品的附加值低，劳动生产率较低，信息化、数字化水平较低。因此，我国在经济发展中需要尽快推动产业转型升级和结构优化，实现经济的高质量发展。

产业不断转型升级，产业结构优化，对于企业自身而言，能够节省能耗，降低成本，提高生产效率，提升企业产品和服务质量，提高产品科技含量，提高产品和企业的竞争力，延展产品和产业链，带来经济效益；对于社会而言，能够促进资源的合理配置，推动区域协调发展，抑制我国东西部、城乡差距的不断扩大，减少能源消耗与污染，实现经济的高效绿色发展。

为此，我国积极出台相关政策文件，支持产业转型升级。2022年2月18日，国家发展和改革委员会联合12部门印发《关于促进工业经济平稳增长的若干政策》，既提及要引导金融机构为实体经济服务，又强调要加速我国工业的低碳高端数字化转型，充分发挥数据要素的作用，运用5G、大数据、区块链等技术带动产业转型升级，利用"数字红利"提高工业生产的效率和质量，推动工业的数字化产业转型。中国银保监会办公厅印发《关于进一步推动金融服务制造业高质量发展的通知》，提出要加强大数据等科技手段在银行业务中的应用，创新融资模式与产品，重点支持高新技术产业、先进制造业等，推动制造业的数字化、高端化转型。同时，各级政府响应号召，制定各类方针政策，引导金融机构服务产业转型，推动各地各行各业的高质量发展，如南通市政府印发《关于促进金融支持产业转型升级的若干政策意见的通知》，支持中小微企业通过自身的知识产权进行质押向银行申请贷款，不断拓宽科技创新融资渠道，引导企业提升自身科技水平，推动产业转型升级，支持实体经济的发展。

（二）文献综述

现阶段相关的研究多聚焦于数字经济在某一行业对于产业转型升级的影响。如郭慧琳（2022）通过2010—2020年30个省份的面板数据实证发现在流通产业中，数字经济对产业转型升级有显著正影响，要引导数字经济与流通产业的深度融合，推动流通产业数字化与高质量发展。芦特（2022）则是在体育产业中分析数字经济对产业转型的动力机制，研究发现，数字经济能够为体育产业转型升级提供动力变革，推动产业的质量与效率提高，通过云计算、大数据等技术不断完善数字基础建设，加快传统业态改造，打造体育产业数字化发展体系。刘艺璇、贺建风（2020）研究发现，科技要素投入能够推动产业的转型升级。

部分学者对于商业银行在产业转型发展中起到的作用做出了部分研究，主要是商业银行如何发挥作用的路径方向的理论研究，实证研究较少。蔡海静（2015）从绿色信贷的角度出发，认为银行在放贷中的资金导向与信用催化能够有效地满足环境友好型企业和环保项目的发展，带动产业的低碳绿色转型。陈一洪（2022）指出，商业银行服务产业转型需要不断借助金融科技创新产品和服务，让科技与实体经济融合，推动经济的高质量发展。

（三）实证过程

以各省份的产业升级指标为被解释变量，以数据要素发展指数为主要解释变量，以影响产业升级指标的其他因素作为控制变量，构建模型，从实证的角度对数据要素发展水平与产业升级指标之间的关系进行定量分析。

1. 变量选取与数据来源

被解释变量：以产业升级指标代表各省份产业转型水平。衡量产业升级的测度方法种类较多，国外学者通常使用霍尔曼系数、钱纳里标准结构方法等，国内产业相关数据由于统计年限较短或统计标准不一无法使用这些方法。因此，国内学者主要通过指标法衡量产业升级程度。陈静（2004）采用第三产业占国民生产总值的比重为衡量指标，程如轩（2006）通过构建三级指标体系来测度产业转型升级，周昌林、魏建良（2007）

则是使用产业结构层次法，以三个产业的水平值与其在国民生产总值中的比重的乘积之和为产业升级指标。在本模型中依照产业结构层次法，参考刘艺璇、贺建风（2020）的测量方法，依照2019年中国各省份的相关产业数据构建产业升级指标，计算方法如下：

$$Y = \sum_{i=1}^{3} y_i \times i \, (i = 1, 2, 3)$$

其中，y_i 为各产业生产总值与地区生产总值的比值，$i = 1, 2, 3$ 分别表示第一、第二、第三产业。

核心解释变量：数据要素市场化程度。以数据要素发展指数代表中国数据要素市场化程度，从数据要素发展资源支持、数据要素产业赋能、社会探索等六个层面对各地的数据要素市场化程度进行了衡量。数据要素得分越高，则说明该地银行运用数据要素的能力越强。

控制变量：选取城镇化程度、财政支持力度、国际贸易发展水平和货物流通情况为控制变量。

表6-6 控制模型变量描述

变量符号	变量名	计算方式
Y	产业升级指标	产业结构层次法
dfa	数据要素市场化程度	数据要素发展指数
$Urban$	城镇化程度	城镇人口/总人口
Fin	财政支持力度	财政支出/地区生产总值
$Trade$	国际贸易发展水平	进出口额/地区生产总值
$Goods$	货物流通情况	货运量/人口

2. 模型设计

构建数据要素市场化程度对产业转型升级影响的模型，以产业升级指标为被解释变量，数据要素市场化程度为主解释变量，模型设定如下：

$$Y = \alpha + \beta dfa + \gamma Urban + \delta Fin + \lambda Trade + \mu Goods + \varepsilon$$

回归后观察 β 的数值和显著性判断数据要素市场化程度是否对产业升级指标有影响。

（四）实证结果与分析

1. 总体样本分析

在总体样本数据中，各个变量的描述性统计量输出如表 6-7 所示。从产业升级指标看，各省份均值为 244.74，最多的为 283.2，最少的为 226.9，存在一定差距，因此对数据做标准化处理，其余变量也进行此类操作。数据要素发展指数与各个控制变量均存在类似波动，说明不同省市之间存在较大差距。

表 6-7　各变量描述统计量

变量符号	变量名	均值	标准差	最小值	最大值
Y	产业升级指标	244.74	10.57	226.9	283.2
dfa	数据要素市场化程度	169.10	43.25	104.60	259.92
$Urban$	城镇化程度	63.73	10.88	35.73	89.30
Fin	财政支持力度	0.30	0.21	0.11	0.89
$Trade$	国际贸易发展水平	0.23	0.23	0.01	74.37
$Goods$	货物流通情况	33.33	14.64	10.59	1339.36

2. 实证回归结果

实证结果如表 6-8 所示。表 6-8 中第（1）列为模型中未引入控制变量时，产业升级指标对数据要素市场化程度的回归结果。第（2）列为引入城镇化程度、财政支持力度、国际贸易发展水平和货物流通情况四个控制变量后，产业升级指标对数据要素市场化程度的实证结果。

表 6-8　产业升级指标对数据要素市场化程度实证结果

变量	(1)	(2)
dfa	0.6751***	0.4226**
	(5.012)	(2.324)
Urban		0.6404***
		(3.659)
Fin		0.4732**
		(3.486)
Trade		−0.1749
		(−1.543)
Goods		−0.0076
		(−0.065)

注：*、**、***分别表示在10%、5%和1%显著性水平上显著。

在两列回归的结果中，可以发现，数据要素市场化程度与产业升级指标之间存在显著的正相关。数据要素市场化程度越高，当地商业银行运用数据要素能力越强，能够充分利用企业相关数据，支持先进技术产业、战略性新兴产业等发展，更好地推动产业自身转型升级，助力实体经济高质量发展。在所有控制变量中，城镇化程度与财政支持力度对产业升级指标存在显著影响。

（五）结语

实证结果显示，商业银行的数据要素运用能力提升对于产业转型升级，实现高质量发展有正向作用，因此，为推动产业的不断转型升级，我国商业银行应当贯彻落实相关政策方针，不断提升商业银行数字化水平与数据要素市场化水平，服务实体经济，主要可以从以下几个方面实现。

首先，丰富贷款担保方式，部分高新技术产业由于自身发展历史较短，规模较小，无法提高有力担保，商业银行合理运用数据要素，将企业的信用数据与知识产权、技术等数字化用于企业贷款进行质押，鼓励企业不断提高科技水平，实现科技转型。

其次，对于面临转型升级的重点领域企业，商业银行应当建立收集企业数据的渠道并根据数据进行分析，针对重点企业的不同发展阶段，利用云计算等技术匹配合适的金融产品，提供综合金融方案，为企业提供专属转型融资方案，支持重点领域企业的高效高质量转型。

再次，在授信与审批环节中，商业银行与政府部门、互联网大数据企业与其他金融机构实现数据互通，实现银企数据的直接对接，简化贷款流程，优化客户体验，为中小微企业的发展与转型提供便利。

最后，商业银行应当为实体经济适当让利，降低企业贷款融资成本，增加贷款量，因此企业有更多的资金能够用于提升自身技术水平，实现企业转型升级，推动整个产业的高质量发展。

➤ 他山之石

江苏银行：金融科技推动智慧进程，数据要素构建小微服务网络

江苏银行的前身由江苏省内原来的多家城市商业银行重整组合而成，20世纪80年代，江苏省内的城市信用社以"服务地方和市民"为市场定位，为中小企业发展提供金融服务。

江苏银行最庞大的客户群即是他们的小微企业客户。面对市场激烈的竞争和国家的严控监管，以及自身业务能力的指引，将小微企业客户作为自己的主打客户使江苏银行成为"服务地方小微企业"的佼佼者。通过积极发展小微信贷，服务城

乡居民，帮助小微企业筹集资金，截至 2019 年末，江苏银行小微企业贷款客户数 4.1 万余户，贷款余额 3967 亿元，其中单户授信总额 1000 万元及以下小微企业贷款余额 658 亿元，江苏省内小微贷款余额连续多年保持市场份额第一。民营企业贷款余额 3474 亿元，新增贷款占比 42.3%。"税 e 融"网贷产品累计服务小微企业 3.1 万户，放款金额达 544 亿元。江苏银行实实在在地做到了民营企业降本增信，助力解决民营企业融资难的问题。

江苏银行坚持"对于小企业信贷投放增速不低于全部贷款增速，增量不低于上年"的原则，积极履行中国银监会对它提出的要求。2015 年以来，在小微贷款总量和增量的指标上稳居江苏省金融机构排名第一。有效贷款数量和增量均不低于上年同期水平。江苏银行被中国银监会冠以为小微企业服务先进单位的称号。

江苏银行 2014 年开始制订大数据征信发展计划，凭借产品创新和市场占有度，与江苏省国税局合作打造了第一款基于大数据征信的网贷产品"税 e 融"，由此开始在大数据征信的小微企业信贷领域深度试水。具体如下：

第一，优化流程，提高效率。江苏银行大数据网络借贷平台通过利用大数据以及机器学习算法，实现了小微企业"在线操作+数据决策+模型管理"的信贷服务模式。审批十分迅速，最快 8 秒审批，而且并不需任何担保和抵质押物，只需要信用评分达到一定标准就能获得贷款。很短的时间内，就可以完成信贷的发放，大大缩短了传统金融机构贷款过程的审批时间。通过大数据征信，一是可以直接就在线上通过系统自动审批，这就直接提高了江苏银行针对小微企业的服务效率，让小微企业在申请贷款后可以迅速地获得资金；二是优化江苏银行的审批流程，优化客户服务。而且流程透明，小微企业在申请贷款的全过程中均是清晰明确的，责任明确，不会存在"杀猪"现象，数据真实，所以小微企业可以保障自身的权益。

第二，系统自动决策，降低获客成本。在传统的信贷模式中，贷前都需要有银行的工作人员对贷款企业进行详细的实地调查，人力和物力成本较高。并且银行还需要对借款人提供的重要信息进行核实。但是在大数据征信模式下，银行获得数据多而且数据来源都是真实可靠的，不存在客户虚报情况，江苏银行与信贷服务机构建立了大数据征信平台，还会对小微企业未来的营业前景做出分析和判断。所获得的数据不仅可用性高，同时采集和处理成本低。

第三，建立合作平台抱团发展。中小银行在资金规模、线下渠道、覆盖区域、市场影响力等方面相较于国有银行和大型股份制银行有着较大差距。为了进一步发展，江苏银行联合其他中小股份银行，在其他省市也大力推广小微信贷产品。江苏银行依靠自身特有的技术手段提供支持，与当地银行进行深度合作，分享大数据成果，约定额度分配比例，采用利息与风险各自承担的原则，以"系统共建、数据共通、风险共担、收益共享"为基本准则，由合作银行提供现场支持，而江苏银行主要提供后台服务，形成了一个共享机制，在合作方的内部输出或输入，形成了一个良性闭环，这样就实现了共赢发展。江苏银行积极同政府部门合作，与江苏省大数据管理中心达成协议，引入国家信息中心"信用中国网站数据"和公安部"人像比对服务"数据，打通银行与政府部门之间的数据信息壁垒。除此之外，江苏银行近年来与互联网大数据公司优势互补，从单点合作到多点合作，从一点突破到全面突破，形成了多层次多样化的大数据合作。

　　江苏银行在大数据征信背景下开展的小微企业信贷给我们如下启示：

　　一是大力打造大数据征信系统。首先在战略规划上，从以业务为中心向以数据管理和获取为中心转变，改变顶层设计结构，从上至下打造大数据征信平台。在这个基础上，再去深度挖掘客户数据，整合数据，分析数据，根据数据反映情况，再有针对性地研究相关银行产品。在日常的运营上，应转变为比较精细的运营模式，不再追求多大的业务量，而是运用大数据平台对客户进行精细化的服务。银行业需要找准每个客户的独特需求，为企业或个人提供更加人性化、体贴化的产品或者服务。最后，在决策体系中，以往的决策更多地依赖经验，在将来应该更多地依赖数据，降低人为主观意识的影响，把决策权更多地交给客观的数据，不过在此之前需要建立可靠的数据筛选标准。

　　二是加强信息融合降低银企信息不对称。在丰富数据维度上，商业银行可以与政府部门和大型互联网平台或者三大运营商合作，获取客户更多的信息，将互联网平台信息、政府信息、传统征信信息全部结合起来，变散为整，构建客户的全面数据信用体系，达到"1+1>2"的效果，这样客户的真实情况才会全部显露出来，同时在移动互联网平台进行舆情监控，全天候动态更新，及时发现客户的异常情况。通过这样的手段不仅可以扩宽客户的来源，还可以降低银行的信贷风险，降低信息不对称，帮助银行和企业共同受益。

　　三是提高大数据的利用效率。大数据征信的兴起与近几年互联网企业的兴起相关，最早拥有数据的是商业银行，但却没有发挥出数据的利用价值，因此在大数据征信时代，商业银行需要变革过去的思路，不再墨守成规，做到主动收集数据，主动利用数据，提高数据处理能力，推动技术革新，积极向江苏银行和大型互联网公司等领跑者学习。

> **他山之石**

平安银行：数据赋能供应链，真实触达企业经营

平安银行，是中国平安保险（集团）股份有限公司控股的一家跨区域经营的股份制商业银行，其前身深圳发展银行是中国内地首家公开上市的全国性股份制银行，平安银行以"对公做精"为方针，为企业单位提供金融服务。

平安银行对公业务以客户为中心，着力打造"供应链金融、票据一体化、客户经营平台、复杂投融及生态化综拓"五张牌，通过对公业务，为公司企业提供借贷、清算等金融服务。截至 2021 年，平安银行对公业务营业收入达 433.77 亿元，对公客户数 51.04 万户；对公存款量质双优，2021 年末，企业存款余额 21914.54 亿元，企业存款平均成本率同比 2020 年下降 21 个基点至 1.96%。

平安银行是国内最早提出并践行供应链金融的银行之一，20 世纪 90 年代开始开展贸易融资业务，2006 年平安银行在国内第一个推出"供应链金融"品牌。2009 年平安银行推出线上供应链金融服务，利用互联网技术打造线上平台，链接上下游企业并提供融资服务，保持产业供应链稳定。2012 年，平安银行推出全新服务品牌"供应链金融 2.0"，实现线上整合上下游企业各类信息与融资流程，一键融资。2013 年以后，平安银行打造供应链金融 3.0 模式，搭建起线上供应链综合服务平台——"橙 e"平台。2019 年，平安银行升级打造了"平安好链"供应链金融服务平台，以客户为中心，为客户提供产业链综合金融服务。平安银行的供应链金融服务特点具体

如下：

第一，聚焦场景化，从具体的客户需求出发。平安银行始终坚持以客户为中心，将客户划分为头部、腰部与长尾共三个群体提供层次化服务，明确不同客户群体的不同需求，为客户提供定制化金融服务。平安银行同样大力推动服务场景化，深入企业经营场景，根据产业链上下游企业多样化的各个业务场景需求，定制符合特定场景的金融服务，一方面提供场景定制化金融产品，另一方面实现场景运营流程自动化，一键实现场景服务，能精准符合产业链企业的真实需求。平安银行将完整的金融服务流程如支付结算、授信融资等拆分为微服务模块，根据场景需求将模块进行组件化整合，为企业提供其所需要的特定产融解决方案。

第二，创新"金融+科技"模式，打通产融信息壁垒。平安银行始终贯彻"科技引领"的策略方针，通过大数据、区块链、人工智能等金融科技技术，实现资产透明化、数字化，形成可交易型数据化资产。同时，供应链交易中的各类操作通过资产与信息数字化线上完成，提升交易效率，减少烦琐流程，建立起各交易方互信互利的产业生态圈。

平安银行发射首颗金融物联网卫星，利用物联网技术和卫星技术打造"平安星云物联网平台"，该平台收集企业经营数据，打通企业授信"盲点"，并通过卫星信号传输数据到银行后台，由银行采用人工智能和大数据等技术手段对数据进行分析处理，给企业提供合适的金融服务与产品。物联网技术的应用，使企业数据的收集可以摆脱时间与空间的限制，快速收集不同地区企业的数据并直接进行传输，提高银行服务效率。物联技术实现银行与企业之间的信息传递，解决信息不对称问题，减少了对产业链核心企业的信用依赖，开拓客户量。

第三,"金融+科技"模式推动产业转型升级。一方面,平安银行在政策上支持产业转型升级,推出新兴产业贷(专利版)等产品服务高新技术产业,为新兴产业扩大生产、技术升级等需求提供贷款融资,实现产业高质量高科技发展。另一方面,平安银行自身的数字化进程也助力产业链上的企业不断进行产业数字化、智能化升级。如在大宗商品仓储物流领域,钢材仓库的管理与使用在物联网技术的帮助下,吊车通过实时传感器判别与监测每次吊装的钢材数量和重量,吊车上的定位感应系统,能够识别出钢材的运输路径。在物联网技术实现仓储场景智能化、数字化的过程中,仓储行业不断进行技术升级来实现数字化、透明化管理,实现产业转型升级。

平安银行开展对公业务,推动供应链金融服务给我们如下启示:

一是重视科技赋能。银行要不断利用金融科技手段推动自身的数字化进程,科技在银行获取与处理大数据的过程中发挥着重要作用。其他商业银行应当向平安银行学习,坚持科技引领,通过技术手段打破银行与企业间的信息不对称痛点,收集企业实际数据,对供应链上下游企业的信用、资产等情况进行实时的全面认知与监控,提高贷款质量,减少不良贷款。因此能够避免银行在风控环节因缺乏上下游企业数据而过度依赖产业链中核心产业的信用,严格把控贷款风险。

二是提高数据运用能力。对于采集到的客户信息,银行应当充分发挥数据价值,根据客户数据使用各类大数据模型对客户进行精准画像,充分了解客户需求,提供个性化服务,提升服务质量,提高服务的满意度,从而不断扩宽客户量,扩宽服务范围,发展自身信贷业务。

第五节　数据要素赋能商业银行服务绿色金融

（一）问题的提出

当前，全球气候变暖问题日益严重，成为全世界所有国家和地区共同关注和应对的环境问题。全球气候变暖将引起一系列其他问题，如全球气温上升，冰川融化，海平面逐渐上涨，沿海城市安全受到影响，并使部分动植物失去居所，危害生物多样性，逐年来增多的极端天气也与全球气候变化密不可分，不利于农村农业发展，影响世界经济发展与社会稳定。全球气候变暖的最直接原因便是二氧化碳等温室气体的过量排放，造成温室效应，气温逐渐升高。因此，减少碳排放，对于缓解全球气候变暖问题，维护世界稳定与发展，是至关重要且迫在眉睫的举措。

2020年9月，习近平主席在联合国大会上首次提出中国的"双碳"目标，即二氧化碳排放力争于2030年前达到峰值，努力争取2060年前实现碳中和。发展绿色金融，是我国减少碳排放量、实现"双碳"目标的关键环节之一。2016年，中国人民银行、财政部等七部门联合印发《关于构建绿色金融体系的指导意见》，明确了我国绿色金融的定义、激励机制、发展方向和风险监控措施等，建立我国绿色金融顶层框架体系，我国绿色金融体系加快发展。2021年1月财政部印发《商业银行绩效评价办法》，绿色信贷占比首次成为商业银行绩效指标，用于考察商业银行服务生态文明情况。2021年，中国人民银行运用碳减排支持工具等结构性货币政策工具，引导绿色信贷精准对接碳减排项目，推出碳中和债券，大力推动绿色金融的发展。

在绿色金融的发展道路中，存在绿色金融产品结构单一，信息披露不完整，绿色产融对接不足，缺乏统一监管标准与法律政策，市场深度与广度不够，中小企业参与度不高等问题。数据要素的不断市场化，为绿色金融的发展拓宽了道路。数据要素发展推动金融机构数据中心高效化、低碳化发展，减少金融业能源消耗与二氧化碳排放。同样，商业银行运用数据要素创新绿色金融新产品，并打破银企信息差，在增信和风控环节为中小企业的融资减少障碍，助力中小微企业的低碳转型。因此，衡量数据要素对绿色金融发展的影响对于我国大力发展绿色金融，助力低碳和谐社会发展，实现"双碳"目标有实质性意义。

（二）文献综述

目前现有的相关研究大多是商业银行发展绿色金融业务路径策略的理论或案例分析，从国内外绿色金融发展总结经验，对我国目前商业银行发展绿色金融业务存在的问题提出针对性措施，并指明发展方向。王霄汉（2022）以中国农业银行湖北省分行为例，分析其开展碳金融业务的思路与产品，指出商业银行利用全国碳市场数据能够提高自身信贷管理水平。薛小飞（2022）明确指出，要以数据为新的生产要素，提高商业银行数字化水平，提高科技在绿色金融供应链中的应用。

还有一部分学者在绿色金融业务的开展对经济各方面影响做了许多研究。张婷、李泽辉和崔婕通过研究 2005—2019 年我国 30 个省份的数据，发现绿色金融能够促进产业转型升级，要不断创新绿色金融工具，增强服务绿色产业的能力。蔡强、王旭旭（2022）以我国 2011—2019 年各省域的数据做实证研究，发现绿色金融发展对于经济高质量发展具有显著正效应，并提出建议要充分利用"互联网+"，创新各类绿色金融产品和工具，拓宽绿色金融产业链。

现阶段关于数据要素对绿色金融发展的实证研究较少，仍处于探索和研究阶段。王康仕等（2020）从中国工业企业的角度出发，研究发现金融数字化能够推动绿色金融的发展，尤其就重污染地区和中小企业而言。中国人民银行重庆营业管理部课题组（2022）以"长江绿融通"绿色金融大数据综合服务系统为例，指出商业银行的数字化是我国绿色金融改革发展的关键所在。

（三）实证过程

以各省份的人均二氧化碳排放量为被解释变量，以数据要素发展指数为主要解释变量，以影响二氧化碳排放量的其他因素作为控制变量，构建模型，从实证的角度对数据要素发展水平与人均二氧化碳排放量之间的关系进行定量分析。

1. 变量选取与数据来源

被解释变量：以人均二氧化碳排放量代表各省份绿色金融发展水平与成效，本书选取 2019 年除西藏自治区以外的 29 个省域的人均二氧化碳排放量作为衡量各省份绿色金融发展水平与成效的指标。

核心解释变量：数据要素市场化程度。以数据要素发展指数代表中国数据要素市场化程度，从数据要素发展资源支持、数据要素产业赋能、社会探索等六个层面对各地的数据要素市场化程度进行了衡量。数据要素得分越高，则说明该地银行运用数据要素的能力越强。

控制变量：选取经济发展水平、产业结构水平和技术创新能力为控制变量（见表6-9）。

表6-9　控制模型变量描述

变量符号	变量名	计算方式
Y	人均二氧化碳排放量	人均二氧化碳排放量
dfa	数据要素市场化程度	数据要素发展指数
$Agdp$	经济发展水平	人均生产总值，年生产总值/人口
$Stru$	产业结构水平	第二产业生产值/地区生产总值×100
Ain	技术创新能力	专利授权数/人口

2. 模型设计

构建数据要素市场化程度对人均二氧化碳排放量影响的模型，以人均二氧化碳排放量为被解释变量，数据要素市场化程度为主解释变量，模型设定如下：

$$Y = \alpha + \beta dfa + \gamma Agdp + \delta Stru + \lambda Ain + \varepsilon$$

回归后观察 β 的数值和显著性判断数据要素市场化程度是否对人均二氧化碳排放量指标有影响。

（四）实证结果与分析

1. 总体样本分析

在总体样本数据中，各个变量的描述性统计量输出如表6-10所示。从人均二氧化碳排放量看，各省份均值为12.13，最多的为44.70，最少的为4.00，尽管已经除以人数，但依旧差距较大，因此对数据做标准化处理，其余变量也进行此类操作。数据要素发展指数与各个控制变量均存在类似波动，说明不同省市之间存在较大差距。

表6-10　各变量描述统计量

变量符号	变量名	均值	标准差	最小值	最大值
Y	人均二氧化碳排放量	12.13	10.07	4.00	44.70
dfa	数据要素市场化程度	171.24	42.30	111.76	259.92
$Agdp$	经济发展水平	6.97	3.24	3.29	16.42
$Stru$	产业结构水平	37.41	7.10	16.20	48.50
Ain	技术创新能力	16.07	15.74	3.43	61.15

2. 实证回归结果

实证结果如表6-11所示。表6-11中第（1）列为模型中引入经济发展水平、产业结构水平和技术创新能力四个控制变量后，人均二氧化碳排放量对数据要素市场化程度的实证结果。

表6-11　人均二氧化碳排放量对数据要素市场化程度实证结果

变量	（1）
dfa	-1.0122^{**} (-2.087)
$Agdp$	0.7858^{*} (1.868)
$Stru$	0.2868 (1.587)
Ain	0.0414 (0.081)

注：*、**、***分别表示在10%、5%和1%显著性水平上显著。

在回归结果中，可以发现数据要素市场化水平与人均二氧化碳排放量存在显著的负相关关系。数据要素市场化程度越高，当地商业银行运用数据要素能力就越强，能够充分合理地利用数据要素创新绿色金融工具与服务，为当地的各类企业提供绿色信贷等产品，助力企业的绿色低碳化转型与产业升级，减少自身的能源消耗或使用清洁能源，减少二氧化碳排放量，人均二氧化碳排放量更低，推动当地绿色金融发展，助力

"双碳"目标的实现。

（五）结语

实证结果显示，商业银行的数据要素运用能力提升对于抑制二氧化碳排放，建设生态文明社会有正向作用，因此，为实现"双碳"目标，我国商业银行应当贯彻落实相关政策方针，不断提升商业银行数字化水平与数据要素市场化水平，助力低碳绿色，主要可以从以下几个方面实现。

一是建设低碳高效的数据中心。金融行业的数据中心耗能较严重，阻碍我国社会低碳发展，这就要求商业银行不断提高数据中心的高效化、低碳化，通过采集中央空调系统运行数据，运用机器学习等方法智能控制中央空调系统，提高能源利用率，同时数据中心加强数据采集与应用能力，提高数据处理效率，降低能耗，减少二氧化碳排放。

二是提高商业银行将数据要素应用于绿色金融业务中的能力，提高数据要素在金融业务中的参与率和使用率，通过建立大数据系统，实现银企数据对接，自动抓取与分析，提高企业客户环境数据的可得性和准确性，或与税收等政府部门合作，实现数据共享，定位有效客户并为其提供贷融服务。通过大数据技术，商业银行利用数据要素实现贷前审批、贷中简便流程与贷后风控的贷款全流程管理，能够便利企业申请绿色贷款，不断转型升级，尤其是小微企业，有助于普惠金融和绿色金融的发展。

三是商业银行依托数据要素和高新技术实现产品与平台服务的创新。如"碳账户"的建立与推广，捕捉用户绿色低碳场景下的交易数据和服务，或建立线上绿色金融服务平台，搭建虚拟场景，客户通过手机 App 或网页获取绿色金融信息与服务，优化用户体验。

第六节　数据要素赋能商业银行融入
新发展格局的机遇与挑战

新发展格局是以习近平同志为核心的党中央在实现"两个一百年"奋斗目标的历史交汇点上根据我国发展阶段、环境、条件变化，特别是基于我国比较优势变化，审时度势作出的构建新发展格局的重大决策。习近平总书记强调："加快构建以国内大循环为主体、国内国际双循环相互促进的新发展格局，是'十四五'规划《建议》提出的一项关系我国发展全局的重大战略任务，需要从全局高度准确把握和积极推进。"《"十四五"规划和2035年远景目标纲要》提出"'十四五'时期推动高质量发展，必须立足新发展阶段、贯彻新发展理念、构建新发展格局"，并强调构建新发展格局是"应对新发展阶段机遇和挑战、贯彻新发展理念的战略选择"。

银行业作为我国金融业的核心应当积极融入新发展格局，积极支持相关产业完成转型，积极深化自身改革。对于当下经济偏重于外向的我国，积极构建"双循环"的发展格局的意义其实在于强调构建"内循环"。金融服务和融入新发展格局，助力畅通国内大循环，就是要坚持扩大内需这一战略基点，坚持供给侧结构性改革的战略方向，聚焦创新驱动和高质量供给，着力提升推动高质量发展能力。新的战略方向对于银行业而言，既是机遇也是挑战。比如要助力"内循环"的构建意味着需要扩大内需，进而银行业需要将自身业务向消费金融转型，这无疑是银行业的新增长点，但是与此同时任何转型都是有风险的，在这场战斗中注定会有成功者和失败者。本节关注数据要素在银行业融入新发展格局中带来的机遇与挑战。

（一）新发展格局的特征

自改革开放以来，我国形成了较为依靠外贸的偏外向性经济并取得了不错的成就，我国已经进入了高质量发展的阶段。但近年来，世界局势正面临百年未有之大变局，国际经济、科技、文化、安全、政治等格局都在发生深刻调整。面对世界经济深度衰退、国际贸易和投资大幅萎缩、国际金融市场动荡、国际交往受限、经济全球化遭遇逆流、一些国家保护主义和单边主义盛行、地缘政治风险上升等不利局面，我们必须在一个更加不稳定不确定的世界中谋求发展。在此基础上以习近平同志为核心的党中央提出了新发展格局的设计。新发展格局可以概括为"国内大循环为主，国外循环为辅，国内国外双循环"的发展格局。

其中"以国内大循环为主"强调的是更多依靠国内的需求带动经济成长，依靠国内的巨大市场吸引先进技术来推动我们的产业升级。具体而言，推动国内大循环可能有两个重要的努力方向：（1）扩大消费在 GDP 中的比例，优化内需结构。我国现有的经济结构中外贸占比较高，正如我们的"世界工厂"头衔描述的一样，我国的生产很大一部分是出口给国外消费者消费，而我国自身消费占比较小。例如，我国居民消费率严重低于世界平均和发展中国家水平，如 2019 年我国居民消费率为 55.4% 而同期世界平均水平和发展中国家平均水平分别为 78.71% 和 73.9%。由此可见，需要打造一个强大的内循环，我们需要提振居民消费，利用我国巨大的内需带动产业的升级。（2）增加科技创新能力。宏观经济学的知识告诉我们，科技进步是经济增长最为强劲持久的推动力。我国的科技创新能力虽然已有长足的进步，但较西方发达国家仍有很大的差距。在过去一段时间内，我国采取"跟随"的策略获得先进技术，比如"以市场换技术"和科技模仿。但是，随着国际形势的不断变化，这种获取技术方式可能变得不再现实，一个典型的例子是华为因美国禁令而"断芯"。因此，在内循环为主的格局下，我们要不断增强自身的科技创新能力才能在激烈的国际竞争中不落后。

"外循环为辅，国内国外双循环"强调的是，新发展格局并不是一个封闭的发展路线。"国内大循环"并不是"闭关锁国"，相反若能推动形成宏大顺畅的国内经济循环，就能更好吸引全球资源要素，既满足国内需求，又提升我国产业技术发展水平，形成参与国际经济合作和竞争新优势。因此，我们要辩证看待国内大循环与国内国际双循环的关系：国内循环是基础，两者相统一。国际市场是国内市场的延伸，国内大循环为国内国际双循环提供坚实基础。发挥我国超大规模市场优势，将为世界各国提供更加广阔的市场机会，依托国内大循环吸引全球商品和资源要素，打造我国新的国际合作和竞争优势。

（二）新发展格局下机遇与挑战并存

新发展格局对于银行业有两个显著的影响：

第一，新发展格局下银行业的竞争将会加剧，科技创新将会成为决定银行能否从竞争中胜出的关键因素，而对数据要素的运用能力将决定银行在下一轮的科技创新浪潮中能否脱颖而出。新发展格局要求在中长期内我国整体经济结构和需求结构要有较大转型，在这个过程当中，整个经济长期增长的中枢是下行的，而银行业本质上就是服务于实体经济的，当实体经济下行，金融业也必将迎来收缩。因此在新的发展格局下，银行业将迎来更为激烈的竞争，想完全依赖传统的依靠网点的贷款业务恐怕难以支撑，因此商业银行需要不断提升自身的盈利能力以保证不会在竞争中出局。当传统扩张模式无法再延续，商业银行只能依靠科技创新取胜。

在这个数字时代，数据要素成为一种"威力巨大"的力量。商业银行结合大数据、人工智能等先进技术，充分运用数据要素可以起到很好的效果，产生强大的竞争力。首先，运用数据要素可以充分降低银行的运营成本。通过网上银行、语音识别、生物识别等手段，银行可以通过自动化的手段解决如存取款等部分简单业务，替代物理网点和营业员，从而节约一大笔费用。其次，多家银行的实践表明，基于大数据和人工智能技术的自动化信用风险评估系统使用多维数据对申请贷款的企业或个人的违约可能性，在降低了不良率的同时又极大地缩短了贷款审批的时间并降低了成本，大大增强了使用该技术银行的竞争力。最后，基于大数据内部风控模型还能帮助银行识别员工舞弊、贷款欺诈等违规情况，大大降低银行的操作风险。而以上技术只是数据要素在商业银行业务中的运用场景的一部分，数据要素能带给商业银行的能量远不止于此。

第二，在新发展格局下，消费金融将会在银行业务中占有越来越大的权重，成为银行间竞争的主战场，而数据要素将在消费金融领域发挥巨大作用。双循坏新发展格局强调以国内大循环为主体，主要依靠内需带动社会经济增长，对生产、分配和消费循环具有较强的控制力，将外部需求和国际市场作为国内市场和国内需求的延伸和补充。因此，在新发展格局下，消费将成为促进经济增长的有效手段和途径，在国民经济发展中的地位和作用日益凸显。对于中国银行业而言，消费升级的需求将为商业银行提供充足的市场以发展消费金融业务，而反过来消费金融的发展也助力中国居民实现消费升级，因此消费金融将成为银行业的新战场。

消费金融具有场景化和小额化的特点。比起传统的按揭贷款，消费金融的运用场景可谓是无处不在，网络购物，出门旅行，甚至点外卖都可以用到消费金融。因此，比起传统贷款的消费者极度关注利率高低，消费金融领域的制胜法宝就是流量和精确的客户分析，而这两者都极度依赖数据要素。至于流量和客户画像对消费金融的重要性，可能蚂蚁花呗最有说服力。蚂蚁花呗可能是国民级的消费金融 App，在青年群体中可谓是无人不知无人不晓。与传统银行相比，蚂蚁背靠阿里巴巴的巨大流量，可以在支付宝等流量巨大的场景下宣传自己的产品，让用户轻轻一触就能使用产品。相比之下，大型国有银行就不具备这样的能力。为了在消费金融的战斗中生存下来，商业银行就要获得流量和网民，进而在被越多人使用的同时决定哪些人是最有价值的客户。

充分利用数据要素资源可以帮助银行提高风险控制能力、降低人工成本、提高获客能力，进而在竞争中获胜，这是在新发展格局中商业银行的机遇。在激烈竞争中，有人欢喜就会有人愁，商业银行能否实现数字化转型，充分利用数据要素资源并不是一件易事，而在数字时代实力差距将被进一步放大，迎接失败者的可能就是出局，而这正是新发展格局下的挑战。商业银行将数据要素放在重要位置不仅是自身的数据化转型，更是提升银行业整体效率，为整体经济的转型注入力量。

第七章 数据要素发展与商业银行数据治理

第一节 要素价值与商业银行数据治理

(一) 数据治理的缘起：一般理念

"治理"一词，源自古拉丁语，原意为舵手，引申为根据不断变化的环境持续调整修正、选择航向。数据治理的提出，起源于 20 世纪 90 年代，最初并非作为实际管理手段被提出。直到 2004 年，国外才开始在企业管理中进行数据治理。国际数据管理协会（Data Management Association，DAMA）于 2009 年发布第一版《DAMA 数据管理知识体系指南》，定义了数据管理框架，包含十项主要数据管理职能，其中数据治理成为整个数据管理框架的核心内容。DAMA 提出，数据治理是对数据管理的高层计划与控制，包括数据资产价值实现的权威性和控制性活动，涉及数据组织、数据政策、数据管理职能、数据资产运用、数据管理技术等多个领域。2013 年，巴塞尔委员会发布《有效风险数据加总和风险报告原则》，对提高风险数据管理能力所涉及治理、管理各个方面的要点进行了比较全面的论述。2018 年，中国银保监会印发《银行业金融机构数据治理指引》，对银行业金融机构数据治理的原则理念、数据治理架构、数据管理、数据质量控制、数据价值实现等进行了阐述。2021 年，中国人民银行印发《金融业数据能力建设指引》，将金融数据管理能力划分为数据战略、数据治理、数据架构、数据规范、数据保护、数据质量、数据应用、数据生存周期管理 8 个能力域和 29 个能力项，提出了每个能力项的建设目标和思路。

从治理理念来讲，数据治理是公司治理的组成部分，也是公司治理结构、体系和机制的体现。数据治理是企业信息化发展过程中，为提升数据资产价值而逐步发展起来的管理体系。数据治理强调统一管理，强调权责清晰的组织架构，明确董事会、高管层和各部门的职责边界，以科学的制度、流程和技术方法，通过专业组织对各类数据管理活动涉及的资源进行协调，对数据管理活动进行统一计划与控制，实现对企业数据资产的管理以及数据资产质量的持续提升。

目前，国内商业银行在数据治理方面进行了积极的实践，一些银行在数据治理机制、数据管控方法、数据模型管理、数据服务体系、大数据体系等领域开展较为深入的研究。国际上，银行机构普遍重视数据为金融业务创造的价值，将数据治理提升到战略高度，强调数据治理的专业性和独立性，一些国际组织和企业开展数据治理研究，也取得了丰硕成果。

（二）银行业数据治理的概念：因数制宜

业内对数据治理的定义因为侧重点和角度不一样，目前还没有得到统一。国际上比较通用的是《DAMA 数据管理知识体系指南》对数据治理所做出的定义：数据治理（Data Governance）是通过规划、执行和监控等活动，对数据资产管理实施控制与职权行使。数据治理是站在更高的角度去指导数据管理制度的执行。中国银保监会发布的《银行业金融机构数据治理指引》中，也对数据治理做出了定义：数据治理是指银行业金融机构通过建立组织架构，明确董事会、监事会、高级管理层及内设部门等职责要求，制定和实施系统化的制度、流程和方法，确保数据统一管理、高效运行，并在经营管理中充分发挥价值的动态过程。具体而言，应该包括以下几个方面：

第一，数据治理的对象是数据，核心是数据资产管理的决策权分配和职责分工，属于公司治理的范畴。数据治理规定了在数据管理中需要做出哪些决策，以及由谁做出这些决策，数据管理则是确保做出这些决策并采取适当的行动。数据治理是数据管理的延伸和高级阶段，它具有指导数据管理职能得到恰当履行的领导作用。

第二，数据治理强调形成明确的职责分工、系统化的制度流程和方法，遵循标准、严格遵守相关规范。只有这样数据治理才能拥有强有力的约束性和纪律性，持续发挥作用，确保数据资产能得到有序的、有效的管理。

第三，数据治理的目的是使数据得到统一管理、高效运行，获得高质量的数据以促使更多的数据升级为数据资产，实现数据资产价值，给企业带来经济利益。

第四，尽管数据治理和数据管理定义不尽相同，但数据管理和数据治理有很多地方是互相重叠的，因此在实践中，将数据治理和数据管理进行综合考虑，认为数据治理是将数据作为组织资产而展开的一系列的具体化工作和持续改进的过程，贯穿于数据管理各个方面的具体工作中。

概言之，银行业数据治理主要含义是为持续保障数据质量、数据可获得性和数据安全性而建立的一套数据管理措施，包括一系列从源数据采集到信息供应的、端到端的数据管理政策、工作流程和所采取的控制措施。通过组织人员、流程和技术的相互协作，对数据要素从形态、内容和关系等层面进行规范管理，以提升数据要素服务能力，实现数据要素价值最大化。

（三）银行业数据治理的价值：必要性分析

进入数字经济时代，数据成为经济发展的关键生产要素，数据治理能力成为银行业等金融机构提升自身竞争力的关键所在。与此同时，银行业作为国家发展的战略性行业，须辅以有效金融数据治理，方可实现长久可持续发展。

1. 银行业层面：金融安全与稳定发展

银行业数据治理的目的不仅在于维护国家安全、保护金融消费者合法权益、维护金融安全与稳定发展，还在于提升金融服务质效、有效释放金融数据价值，在发展与安全之间作出相应平衡。

首先，银行业数据治理要维护金融安全。一方面，银行业金融风险具有极强的传导性。银行业运营方式、服务渠道、产品体系等快速数字化，使风险传导范围更广、速度更快。一旦发生重要数据资产丢失、重大数据泄露等问题，所产生的风险与次生风险对于银行业而言可能是致命的。另一方面，对于国家经济发展而言，银行业极具战略重要性。金融安全与金融稳定关乎社会稳定与国民经济增长。因此，各国通常采用特别严格的行业规制政策，进行银行业的数据治理。

其次，银行业数据治理能有效缓解信息不对称。银行业信息不对称，会引发消费者与金融机构之间所享权益失衡。消费者具有金融服务需求，因此不得不将自身金融信息提供给金融机构，但却难以获得金融机构的全部信息，无法对自身数据泄露主张权利救济。这种现象容易导致银行业等金融机构滥用客户金融信息，进而导致消费者个人财产权与隐私权等权益受到非法侵害。因此，有必要强化金融数据治理，以维护金融消费者合法金融权益。

最后，银行业数据治理在于寻求数据安全与价值挖掘的动态平衡。银行业存在综合化发展趋势，存款、理财、贷款等不同业务处理加工金融数据的侧重点有所不同。在实践过程中，不少金融机构会通过中间商进行数据采集与二次加工，其合规性无法保障，部分第三方数据供应商存在强制授权、概括授权、过度利用等违法行为。在金融行业发展过程中，这种无法避免的负外部性引发了金融数据利用的强监管。如何在严监管背景下，既要推动金融市场数据需求正常释放，又要平衡好金融数据的动态安全，这不仅是弥合金融数据商业化利用与数据主体权利保护间冲突的关键所在，也是有效实现法律在效益促进与权利保护之间平衡的关键所在。

2. 企业层面：经营管理与业务创新

对于商业银行而言，加强数据治理工作势在必行，只有做好数据治理工作，才能实现从数据向价值的升华，真正为银行提升经营管理水平和市场竞争能力。

第一，数据治理是商业银行运营安全的需要。数据已经是银行的重要资产之一，银行需要安全地保管自身及客户的信息。各类涉及商业秘密和敏感数据信息在处理、使用过程中面临被违规、非法使用或信息泄露的风险，会给银行带来不可估量的损失。在良好的数据治理环境下，可以规范数据的管理和使用，更好地适应经营过程中的不确定性因素。

第二，数据治理是商业银行风险管控的需要。随着金融科技的发展应用，商业银行运用大数据、数据挖掘、机器学习、反欺诈、区块链等技术来对风险进行综合评估。但这些都有赖于数据能够良好地运用于数据模型，数据的一致性、完整性可以保障银行风险管控的正常运转，有效地管理和降低风险。

第三，数据治理是商业银行业务创新的需要。随着市场竞争的加剧，商业银行在客户、产品、渠道、营销等方面都面临巨大挑战。在数字经济大环境下，商业银行需要对历史和现有的业务数据进行挖掘、分析，在传统的业务运营基础上推出各种创新业务，进一步提高客户体验，提升银行竞争力。

第四，数据治理是商业银行合规运营的要求。监管部门对商业银行数据治理提出了更高的要求，2018年中国银保监会发布《银行业金融机构数据治理指引》，进一步规范了银行业金融机构的数据管理活动。2020年1月，安徽凤阳农商银行因"未能根据要求有效开展数据治理工作，数据治理存在严重缺陷，严重违反审慎经营规则"被中国银保监会处罚，也反映出了银行数据治理体系亟待完善的问题。2020年5月，中国银保监会下发《关于开展监管数据质量专项治理工作的通知》，开展数据治理的督查工作，六大国有银行等9家银行均因监管标准化数据（EAST）系统数据质量及数据报送存在违法违规行为被罚款。

（四）银行业数据治理与数据管理：特点分析

银行业数据治理相对于之前数据管理，其特点是数量大、类型多、变化快。具体而言，数据治理工作主要有以下特点。

一是治理主体涉及内部和外部。银行业数据治理不仅包含内部结构化数据，同时包含了引进的各类半结构化、非结构化的数据。银行业数据治理主体不再限于银行本身，外部数据治理要与数据产生方的机构协同开展，从数据的源头或引进时就进行管理，引进后按照相关的标准或规则进行清洗、整合和转换。

二是治理的内容更加广泛。传统数据管理对象主要是银行的内部数据，而银行业数据治理的应用非常广泛，包括从外部引进的工商、税务、司法等行政信息，具有多样性、广泛性的特点，既有宏观信息、行业信息、产业信息，也有客户经营活动信息。在数据治理过程中要深入理解这些数据的具体内容和代表的含义，有针对性地制定治理方法和途径。

三是治理的方式更加多样。传统数据管理的对象主要是结构化数据，按照金融模型分为参与方、信息、产品、渠道、财务等多类主题，基本涵盖了银行的全部数据内容。而银行业数据治理的对象更加多样，包括客户生产、生活、社交等方面的信息，还有很多非结构化数据，特别是涉及客户行为等数据变化快、类型多，要"因数制宜"地开展治理活动。

四是治理的侧重点有所不同。探索数据治理是建立统一的数据标准、数据架构和数据质量管控机制，持续提高数据质量，达到类似"书同文、车同轨"的效果。银行业数据治理过程中面临多元数据源的采集、外部数据引入转化等新的情况，治理时需要内外兼顾，重点关注外部数据的转换，加强与内部信息有效融合，使其能够和内部数据相互交互，形成一致的数据视图。

第二节　商业银行要素治理的国内实践：以建设银行为例

（一）银行业数据治理的政策逻辑：背景分析

近年来，为推动银行业等金融机构提升数据治理水平，我国相继发布《银行业金融机构数据治理指引》《金融业数据能力指引》等各类政策文件，金融业数据治理成为监管重点，数据治理体系初见框架（见表7-1）。从近年国家发布的文件来看，都贯穿"数据治理"这根红线，体现了银行业等金融机构从数据管理到数据治理的核心逻辑转变。

表7-1　近年我国部分银行业数据治理相关政策及规范

时间	发布部门	政策名称
2021年4月	中国人民银行	《金融数据安全　数据生命周期安全规范》
2021年3月	中国人民银行	《金融业数据能力指引》
2021年1月	中国银保监会	《监管数据安全管理办法（试行）》
2020年5月	中国银保监会	《关于开展监管数据质量专项数据治理工作的通知》
2020年4月	中国人民银行	《金融数据安全　数据安全分级指南》
2020年2月	中国人民银行	《个人金融信息保护技术规范》
2019年10月	中国人民银行	《个人金融信息保护试行办法》
2018年5月	中国银保监会	《银行业金融机构数据治理指引》

早在2011年，中国银监会发布《银行监管统计数据质量管理良好标准（试行）》，成为规范银行业数据的主要依据。2018年5月，中国银保监会正式发布《银行业金融机构数据治理指引》（以下简称《指引》），对银行业金融机构数据治理的原则理念、数据治理架构、数据管理、数据质量控制、数据价值实现，以及对银行业金融机构数据治理的监督管理等做出了规定。一是明确了数据治理架构。《指引》要求确保数据治理资源充足配置，明确董事会、监事会和高管层等的职责分工，提出可结合实际情况设立首席数据官。明确牵头部门和业务部门职责，对岗位设置、团队建设和数据文化建设等提出了要求。二是提高数据管理和数据质量质效。提出数据管理主要方面的要求，并明确提出建立自我评估机制，建立问责和激励机制，确保数据管理高效运行。全面强化数据质量要求，建立数据质量控制机制，确保数据的真实性、准确性、连续性、完整性和及时性。《指引》还明确监管数据应纳入数据治理范

畴，并在相关条款中提出具体要求。三是明确全面实现数据价值的主要要求。提出银行业金融机构应当将数据应用嵌入业务经营、风险管理和内部控制的全流程，有效捕捉风险，优化业务流程，实现数据驱动银行发展。突出强调数据加总能力建设、新产品评估要求，有效评估和处理重大收购和资产剥离等业务对数据治理能力的影响。四是加强监管监督。明确了监管机构的监管责任、监管方式和监管要求。对于数据治理不满足有关法律法规和监管规则要求的银行业金融机构，要求其制订整改方案，责令限期改正；或与公司治理评价、监管评级等挂钩；也可依法采取其他相应监管措施及实施行政处罚。

2021年3月，中国人民银行发布了《金融业数据能力指引》（以下简称《指引》）（见表7-2），《指引》在《数据管理能力成熟度评估模型》（以下简称DCMM）结合金融行业特色以及人民银行2020年发布的《金融数据安全　数据安全分级指南》基础上提出金融业数据能力5项基本原则、8个能力域、29个能力项的工作措施要求。《指引》与DCMM作为工作开展指导与评估原则为金融行业数据管理提供落地指导。相对于DCMM，数据保护与数据安全分级贯穿了《指引》的内容，金融业应当充分以数据安全分级工作为前提，对内部数据资产进行全面盘点，并利用DCMM模型对数据管理能力进行评估，再结合《指引》内容开展数据管理工作。

此外，2020年9月23日，中国人民银行发布了《金融数据安全　数据安全分级指南》给出金融数据安全分级的目标、原则和范围，以及数据安全定级的要素、规则和定级过程。随后又发布《多方安全计算金融应用技术规范》明确金融行业标准，规定多方安全计算技术金融应用的基础要求、安全要求、性能要求等。目前，金融行业依托数据管理带来的业务价值已逐渐凸显，数据要素将成为金融业数字化转型的重要驱动力和关键支撑力。

表 7-2　《金融业数据能力指引》主要内容

能力域	能力项	能力域	能力项
数据战略	数据战略规划	数据保护	数据保护策略
	数据战略实施		数据保护管理
	数据战略评估		数据保护审计
数据治理	组织建设	数据质量	数据质量需求
	制度建设		数据质量检查
	流程规范		数据质量分析
	技术支撑		数据质量提升
数据架构	元数据管理	数据应用	数据分析
	数据模型		数据交换
	数据分布		数据服务
	数据集成	数据生存周期管理	数据需求管理
数据规范	数据元		数据开发管理
	参考数据和主数据		数据维护管理
	明细数据		历史数据管理
	指标数据		

对于银行业而言，中国银保监会发布的《银行业金融机构数据治理指引》和中国人民银行发布的《金融业数据能力指引》两个文件最具代表性。从两个《指引》的内容上看，人民银行将数据管理分为 8 大能力域，银保监会则从明确数据治理架构、提升数据治理能力、强化数据质量控制、全面实现数据价值四个方面对银行业金融机构数据治理工作提出了要求。可以说，两个《指引》既有传承又有延伸，一脉相承、相辅相成。从职责上看，银保监会主要从监管职能方面将数据治理能力纳入公司治理评价体系以及行政处罚范围内，监管效力更明显，目前已有多家银行行政处罚以《银行业金融机构数据治理

指引》为依据；而人民银行发布的指引则从落地实施角度提出了金融业数据能力的工作措施，指导能力更明显。两个《指引》的发布和实施，都有助于引导银行业金融机构深挖数据要素潜能，全面提升数据管理和应用水平，切实将数据规划好、治理好、应用好、保护好。

（二）建设银行数据治理的发展历程：五个阶段

作为国有大型商业银行，中国建设银行遵循科学发展规律，以全行一盘棋的思路优化数据治理体制机制顶层设计，打造数据治理文化，建立适应时代要求的数据治理体系，探索了一条具有建行特色的数据治理路径。建设银行数据治理探索经历了"不关注""起步""打基础""体系化""持续优化"五个发展阶段。

第一阶段为20世纪八九十年代，建设银行信息化的重点是实现业务处理的计算机化，减轻基层人员的工作负荷，提高业务处理效率和服务水平，对于数据治理工作还没有开始关注。

第二阶段始于2003年，建设银行企业级数据治理工作开始起步，在实施全国数据大集中的同时，通过建设企业级数据仓库、实施新巴塞尔协议等工作，逐渐摸索形成了企业级数据管控和数据能力顶层设计方案。

第三阶段为2007—2010年，建设银行与美国银行开展数据管控领域合作，对数据管控范围，数据质量管理流程等进行了深入的研究，并初步形成了数据管理能力建设蓝图。

第四阶段为2011—2016年，建设银行体系化推动数据治理工作，依托新一代核心系统建设，建成了完善的企业级数据管理体系和数据应用体系，形成了一整套运转良好体制机制，把设计方案真正转化成了新一代的企业级数据能力，彻底解决了困扰多年的数据不可信、数据难以互联互通共享等全局性、基础性问题，促进了全行各级机构数据能力的全面提升。

第五阶段为 2017 年以来，建设银行以建设"大数据银行"为目标，不断完善数据治理体制机制顶层设计，优化数据管理长效机制，持续实现数据价值。在对 DAMA 等理论学习，以及实践过程中的经验提炼基础上，建行初步构建数据治理的框架体系，整个框架除了底层的技术环境（技术的实施支撑），还包括元数据管理、数据规范管理、数据安全、数据供应链、数据质量管理、数据管控机制、数据应用等内容。通过这些努力，建设银行打破了"找不到数据—随意制造数据—不一致的数据—用户不信任数据"的恶性循环，建立起"数据充分共享—按需增加数据——致的数据—用户信任数据"的良性循环。

（三）建设银行数据治理的总体思路："四化"流程

中国建设银行深刻认识到数据治理对于促进数字化转型、打造数据竞争力的重要作用，提出"业务数据化、数据资产化、资产价值化、价值最大化"的发展思路，以数据治理文化培育、架构优化和机制建设等方面为重点，建立适应互联网和大数据新竞介业态下的数据治理工作体系，推动数据价值变现，全面支持战略推进和精细化管理。"业务数据化、数据资产化、资产价值化、价值最大化"的"四化"思路，按照数据价值链的全流程，形成了持续迭代提升的循环。

1. 业务数据化

业务数据化，是指用数据来描述、表达、定义、度量业务，用数据形式量化经营管理全过程，规范、准确地记录、保存和展示。

　　首先，制定企业级数据标准。实现业务数据化，首要是制定企业级数据标准，从业务术语开始统一"语言"，制定数据标准，建立完整的数据规范，从源头上保证数据一致性。建设银行已建成完整的企业级数据逻辑模型、数据标准、衍生数据视图、业务术语、业务指标等数据规范，共 8 万余个数据项。而在整套企业级数据规范体系中，最核心的是企业级数据模型，因为数据和数据之间并不都是"并行"，中间会有"交叉"，它们之间逻辑关系的表达需要用数据模型。

　　建设银行在研究学习业界领先的行业数据模型基础上，结合建设银行实际，搭建了自己的企业级数据模型——"CCB-DM"，对业务信息进行了规范化、概括性的描述，并包含对数据实体、属性和数据项间关联关系的定义；模型向上贯通业务视角（描述业务，让业务部门都能理解），向下贯通技术视角（支持系统开发和设计），分为 A、B、C、C′、D 五级（依次对应统一数据概念、规范业务术语、企业级数据模型、系统级逻辑模型、系统实现级物理模型），其中最核心的是满足第三范式需求的 C 级模型。通过实施数据建模，为数据的互联共享奠定基础，为建设银行数据能力提升创造条件。

　　其次，开展数据供应链全流程管控。落地企业级数据模型CCBDM，包括数据"采集、传输、整合、应用"的全流程管控机制。采集阶段按照数据标准采集，传输过程遵循标准接口互通，整合阶段建立全景数据视图，支持多种应用方式。比如，CCBDM 的业务系统 A、业务系统 B 和数据仓库 D 系统是并行开发的，为了保证它们数据的一致性，就把逻辑数据模型的 C 模型当成模板、约束条件和依据，来设计系统级的数据模型、定义数据库。又如，把每个数据项的英文缩写字段进行统一规范的命名，不存在数据项命名重复，保证了 A 系统、B 系统的数据模型都依赖统一的源头。数据规范，是约束信息系统开发，从根源避免数据质量问题的一种方法。这种方法已在建设银行核心系统中全部使用，从数据采集端开始就遵守规范、符合标准，大大减少了数据关联、整合等必须进行的清洗、转换工作。

2. 数据资产化

数据资产化，是指建立并执行统一的数据规范，打通纵向横向存在的数据壁垒，实现数据互联互通，集成整合为高品质的可用资产。

一是企业级数据仓库集"石"成"钻"。一个单独的数据项或独立的数字可能没多大价值，但把它们关联起来意义可能非凡。好比一堆碎石，把"碎石"关联集成后，其价值就显现出来了，可能成为"钻石"。这就是数据关联集成整合在一起的作用。企业级数据仓库是最强大的数据资产宝库和引擎，通过打破"数据孤岛"、打通"数据壁垒"，把不同源信息关联整合变成可用的数据资产。建设银行数据仓库已涵盖 200 多个组件系统结构化、非结构化数据，不仅包含范式化模型，从业务视角基于公共访问数据还建立了多维模型，抽象出 9 大基础维度，43 个交叉维度；基础指标 1 万余个，衍生指标 1.5 万余个，提供总分行业务用户直接使用。同时，也建立了元数据管理平台、数据质量管理平台，帮助建设银行全面管理数据资产。

二是建立数据管控体系。除技术支撑体系外，还必须建立完整的数据管控体系，才能保证资产保值增值，在"量"上不断扩充的同时保证"质"。数据管控机制涉及政策、组织、技术、流程等，为数据管理核心领域（包括数据需求、数据规范、数据质量、数据安全、元数据、数据供应链等）提供保障和规范，同时配套进行风险管理、审计。总之，只有依靠完整的数据管控，数据资产才会可用、好用。

3. 资产价值化

资产价值化，是指深入挖掘、分析各种类型的数据资产，研发数据产品，从中获得洞察、预测能力，发现规律，支持业务经营管理。

一方面，完善"数据—知识—价值"的转化流程。数据资产能带来价值，但数据只有在被应用时才能产生价值。从大量繁杂的数据中，洞察我们所不知道的情况、发现一些新趋势等，就是数据挖掘和分析的工作。2015 年，建设银行在上海建立了大数据分析中心，现称"大数据智慧中心"，专门进行数据挖掘和分析。主要工作包括四个方面：量化，统一尺度（不能定义就不能测量，不能测量就不能管理），将相应数据关联采集、集成整合；洞察，在大量繁杂数据中发现现状的真相；预测，从中发现规律、预测未来趋势，以便赢得竞争先机；智慧，通过对数据的量化、洞察、预测来驱动行动决策。大数据智慧中心的数据挖掘和分析致力实现四个智能：客户智能、产品智能、风控智能、运营智能。客户智能是洞察客户需求，支持差异服务；产品智能是引导产品创新，强化综合定价；风控智能是预测市场变化，有效预警风险；运营智能是支持流程优化，降低运营成本。

另一方面，要让更多的人来使用，需要搭建众创众慧的数据生态环境，给不同的人提供适合的方式来获取数据的访问。例如，建设银行搭建的企业级数据应用平台，能根据不同的应用场景，及用户对数据、工具掌握程度不同，提供多样、灵活、自主的数据访问方式，降低数据价值探索与发现的门槛。

4. 价值最大化

价值最大化，也可称为数据业务化，是指推动数据产品和信息知识的广泛共享、直达迭代、嵌入业务流程中，便捷应用以获得更大成效。

一是要推动成果共享。要价值最大化，一定是通过共享来实现。通过数据应用成果推广共享，让数据创造更大价值。建设银行企业级数据应用平台支持自主定制数据模块，通过应用商店的分享功能将先进数据应用成果在全行快速分享，使"单点创新、全行受益"有了系统层面的有力保障；建立大数据成果快速复制推广机制，依托大数据平台，配合总行相关业务条线积极做好在全行范围内的推广复制工作；推进全行数据应用经验交流分享，包括在全行层面组织高级研修班、数据应用培训班、工作研讨会等。

二是打造公共数据产品。比如，建设银行面向社会设计的公共数据产品——"龙信商"。为了解决房价高、房炒不住等住房租赁市场混乱问题，建行提出了住房租赁战略。建设银行通过利用自身数据，研发了"龙信商"，用评分高低代表诚信程度，增加租户和房主之间的信任。当然前提是取得客户授权。目前"龙信商"已取得注册商标，已经较好地在多个场景中应用。

三是服务社会需求。在数据挖掘和分析方面，建设银行我们还提炼了住房价格指数、住房租赁指数、普惠金融指数等一系列大数据产品。建设银行住房价格指数和住房租赁指数真实地反映一定时期全国住房销售和租赁市场价格总水平变动趋势和变动程度。

（四）建设银行数据治理的探索之路：六大措施

建设银行充分认识数据治理工作对整个银行业务发展、经营管理的重要支撑作用，通过有效完善数据治理体系，充分发挥数据要素对于经营决策、客户营销、产品创新、风险防范和运营管理的战略作用，打造数据要素核心竞争力，走在我国银行业数据治理的前列。

1. 组织架构"制度化"，保障数据治理落地实施

高效运行的数据治理组织机制有助于形成全行整体合力，做好数据采集、加工、管理、应用等各个环节工作，保障数据治理落地实施。建设银行坚定推进金融科技战略，设立数据治理专业委员会，负责组织制定企业级数据资产管理策略、数据能力建设规划、数据治理实施路径、资源投入方案，对保证数据治理成效、发挥数据资产价值负领导责任。

数据管理部门定位为"监管数据报送执行者、数据资产管理者、数据产品和信息知识提供者、企业级数据能力建设推动者"，牵头全行数据治理体系建设，推动全行数据管理与数据应用能力持续提升。上海大数据智慧中心作为全行大数据分析挖掘和智能化应用工作的实施机构，负责为全行增强数据能力、挖掘数据价值提供专业化支持。各业务部门和各分行是数据需求的提出方，也是数据成果的最终使用者和评估者。技术部门是数据治理基础设施的建设者，负责为数据管理和应用提供技术支持。境内外分行、子公司负责建立本机构的数据治理机制和流程，落实各项数据管理要求。

2. 企业级数据"资产化"，夯实数据治理基础

依托新一代核心系统建设，建设银行已建成较为完善的数据管理体系，形成了数据规范、数据质量管理、数据需求统筹管理等机制，全面推广企业级元数据资产库和数据质量管理平台，为数据的互联互通创造了条件，夯实了数据治理能力建设基础。建设银行建立了完整的企业级数据规范体系，从源头上保证了数据一致性。累计制定数据规范 8 万余项，包括数据标准、业务术语、指标体系、业务数据模型等内容，范围覆盖了新一代核心业务系统处理的总分行、海内外、母子公司全部业务数据，为从根本上消除数据孤岛实现数据的互联整合奠定了基础。建立了从数据采集到数据应用全流程的数据管控机制，开发了企业级、可视化的数据资产管理工具，支持对全行数据实施全生命周期的管理。

强化数据质量管理，建设数据质量认责体系，建立企业级数据质量平台，通过质量定义、过程控制、监测、问题分析、问题整改、评估与考核等一系列管理机制，将数据质量责任嵌入业务管理过程，保障业务数据质量不断提升。建立了包含"简单、复杂、专业"三个层级数据需求的实施快速响应机制，有效支持战略型应用、企业级成果共享、跨条线综合性数据需求的实现。对于简单数据需求，全行各层级可直接利用系统平台和工具，自主用数，自行解决；对于复杂数据需求，由数据专业团队提供支持和服务，快速满足业务用户的临时性、急迫性需求；对于专业数据应用需求，则通过设立大数据应用项目的方式加以满足。

3. 外部数据"集中化"，提升数据整合能力

在建设"大数据银行"的过程中，合理引入外部数据、整合内外部数据为业务发展提供强有力的数据支撑尤为关键。建设银行积极探索外部数据领域，不断跟踪外部数据应用的新技术成果，建立了外部数据集中管理，通过数据仓库实现跨系统的、内外部的海量数据整合共享，进入了利用内外部数据支持业务发展的新应用阶段。

建立了外部数据资源由总行统一采购、统一部署和共享应用的集中管理模式。以工商数据接入和应用为先导，建设外部数据统一引入和共享机制，完成了外部数据从接入、存储、整合到共享使用的技术基础搭建，形成了外部数据接入和使用标准实施架构和工作流程。目前已引入工商、法律、税务、中经网等外部数据，直接支持了小微快贷、惠懂你、科技云贷等普惠业务产品的研发，为全行普惠金融、住房租赁、风险管理、客户营销、流程优化等提供了广泛数据支持。2018年外部数据管理平台当年联机查询次数达6400万次，移动端"外数慧查"产品日均查询量1万余笔。扩展完善了新一代企业级数据仓库，具备了集中整合数据，开发多维度数据统一视图的基本能力。经过十多年的建设，数据仓库已经成为建设银行管理信息应用的核心生产系统，承担全行数据的接入、整合和为下游管理分析系统提供数据加工的职责。目前数据仓库已集成行内100多个系统数据，与引入的外部数据进行整合，建立了涵盖行内外数据可全行范围共享的统一数据视图，实现了企业级数据集成整合、互联互通和全面共享。

4. 数据应用"多元化"，实现数据创造业务价值

围绕普惠金融、住房租赁、金融科技战略发展，聚焦全行业务发展的热点、难点问题，推动全行应用数据要素创造更大价值。建设银行在业界率先提出大数据实施战略规划，构建了大数据一体化工作机制，设立了大数据专业实施机构，开发了大数据智能平台和企业级数据应用平台，推出"惠视"系列数据产品和微信企业号，丰富了数据需求服务手段，支持全行各层级、各业务条线灵活多样的用数需要。

在普惠金融领域，建设银行聚焦小微企业特点和需求，运用大数据等技术，形成了支持客户洞察、智能推荐、渠道触达、流量经营的数据基础能力，实现批量化获客、精准化画像、自动化审批、智能化风控、综合化服务，有效解决小微企业"融资难、融资贵"的问题。在住房金融领域，基于高质的住房交易数据，建设银行整合外部优质数据资源，采用特征价格法编制住房租赁价格指数，以完整反映住房租赁市场格局和动态，为政府部门、企业机构和各类市场参与者提供系统性支持和服务。此外，建设银行积极利用大数据探索经营管理新模式。尝试利用外部数据、对接互联网的大数据网络化客户经营新模式和新打法，探索形成了线上共享政府部门权威信息的"互联网+不动产抵押登记"苏州模式，创新了在深度分析内外部数据、联合建模基础上，精准、快速设计农户、合作社信用贷款和土地经营权抵押贷款的黑龙江农垦产品创新模式，得到监管机构的肯定。

5. 专业培训"体系化"，建设数据专业人才队伍

人才是推进数据治理工作的基本保证。建设银行加快数据专业人才培养工作，将数字化银行的发展战略需要与员工职业生涯规划相结合，打造一支覆盖广泛、多层次、多类型的数据专业人才队伍。建设银行建立了全行数据专业人才库，由总行在全行范围内统一选拔、培养和管理具备专业数据能力的人才。

数据专业人才库实行总量管理、分级管理、标签化管理、动态管理。通过统一调配人才库人员，参与数字化银行重点项目建设等工作，集约数据人才使用，加快数据人才培养。通过多层次培训提升专业技能。借助外部资源带领、专业培训、牵头实施重大数据分析项目的方式，培养自己的高端数据分析人才。通过组织实施"绿树"大数据种子人才培养工程，以边学边干、以干代训的方式，帮助全行数据人员实现专业技能的提升。

6. 治理文化"丰富化"，发挥文化引领和凝聚作用

建设银行高度重视数据治理文化和理念，积极在全行营造

"人人讲数据、人人用数据"的文化氛围。田国立董事长提出要"以企业级视角，分析挖掘数据价值，打造数字化管理条件下的竞争优势"。建设银行通过建理念、严作风、创品牌等一系列措施，建立了"成全服务、成人之美、成事有余、成果共享"的工作理念，打造了"严、实、专、精"的工作作风。

加强数据思维和理念的推广，在全行范围内介绍、共享行业内外的优秀数据治理做法和经验，全行"用数据说话"蔚然成风。当前，建设银行履行大行责任，以服务大众追求美好生活为目标，聚焦第二发展曲线，着力从 B 端、C 端、G 端转型重构，在以金融的力量解决社会痛点问题的同时，谋求业务高质量发展。在转型重构过程中，建设银行数据治理工作也将不断推进和深化，以基于数据的专业智慧和深刻洞察，培育形成数据核心能力，支持打造现代银行的"数字力"。

➤ 他山之石
建设银行"小微快贷"：海量挖掘获客、智能信贷催熟

近年来，国家政策大力支持普惠金融，通过定向降准、成立国家融资担保基金、要求银行设立普惠金融事业部等方式支持小微企业发展。目前我国金融体制以银行体系的间接融资为主，商业银行在进一步支持小微企业融资方面扮演重要角色。但在实际展业过程中，普惠小微金融仍然面临诸多挑战。

站在小微企业角度，一是获批时间较长，二是担保方式仍然以抵质押贷款和保证贷款为主，对担保物稀少的小微企业形成了较高的门槛。

站在金融机构角度，由于普惠小微贷款定价相对缺乏弹性，银行主要面对的是风险管控和成本管控两大痛点：一是风险管控上，小微企业经营不稳定、缺乏抵（质）押物，导致银

行面临更高风险成本；二是成本管控上，相较大型企业，小微企业贷款需求更加小额分散，且经营规范化程度较低，带来更高获客成本。

为了平衡收益和成本，大型银行开始探索更轻型的线上获客模式，主要通过线上场景布局实现海量获客，结合数字化手段实现自动审批和风控，一定程度上解决了获客成本高的问题。

2016年建设银行应用互联网思维和大数据手段率先推出全流程线上化的小微信贷产品，提升了申贷、审贷的效率，改进了获客手段。具体如下：

第一，批量挖掘手段获客。在信贷业务中通过批量挖掘的手段获取目标客户，建设银行加大了计量工作的利用效率，深化计量技术在客户选择、业务决策、风险控制方面的应用，研发中小企业信贷业务风险控制排查，优化了中小企业的评分卡设计以及风险评估模型，推进了多维度、全方位的信息检测，同时针对地方经济发展情况，研发并优化地级市企业的风险评级模型，实现对授信中小企业的财务等其他信息的智能识别录入。

第二，信贷平台数字化、智能化。建设银行深入对线上信贷产品进行研究，推出了数字化、智能的信贷平台，在对中小企业等其他客户的信贷业务中，近年来逐渐深化对金融科技的应用，借助金融科技手段加强对授信对象的贷前评估、信用评级、授信审批流程等，落实了各分行授信集中审批，建行在信贷业务中通过批量挖掘的手段获取目标客户，并且利用分布于不同地区的网点开展信贷业务营销，对具有良好的金融交易记录、业务量大且稳定地处于健康成长期的创业型的中小微企业提供融资贷款，并特别推出了基于大数据评分卡的"创业贷"

业务模式，旨在提高对中小企业的贷中审批以及放款质量。另外，以中小企业的纳税记录数据为核心，针对中小微企业近年来纳税的金额及准时纳税的状况决定是否提供信贷服务，并根据其资金运作情况决定放贷的额度。并对信贷业务贷后推行跟踪管理机制以及质押品的统一管理，针对零售业中小企业搭建了智能催熟平台，旨在降低信贷逾期概率的同时强化对银行资产进行保护。

第三，场景构建内外结合。在场景构建上，建设银行"小微快贷"内部整合存量客户沉淀的资产、结算、流水等数据，外部对接电网公司、知识产权局、政府采购平台等政府类机构，形成了丰富的线上信贷产品体系。除了对接第三方平台，建设银行还打造了自有平台，触达小微企业财务管理、电商交易等各类经营场景，从而获取更丰富的增信数据。

建设银行在小微贷款方面的创新，给我们如下启示：

一是大数据技术拓宽小微企业贷款渠道。建设银行已从传统的"一对一"营销模式转变为客户选择中的"集群"模式，"小微快贷"充分利用"互联网+大数据"的新模式，使小微企业的贷款余额和信贷客户数都实现了质的飞跃。小微企业可以选择传统的商业银行信贷产品和第三方网商平台进行融资，大数据的出现使小微企业也可以通过建行等商业银行的大数据平台进行申请贷款，拓宽了小微企业的贷款渠道。

二是全流程线上审批提高小微企业融资便捷性。建设银行采取评分卡模式针对部分线下人工审批的大数据产品，不需要录入小微企业的财务报表等信息，省略了企业评级及审批流程。"小微快贷"大数据信贷产品通过在线模式办理完整流程，小微型企业可以启动电脑客户端贷款申请，银行系统通过大数据数据库自动批准数据。小微企业可以自主支用，随借随还，真正实现了自主支付一体化，流程简单，节约了贷款审批时间，使企业融资更加便捷。

三是内外平台结合构建丰富授信场景。目前，大型银行主要通过自建平台和与对接第三方平台的方式，触达小微企业的重要经营数据，形成结算、电商交易、财务管理等丰富企业场景。

通过对建设银行"小微快贷"等产品的分析，可以借鉴以下经验：

一是进一步创新信贷审批系统。传统的信用审批系统是CLPM系统，建设银行在信用审批系统中进行了创新。随着新一代系统的诞生，建设银行将CLPM系统添加到新一代系统中，使用记分卡模型为具有大量数据信用的客户自动生成反馈结果和信用评级，从而避免小微企业复杂的申请流程和漫长的融资时间，节约了资金和审批流程。

二是进一步创新产品体系。建设银行"小微快贷"创新了自身产品体系，利用数据来寻找数据以延伸拓展数据来源，同时开发供应链的金融模型，连接上下游资金链，并与各行各业的公司共享客户资源，这使"小微快贷"增加了数据价值，衍生出了针对不同场景的产品，同时也开阔了产品的应用场景。因此，商业银行不仅要积极发展基于大数据的小微贷款模式，还应积极开展创新工作，发掘大数据的应用潜能，将业务开展从人工主导向数据主导前进，不断优化大数据小微信贷产品，朝着多样化、智能化的方向推动产品及业务创新，创造高效的产品及服务体系。

三是进一步拓宽数据采集渠道，扩大客户群体。各商业银行在建设完善自身内部数据库系统的同时，应增加外部机构的合作，扩宽数据来源。再者，由于客户较多，数据信息量庞大，在构建筛选模型时，注意选择合适的参数和变量，及时更新筛选模型，客户信息越完整，准确度越高，越有利于客户的获得。

> **他山之石**

建设银行："BCtrade2.0" 区块链平台助力国际贸易

自2015年"互联网+"上升成为国家战略，互联网经济与传统经济连接产生海量数据，使"数字经济"成为当今发展新思路。大数据平台、区块链技术发展水平的提升也助推商业模式变革，越来越多的行业开始引用大数据平台，尤其是金融行业，而银行更是普遍注重数字化转型，力求建成以"大数据平台""云服务"为支撑的数据大行、科技强行；打造先进可控的金融科技，推动数据与业务的深度融合。

现阶段的中国银行业正在积极搭建针对各类业务场景的数字金融平台，积极探索运用数字技术推动"金融+科技"的战略发展。2019年9月，中信银行、中国银行等四家大型商业银行同时上线区块链福费廷交易平台BCFT；2019年4月3日，中国建设银行与腾讯达成战略合作，设立银行-腾讯金融科技联合创新实验室。2019年10月9日，建设银行正式发布"BCTrade2.0区块链贸易金融平台"。在2018年上线的区块链贸易金融平台原有的国际保理、福费廷等基础上，BCTrade2.0版本新增了再保理功能，实现应收账款融资、应收账款催收、信用风险担保等业务数字化流程办理。

基于区块链贸易金融平台，2020年建设银行的福费廷业务快速发展，新签约同业32家，年交易额4969亿元，累计成交额已超过9100亿元。2021年11月6日，建设银行与中化能源、中国联油、麦格理银行、中远海能、中国银行、沙特阿美能源基金、招商局能源运输、三井物产和万向区块链等九家机构共同签署合资协议，成立合资公司 Trade Go Pte. Ltd.（大宗易行）为能化产业及金属等大宗商品客户提供数字平台，进一步发挥建行在大宗商品融资和金融科技的优势，不断探索并搭建基于区块链技术的大宗商品国际贸易数字化服务平台。

建设银行区块链融资平台通过区块链技术实现贸易融资业务流程的数字化处理，包含交易信息传递、债权确认及单据转让等。可以弥补过去贸易融资系统流程的不足，运用数字科技来提升业务办理效率和安全质量。

区块链实质是信息技术的术语，存储的数据具备去中心化、不能被篡改的特点，可确保业务数据的安全。商业银行在办理信用证、福费廷、国际保理等中间业务的数据查询、双方询价、数字票据的业务流程时，可通过区块链技术对合同签署产生的电子数据进行加密上链存储，并进行数据固化，确保电子数据的完整性和客观性。还可通过区块链技术为中间业务的电子合同签署提供信用背书，并对电子合同签署整个过程进行数据固化存证，一旦发生合同纠纷，用户可以找公证处出具区块链上的电子数据的出证报告，找司法鉴定中心出具区块链上的数据司法鉴定报告。并且随着区块链上的权威节点增多，电子数据存储就越安全。

传统业务模式的银行中间业务处理中通常涉及多家金融机构，交易链条较长，企业的授信标准严格。对企业来说，贸易融资的财务成本和时间成本都比较高；从银行的角度看，在处理贸易融资业务过程中，时常出现单据数据造假、信息核验成本高，风控管理能力较弱的问题。而基于区块链技术运用的基础上，商业银行及相关业务参与方既可借助区块链数据不可篡改的技术特性，提升银行业务数据的可信程度，又可借助区块链数据公开透明的特性，打破商业银行跨部门和跨机构的信息壁垒，减少各方的沟通成本。更高效的业务处理能力也会进一步将贸易金融业务的价值放大，最终惠及企业、社会。

通过建设银行两年多的区块链技术在福费廷、国际保理等中间业务的实践，发现应用区块链技术对建设银行贸易融资业务能带来以下几点好处：其一，健全贸易融资风险监控体系；建立客户数据库帮助商业银行快速识别交易客户身份，制定不同的风险监控标准，完善整个业务的风险监控体系。其二，大量收集并存储用户历史交易数据及相关公司运营信息，完善商业银行的征信资料、提升征信效率，有效缓解贸易融资过程中的信息不对称问题。其三，电子票据的安全性将得到保障，降低被篡改数据的风险，也提升了电子票据信息传递的速度。其四，区块链与大数据技术的结合能够实现整个交易流程的全方位监控，商业银行通过预言机、多重签名等区块链技术能随时掌握交易情况，有效降低监管成本，提升监管效率。

总体来看，建设银行区块链融资平台在"数字科技"的社会发展热潮下有很好的平台前景，但在实际运用中依旧存在以下问题：一是技术支持水平不足；区块链技术发展较晚，还未拥有完善的技术体系，区块链技术采用链式累加方式对增长的数据进行管理，交易过程需要大量的节点添加和储备资源，制约了与银行当前拥有大量的客户数据的融合。二是区块链基础设施开发不达预期，无法支撑高性能网络部署，并且建设银行在发展中面临保障数据安全需求和提升区块链高性能运作的矛盾。三是受限于区块链技术自身性能约束，区块链在金融场景大规模应用仍有距离，具体的商业化发展模式还需进一步探究。

在"BCTrade2.0区块链贸易金融平台"的分析过程中，可以看到区块链技术具有分布式记账、加密算法、交易可识等特点，有效改善现阶段银行贸易金融存在的费时费力缺陷，提升商业银行的盈利能力、降低信用风险，保障交易数据和信息安全，促进银行中间业务与数据融合，推动商业银行数字化转型。

第三节　商业银行要素治理的国际实践：
比较研究

现今，数据要素价值日益彰显，日渐成为金融机构获取核心竞争优势的重要无形资产与工具。在大数据技术革新浪潮下，开展良好的数据治理成为金融机构核心竞争力的体现，对自身经营活动与监管效率具有重要影响。梳理金融数据治理的国际实践发现，国外金融数据治理工作起步较早，经验与治理模式较为成熟，并形成具有代表性的组织与治理模式，对我国金融数据治理具有良好借鉴意义。

（一）欧盟：以 GDPR 为主要数据治理框架

欧盟是数据保护制度最完善的区域之一，也是金融业高度发达的区域。欧盟金融业数据治理监管特征主要体现在以下几个方面。

第一，欧盟金融机构采集、利用客户数据规范化，金融机构合规成本增加。2018 年 5 月 25 日起，欧盟通用数据保护条例（GDPR）在欧盟成员国正式生效。GDPR 对金融业不同情境中的数据治理问题进行了规范，对于数据主体权利、数据处理者义务、数据监管范围等作出明确规范和要求，整体思路更强调对个人隐私的充分保护。GDPR 定义了何为个人敏感数据，认为涉及种族民族、政治观点、宗教哲学信仰、工会成员身份、健康及性取向、基因数据、经处理可识别的特定个人生物识别数据（如人工智能技术下的人脸识别等）。基因数据和生物识别数据是金融企业、金融科技企业进行身份认证、了解你的客户（KYC）调查、风险控制等业务的基础信息来源。GDPR 提出，金融企业在获取此类数据时应避免模糊且难以理解的语言、冗长的隐私政策等获得数据许可。GDPR 要求金融企业在线上服务中获取用户行为记录（如搜索、点击、收藏、购买、支付等）必须经过用户的同意，否则按"未告知记录用户行为"做违法处理。此外，GDPR 规定了用户具备"被遗忘权"，即可要求金融机构删除关于自己的数据记录。若金融机构违反 GDPR 规定，其面临的罚金最高可达 2000 万欧元或全球营业额的 4%。金融数据的长期缺失也将限制金融机构在经营分析、精准营销等方面的智慧化能力，影响欧盟区银行业数字化转型步伐。

第二，欧盟金融机构数据垄断被立法规制，新型金融科技类企业无须面临数据歧视。自 2019 年 3 月 14 日起，《支付服务法令Ⅱ》执行，要求银行等大型金融机构必须为第三方机构创建和开放测试环境，以方便第三方机构通过应用程序接口收集信息。该法令旨在破除大型金融机构的数据垄断，允许新进入者共享金融数据。该法令的通过建立在 GDPR 关于数据可携权基础之上。可以看出，欧洲金融数据监管的思路总体遵循"严入、公平"思想，通过严格控制个人信息的采集端对个人用户的隐私权进行充分保护，通过鼓励合法采集数据的流通及应用防范数据垄断风险，实现"个人利益"与"公众利益"的较好平衡。

(二) 美国：分散化数据治理框架

美国并未在联邦层面制定统一的数据隐私保护基本法，对金融领域存在美国《银行保密法》（*Bank Secrecy Act*，BSA）。美国对金融行业数据治理的出发点主要为寻求金融安全与数据价值的平衡。BSA 要求银行业对特定交易的数据保留超过 5 年，甚至更长时间，以备反洗钱或其他犯罪调查。从州层面来看，加州 2020 年 1 月实施的《加州消费者隐私保护法》（CCPA）堪称美国最严厉、最全面的个人隐私保护法案。

从宏观层面来看，美国金融机构整体受到的数据监管环境相对宽松化、碎片化。与欧盟不同，美国对于数据的监管与治理环境相对宽松。美国是全球最大的数据生产国之一，互联网信息科技的发达程度居世界前列。美国对于数据交易合法化进程保持较大推动力度，在立法中明确了数据交易的合法性。数据经济商（DataBroker）可合法收集并分析数据，并进行交易获取利润。为了鼓励互联网新兴技术及产业的发展，美国对个人数据保护力度有限。CCPA 是近年来被称为最严格的个人隐私保护法案，相较 GDPR，该法案仍更宽松，主要表现在两个方面。其一，适用 CCPA 要求的机构范围较 GDPR 覆盖机构范围更小。CCPA 仅适用于满足年收入超过 2500 万美元或出售个人信息收入超过年收入 50% 以上的金融机构。其二，CCPA 仅借鉴了 GDPR 在数据主体权利、数据泄露的预防和问责机制等方面的措施，赋予了消费者针对个人数据的访问权、删除权、知情权等权利；要求企业应披露收集到的数据，不得随意出售数据。但 CCPA 摒弃了 GDPR 中关于数据跨境流通的部分闲置，鼓励个人信息的商业流通。美国其他州数据保护法均在探索中或其力度较 CCPA 的要求更为宽松。

从微观层面看，美联储的数据治理具有代表性。美联储董事会执行委员会于 2012 年 6 月首次提出数据治理战略，并批准发布了《2012—2015 年战略框架》。此次战略框架提出的目的在于对数据管理流程与治理进行设计，以强化董事会所持数据的有效性。从 2013 年开始，美联储设置了首席数据官，并构建了首席数据官办公室制度和明确的工作任务以及目标，对董事会、监管机构与银行的数据管理进行统筹协调。此后，花旗集团、摩根士丹利等美国金融机构效仿美联储，陆续设立了类似机构，以强化本行数据管理与治理实效。以花旗集团为例。该集团效仿美联储做法任命了 CIB 首席数据官，对公司投资方向、数据政策、部署职能以及发展策略等进行规划。同时，数据官根据花旗集团发展实况，与其他数据治理相关部门联合优化集团内部数据管理结构。就角色本身定位而言，数据所有权归属于 CIB 首席数据官。这一设定成功实现了跨越财政、行政、风险保障等部门的数据流治理优化工作。除上述手段措施之外，美联储还秉持"利用风险最小化、数据技术价值最大化"的核心数据治理理念，以"保护数据资源安全"为重要准则，将数据治理嵌入数据开发与技术应用过程中。

（三）巴塞尔委员会等国际组织：金融风险管理

巴塞尔委员会高度重视数据治理，认为 2008 年国际金融危机爆发的原因之一，就是银行业金融机构数据管理水平与信息技术水平不足，无法胜任金融风险管理工作。由于欠缺风险报告实践与数据整合管理能力，部分银行机构无法正确评估、识别、管理金融风险。这种能力欠缺对金融机构本身和金融体系整体稳定运行产生致命影响。为有效解决上述问题，巴塞尔委员会发布了一种监管审查程序，即第二支柱指南。该指南强调，健全、完善的风险管理系统应包含银行系统内部数据信息管理系统以及业务数据管理系统。随后，巴塞尔委员会于 2013 年 1 月出台了《有效风险数据加总和风险报告原则》（以下简称《原则》）。《原则》中共涉及 3 大内容及 14 条原则。其中，3 大内容分别是风险报告实践、风险数据加总能力、完善的数据基础设施与治理框架。《原则》强调要在公司治理中增加数据治理加总能力，以协助银行机构及时汇总和捕获企业内全部重大风险数据。在发布该《原则》之后，巴塞尔委员会对全球 30 家系统重要性银行机构提出新要求。据 NAFMII 资讯发布数据，巴塞尔委员会的改革有效增强了全球银行体系的弹性，银行杠杆比率倍数已从 28 降至 17；国际活跃银行 CET1 资本资源已超过 3.7 万亿美元，增幅达到 85%，高质量流动资产持有量已达 13.6 万亿美元，增幅超过 60%。

另一个具有代表性的就是企业数据管理协会（EDM）。EDM 位于北美地区，是一个公益性组织，深耕于金融保险行业数据管理领域。EDM 组织成员大多为金融领域企业，在制定数据标准、管理细则等内容方面累积了大量实践经验。2015 年 2 月，该协会通过组织金融领域企业参与和验证，编制发布了以大量实践经验与案例总结为基础的评价模型 1.0（DCAM1.0）版本，评估金融企业数据管理能力。编制这一模型的目的是通过设立明确的评价指标帮助金融企业提升自身数据治理能力。第一，DCAM 模型划分了数据的治理、操作、管理业务案例、质量、架构、管理程序以及相关技术架构等 8 个智能领域。第二，该模型从成熟度、评估范围与标准方面对数据治理能力进行了首次定义，并从技术、组织、战略等层面全方位描述了金融企业如何进行有效的数据治理。第三，EDM 将数据操作实况与业务数据价值相结合，对数据治理原则进行规定。

2020 年，EDM 对 DCAM1.0 版本进行升级，编制发布了 DCAM2.0 版本。在 DCAM2.0 中，EDM 将业务案例与数据管理战略进行合并，重点优化数据治理的标准建设、资金支持与治理流程，以强调金融机构业务目标与数据战略目标的一致性。在该评估模型指导下，北美地区金融机构实现了数据管理关键维度评估，数据治理能力得到有效提升。例如，美洲银行根据 DCAM 模型构建了本行的数据治理框架，并设置了元数据、数据访问等 29 种细分角色。经过多年开展落实数据治理工作，美洲银行现已成功实现为客户提供高效、便捷的"一站式"数据信息服务目标。

（四）日本等其他代表性国家：注重平衡的监管模式

日本数据治理框架向优化数据利用方向倾斜。日本《个人信息保护法》于 2005 年施行，并分别于 2015 年、2017 年进行修改。修订法案在立法目的中增加了"在对个人权利利益加以保护的同时，还考虑到个人信息正确且有效地使用有助于增加经济产出、创造有活力的经济社会、丰富国民生活及其他有用之处"。整体而言，日本的数据监管更加强调包容有效，既要坚持个人数据隐私立场，也要平衡数据价值利用与消费者个人隐私保护。

日本金融业数据监管与欧盟接轨，享受跨境数据流动红利。从数据规模、互联网产业发展等角度来看，日本其数字经济发展步伐慢于美国等发达国家。因此，就需求情况而言，日本对于国内数据治理的监管需求更贴近于形成与世界领先国家较为统一的监管框架，促进其国内金融机构与国际金融业接轨，推动金融业开放。目前，日本已通过立法改革和双边承诺晋级欧盟 GDPR "白名单"，其支持推广的其他数据标准包括经合组织的隐私准则、亚太经济合作组织（APEC）隐私框架原则等。基于政府背书的"白名单"机制将对区域中的金融机构带来政策红利，金融机构将可以获得稳定、便利且合规负担及风险最小的跨境数据流动方式。

新加坡金融数据治理走在亚洲前列。新加坡是东南亚地区数字产业较发达的国家之一，新加坡政府注重数据治理，鼓励在严格保护个人隐私的前提下，探索充分利用数据价值。新加坡政府积极推动数据领域的合作机制，于 2018 年加入 APEC 主导的跨境隐私规则体系（CBPR），并充分借鉴东南亚国家联盟数字信息管理框架和经济合作与发展组织隐私原则等，使新加坡的数据治理走在亚洲前列。

新加坡金融机构须承担九大数据保护责任。2012 年 10 月，新加坡国会通过《个人数据保护法》（PDPA），并于 2014 年正式实施。2013 年颁布 PDPA 的附属法例《个人数据保护条例》。条例规定，金融机构等收集、使用数据的主体部门要承担九大责任，包括获得个人同意、告知使用目的、依法限制数据使用目的、保证数据的准确性和完整性、保证数据的安全性、满足数据储存限制要求、依法跨境流动、允许个人获取和修改数据、接受问责等。新加坡对金融数据的监管政策可执行性较强，对金融机构的数据进行分类、上传、数据共享等均形成较为完备的操作细则。同时，新加坡还要求金融机构在征求消费者数据采集同意时设有"不许呼叫注册"规则，用于规范通过电话、手机短信等方式的营销行为。此外，为了应对金融领域复杂的数据治理问题，新加坡在个人数据保护委员会下设金融数据治理主管部门。

新加坡致力于探索更加包容、有效的数据监管模式。新加坡对于数据采取分类治理思路。绝大多数可公开，对增强其数字经济发展有利的数据，新加坡政府十分支持此类数据资源的开发、采集和汇总，并对此大力推进。例如，新加坡通过构建"开源数据库"项目，由公共部门收集的数据将对所有人开放，所有社会角色也都能参与到城市的建设和发展中。对于金融等领域，涉及个人隐私保护、国家安全的数据，新加坡积极探索在现有法律框架下的试点创新。2017 年 7 月，新加坡宣布在隐私保护领域建立"监管沙盒"机制。此后，新加坡个人信息保护委员会与新加坡信息通信媒体开发局合作，以"探索数据共享机制"为目的正式启动了隐私保护"监管沙盒"。

第四节　商业银行要素治理的多重困境与主要挑战

经过多年的发展，商业银行的数据治理水平有所提高，但是数据治理涉及范围广、投入成本高、持续周期长、成效显现慢，特别是随着数字化转型的加快，对数据治理提出了更高要求，商业银行在数据质量、数据标准和数据安全方面面临困境。

（一）管理体制困境：体系不健全

国内目前有着众多的银行业机构，共 4500 余家，各机构在金融数据治理能力方面存在较大差异。从细分来看，大型金融机构不仅拥有海量大数据，还普遍拥有较强的数据治理能力，具备自建数据治理系统与平台的能力。与之相比，大多数中小型金融机构因为财务与 IT 能力不足、金融数据库容量有限等因素，依然面临数据治理能力相对欠缺的发展"瓶颈"，通常情况下会采用外包及采购等方式获取数据治理赋能服务。《中小银行金融科技发展研究报告（2021）》提出，仅有9%的中小型银行建立了相对健全的数据治理体系。而27%的中小型银行在公司级数据规范方面有所欠缺，仍然存在部门数据共享依靠人工传递、数据多头管理等问题。除此之外，尽管有46%的中小型银行建立了公司级数据管控体系，但相关应用未能落实到具体业务，致使数据互通程度较低。从管理体制上看，主要问题包含以下几个方面。

第一，数据战略规划不完善。数据治理战略是银行业发展战略的重要组成部分，数据治理战略指导数据治理的具体工作，战略为数据治理的各项具体工作的设计和执行提供战略指导。数据治理战略规划对基于银行业发展规划而制定的。部分商业银行的数据治理战略只是提出要完善数据治理体系，提高数据应用和数据安全管理，但数据战略的具体目标、执行措施以及战略实施人还不够明晰，实施计划和完成时限也没有进行明确，数据治理战略规划还有待进一步完善。

第二，数据治理体系不完整。数据治理组织体系是数据治理战略规划得以落实的组织保障，高效完成的组织体系能够提高数据治理工作的执行效率和质量。随着数据治理工作逐渐被重视，国内多数商业银行已经建立了一系列数据治理的组织和架构，成立了数据战略委员会、数据管理部或数字银行管理部等，但数据治理组织未能有效发挥职能作用，对数据治理工作的推动效果不佳。

比如，在调研某中小型银行发现，虽然已设立数据治理委员会及数据治理办公室，成立数字银行管理部，牵头开展数据治理工作。但数据治理体系缺乏更细化和可实际操作的职能设置，数据治理职责有待进一步明确到具体部门、具体人员。一是前期数据治理工作主要以财务报送的监管统计数据为主，缺乏包括外部数据在内的全行范围数据的管制措施，跨部门解决数据问题能力不足。二是该行仅计划财务部和信息技术部设置了数据管理岗，其他部门都没有设置数据管理员专职或兼职岗位，负责横向治理（各业务条线）与纵向治理（总行—分行—支行管理层级）相结合的专职岗位架构、人员及其工作职责的设置尚未完成。三是对于业务部门来说，业务发展才是自己的工作重点，在没有明确的数据治理职责和专职数据管理员的情况下，容易忽视数据治理工作，造成业务部门生产使用数据但不对数据负责的情况，数据管理部门的相应管制措施不易落实到位。

又如，调研某省城市商业银行发现，该行数据管理委员会主任委员是由分管计划财务部副行长担任，副主任委员是由分管数据治理工作的首席信息官担任，数据治理作为一项工作在分行领导上由两位领导进行分管，在数据治理工作的一些具体决议上无法达成一致意见，对数据治理事项的快速决议和治理工作的有效推进有所影响。

第三，数据管理制度不够全面。数据治理体系中的数据管理层包括元数据管理、数据标准管理、数据质量管理、数据生命周期管理、数据安全管理等需要具体管理执行的内容，每一个领域都需要有管理配备相应的管理细则进行管理。虽然国内多数商业银行对本行数据治理整体的组织架构和职权责任进行了定义，但缺少针对重点领域的单独管理细则与规范，不能完全满足数据治理的管理需求。有的商业银行在过去系统建设缺乏规划，管理规则不统一，各系统数据标准各有差异，同时存量数据体量大，因此只对几个系统进行了试点改革，没有在全行系统层面去统一落实，系统之间管理标准、数据口径不一致的问题依然存在，下游系统仍然经常需要对上游系统进行适配，既消耗了人力成本进行维护，又提高了数据发生错误的风险。

（二）数据规范困境：标准不统一

数据规范是指同一金融数据在经过传递之后，能够在不同的空间与时间内保持业务逻辑性、关联性的一致。由于银行业综合化运营，业务较为多样和繁杂，内部各部门在数据统计口径与采集标准等相关方面有所不同。这导致同一金融数据在银行机构内部不同部门的表述存在一定差异，数据一致性无法有效保障。数据失真问题致使银行内部相关部门面临较高的数据清洗成本，为数据建模与分析带来较大限制作用，影响数据挖掘效果的不断提升。

第一，数据标准体系不健全。数据标准是企业开展数据治理的基础。数据标准是对数据格式、数据的定义、数据的名称等进行统一的规范，包含对数据的业务属性、技术属性和管理属性进行统一定义。数据标准是一套由管理制度、管控流程、技术工具共同组成的体系，是通过这套体系的推广，应用统一的数据定义、数据分类、记录格式和转换、编码等实现数据的标准化。数据标准包括数据模型标准、主数据和参照数据标准、指标数据标准。建立数据标准的目的是为业务、技术和管理提供服务和支持。在业务方面，统一数据标准，使数据能有一个统一的表述和意义，减少同一数据不同含义对业务统一性的影响，提高系统间的数据关联效率，有效降低业务与系统建设成本；统一标准的指标数据，为的是业务人员在进行数据分析时，可以快速地获取数据，为业务的创新提供可能。在技术方面，统一的标准能够保证数据共享的实现，为数据建模提供最基础的保障，能够在系统开发时减少数据交互和沟通成本，提高开发效率；同时对数据进行标准化的定义，能够保证数据按统一的质量要求建设和生成，也使数据在发现质量问题后能够以最快的时间找到问题根源并形成解决方案，提升数据质量管理效率。在管理方面，通过数据标准化，辅以制度要求明确数据标准的责任和职责，为数据的安全管理提供支撑；标准化的指标体系建设为数据分析应用、监管报送、经营管理参考提供更高的支撑性。

但是，因为之前信息化建设没有统一规划，有的商业银行的关键业务数据（如客户信息、产品信息等）分布于多个独立的系统中，缺少统一的数据标准，表现为各系统存在冗余数据，各系统存在业务含义一致、名称定义不一致的字段，各系统存在业务含义不一致、名称定义一致的字段，业务代码定义混乱，编码规则混乱。例如信贷系统和数据平台都存有客户基本信息和贷款信息，这些关键业务数据没有全行统一的数据标准，系统间字段名称、业务代码定义各不相同，产生了冗余的同时又增加数据共享难度（见表7-3）。

表7-3　信贷系统与数据平台数据应用问题

信贷系统信息		数据平台信息	信贷系统还款方式	数据平台还款方式
借据号	← 字段名称不一致 →	借据编号	到期还本	RM01
借款人名称	← 字段名称不一致 →	客户名称	分期等额本金	RM02
发放金额	← 字段名称不一致 →	贷款金额	分期等额本息	RM03
贷款余额		贷款余额		
还款方式	← 字段内容不一致 →	还款方式		
……		……		

有的银行各部门根据自身业务需求或不同监管部门要求，自行定义了很多指标数据的规则，以满足业务分析需求和监管数据报送需求，但指标设定不够全面，存在指标的名称相

同,但统计口径、计算方法却有较大差异的情形,或者指标的计算方式相同但指标名称却不同的情况。还有的银行数据标准的制定主要是以国家标准和监管标准为主,辅以部门行业标准,在标准的制定过程中,由数据管理中心人员提出,而非业务部门提出修订申请,没有根据业务实际修订数据标准再由业务系统予以引用,数据标准的管理流程存在较大缺陷。

第二,缺少元数据管理体系。随着商业银行业务系统的不断建设,目前均形成了核心系统、信贷系统、支付系统、数据仓库等多种业务和管理系统。不同的系统在建设中由于业务需求和技术规范的不同,数据的形式也是多种多样,不同系统和工具中的元数据对统一数据标准、数据共享和数据挖掘分析等也造成了一定的影响,使各银行也越来越重视对元数据的管理。对元数据开展管理,形成有效的元数据管理体系,一方面能够为降低不同系统技术人员之间的沟通成本,另一方面也能降低技术人员与业务人员之间的沟通障碍,同时也能帮助数据管理人员提高对数据管理的深入理解,提高管理效率。但是,有的商业银行元数据管理基本缺失,元数据管理存在空白,造成元数据标准不一,元数据质量难以保证,无法有效发挥元数据的价值。

第三,数据业务规范管理没有实现"全流程"。在数据治理中,业务规范主要是针对流程管理,贯穿于数据的整个生命周期。在数据的规划、设计、创建、变更、存储、使用、销毁的各个阶段应设置相应的管理流程,例如,数据需求管理流程、数据创建流程、数据变更流程、数据销毁流程。有的银行发布了数据治理工作细则,对数据标准的制定与更新、报表开发、新机构开立数据管理、新业务上线数据管理等内容制定了相应的流程,但就数据的整个生命周期来说,仍有部分阶段例如数据销毁流程尚未明确定义，而且也仅针对内部产生的数据，没有涉及从第三方机构引入的外部数据的管理流程。

第四，"竖井式"系统建设仍然存在。多数商业银行在发展过程中，各条线业务部门对系统的建设需求旺盛，陆续建立了渠道、产品和客户运营、基础服务、管理服务等多类系统，其中有的系统产生数据，有的系统应用数据，有的既产生数据又应用数据。各条线各部门需求分散，为快速体现工作效率，各系统通常以项目为中心围绕小范围业务需求来建设，一些相似甚至一样的功能在不同的系统中重复开发建设。同时由于过去系统架构和数据标准缺乏企业级的统一规划，各系统的承建时间和准入厂商又各不相同，使一些需要在多个业务中共享的核心数据被分散到了不同的系统进行生产和管理，没有进行有效整合，形成"竖井式"系统建设架构。"竖井式"系统建设架构单一追求各自系统功能的实现，没有从全局的视角进行业务数据流入流出的分析和相互协调，没有遵循统一的数据标准和录入规范，没有专业的部门对全行数据资源进行整体规划和管理，造成多个"信息孤岛"，整体系统架构缺少一个稳定的保存历史数据的数据层，因此在数据采集、数据应用上带来困难，无法满足跨部门、跨职能、跨组织的协作需求，导致数据不一致和数据冗余问题层出不穷，"信息孤岛"现场仍然存在，对银行整合数据资源、共享数据价值形成极大阻力。

（三）数据质量困境：精准度不够

数据质量问题作为数据治理的难点和重点，是评判数据治理成效的一个重要要素。如果数据质量问题不能得到有效解决，数据治理水平无法显著提升，将严重阻碍银行业的业务发展。

第一，部分数据准确性不高。首先，数据不唯一是数据治理需要解决的最基本的数据问题，最为典型的就是客户信息的重复问题，同一客户在核心系统、信贷系统、信用卡系统存在不同的客户号，客户信息不唯一造成在数据统计或者分析时不能够真实准确地反映出客户的情况。比如，系统在接收数据时也没有对各个信息的关联性、合理性进行业务规范校验，导致部分业务系统进入数据平台的数据准确性有问题。在调研中发现，有的银行核心系统存在对公账户名相同的两个客户号，经核查两个客户号的开户主证件号码（如营业执照证件号）也是相同的，完全是同一家公司。只因开户证件号码录入不规范形成差异从而导致重复开立客户号，进而影响数据平台对该对公单位名下各项数据的统计和分析结果（见表7-4）。

表7-4　同一对公账户名存在两个客户号的问题

客户号	账户名	营业执照证件号
330053658745	某某贸易公司	（企）12345678
660025876634	某某贸易公司	12345678

还有的银行存在录入信息有误的问题，比如以信贷客户分类为例，部分客户不符合"小微企业主"和"个体工商户"的划分标准，但信贷员在信息录入时将该客户划分为"小微企业主"或"个体工商户"，客户基础信息的不可靠导致在贷款数据统计时，小微企业主贷款和个体工商户贷款数据与实际的业务不一致。

此外，部分数据关联性不高。数据关联性问题会直接影响数据分析的结果，进而影响管理决策。比如，在不同数据表结构之前的数据存在无法关联的情况，如支行办理的票据贴现转贴至总行金融市场部后，转贴现明细数据表中因缺少关键字段导致无法通过票据编号从原贴现数据表中关联出贴现客户信息。

第二，数据质量管理体系不完整。有的银行数据质量管理比较零散，基本上是以解决监管部门反馈的数据问题为主要治理目标，以解决行内发现数据质量问题为次要目标，数据质量治理的工作还停留在已监管问题和部门业务问题为导向的基本面上。比如，有的银行对于数据质量问题发现的方式和流程属于事后补漏型，不利于数据质量问题的解决；发现数据质量问题后没有一个明确报送和分析流程，问题的报送和分析以及解决方案的制订流程不规范；问题发现并提出解决方案后，后续对问题解决进度的跟踪基本上是有数据管理中心人员跟进，相关的业务部门关注度不高，数据质量问题解决的监控流程需改进。又如，数据质量的评价体系不完整。有的银行要通过定期开展对数据质量的评价才能够确保数据质量问题得到有效解决，才能够及时发现数据质量问题，缺少数据质量的评价机制，造成数据质量的整改效果无法有效进行评估，也不利于及时发现数据存在的质量问题。

第三，数据平台迭代不顺畅。部分数据平台迭代更换，需要进行历史数据迁移，但因为数据迁移不完全、新旧系统之间数据标准不一致、映射关系不准确、测试场景不完全等原因，造成数据迁移过程中数据错漏。同时，旧系统历史数据质量通常较为低下，清洗修正难度大，这样的数据迁移后会破坏新系统的数据质量，数据平台从这些系统获取的历史数据也会存在质量问题。另外，有的银行没有形成统一的开发流程管理机制，没有专人负责梳理、管理报表定义，导致存在大量报表功能重复冗余，很多报表甚至是一些关键报表数据的业务定义、计算规则和统计口径无法追溯。随着一些新业务产生，相关业务数据需要加入这些报表的统计行列，但是由于无法追溯这些报表的原始规则，因此不能确定新业务数据加入后产生报表的准确性。

（四）数据安全困境：风险敞口大

在数据治理背景下，银行内部需要采集、整合、应用内外部数据，同时也通过建立开放银行平台进行数据的内部外共享与应用，这些都需要通过数据安全管理来保障。因而银行在数据治理过程中应当把数据安全管理作为工作前提对待，数据安全治理必然是银行工作重点。同时，各监管机构均出台了关于数据安全管理的相关文件，要求银行业在经营中要保护数据安全，坚决杜绝客户信息泄露、数据丢失等数据安全问题的发生，运用现代技术逐步提高数据安全管理水平。

第一，互联网快速发展影响银行数据安全。随着产业信息化、数字化以及网络化进程的加快，新技术在推动变革的同时，银行等金融机构的业务数据也正在成为不法分子紧盯的重点对象。银行业的数据安全关系到客户的资金安全、金融业稳定以及数据带来的衍生价值，银行同业都在积极推进业务的移动互联化，拓展种类丰富的线上服务渠道。在渠道拓展和生态建设上因业务需求可能要对客户或者合作商户展示敏感业务数据，增加了潜在的信息泄露风险，容易被黑客或者不怀好意的人员利用，成为不法分子盗取账户获得利益的手段。

第二，银行数据在使用场景间复杂流转具有一定安全风险。对商业银行来说，各个业务系统本身存在重要程度、敏感级别的不同，数据在不同等级系统之间进行交互和流转。业务系统涉及业务访问、应用建设、系统运维等多重角色，分别承担着对业务数据不同的管理责任，权责有时难以划清。需求各异的业务场景都会使数据的访问、操作和使用面临诸多风险，保证数据线上和线下的安全存储、流转和利用是数据安全领域关注的重点内容之一。

第三，数据安全管理还有待完善。从流程上看，有的银行数据安全管理比较零散，在客户信息安全管理上，没有建立对数据全生命周期的管理机制，在执行安全管理的具体流程上，也只是采用零散管理的方式，没有一个完整针对数据安全管理对象范围分析、对数据安全分析、使用安全管理策略的完整的流程管理机制。从安全技术的应用来看，有的银行数据安全技术相对比较单一，没有针对不同的数据采取相应的数据安全技术，数据安全技术的应用还不足。从安全管理策略上看，在数据的不同生命周期，要结合数据状态和流程采取相应的数据安全管理策略，有的银行对数据安全管理策略的应用还比较粗放，没有针对具体的数据和环境情况采取更加详细的数据安全策略。

（五）系统支撑困境：配套不齐备

对于银行业而言，数据治理不单是一个方法、一个功能、一个工具，而是一整套体系。这就需要包括技术、人才、文化等各个方面的配套和支持，这方面我国银行业还存在一定差距。

第一，技术支撑系统还不足。随着信息技术的不断发展，商业银行在业务发展与经营管理的基础上建设了很多的应用系统，并且随着对数据治理工作重视程度的不断加大，以技术手段支撑数据治理的需求也日益迫切。数据治理工作是一项复杂又烦琐的工作，涉及业务的各个方面，几乎同时又影响到银行所有的业务与管理系统，如果没有相应的支撑平台和工具，数据治理就无法实现落地。不少商业银行数据治理工作成效低、数据治理核心工作开展缓慢，重要原因就是没有有效的技术支撑。比如，当前创新的技术前沿，包括全内存计算、流式抓取、库内人工智能算法、数据库加速等，如何应用到银行各个业务场景，如何提供一套完整的智能数据平台，如何针对实时、非实时、结构化、半结构化、非结构化数据进行分类解析和处理等，都是银行业数据治理要突破的技术难题。

第二，数据人才建设存在不足。具备多项能力的复合型数据人才储备存在较大缺口。比如，部分银行专职处理数据相关内容的部门，或是信息技术部下设的数据开发中心，或是计划财务部下设的数据管理中心。计划财务部人员偏重统计相关的业务能力，数字营销、数字风控、数据分析等相关业务知识不足；而信息技术部数据相关科技开发人员，偏重系统架构开发、数据仓库研究等领域，以计算机背景的人才居多，缺乏银行业务知识的积累以及金融学专业背景。数据分析、数据挖掘、人工智能等领域人才缺乏和技术业务双优的复合型人才不足，导致银行数据应用方面能力没有得到充分拓展，也会使科技开发人员在与业务部门沟通时存在理解不充分、需求对接不精确的情况。

第三，数据文化建设还有差距。虽然多数银行经常举办金融统计、数据治理相关的培训，但数据文化的形成需要漫长过程，银行对于数字化转型理解不够深刻，整体还未形成数据治理是全行各级所有人员责任的意识，在推进数据治理相关具体工作的执行上，业务的归口部门配合不够紧密，分支机构的工作落实执行不及时不到位，造成整体的数据治理成效没有达到预期。

特别是有的银行业务部门没有充分理解数据治理的重要性。一方面，业务部门已经形成了既有工作模式，不易被改变，当需要对业务涉及的系统、流程做出的改变与业务部门的感知有出入时，不容易被接纳和执行，数据治理成果落地有一定困难；另一方面，对数据统计和数据治理工作重视程度不够，基层业务人员未认真学习数据相关业务制度，缺乏统计和业务基础知识，数据录入不够仔细认真，基础数据录入错误现象频发。

➢ 他山之石

青岛 HX 银行：大数据赋能信用卡精准营销

面对商业银行的数字化转型浪潮，目前其线上经营在三个方面发生了变化，一是市场变化，手机银行 App 已经成为银行经营客户的主阵地；二是经营意识发生转变，以用户为中心的经营意识逐步被唤醒；三是客群定位变化，聚焦长尾客群。为应对新变化，商业银行需要构建以用户运营为核心的线上经营体系，包括平台运营、流量运营和价值运营。同时，商业银行还需建立线上经营能力矩阵以提升线上经营核心竞争力，包括以平台化支撑、场景化营销、敏捷化创新、数据化应用、智能化风控五大线上经营核心能力为支撑，塑造适应未来时代要求的线上经营新体系，构建平台与产品、线上与线下、总行与分行有机协同的经营新格局，形成新的价值创造力。可以说，银行业正聚焦聚力从"营销方式、经营机制、产品研发、获客模式、触达策略"五个方面推动客户经营方式由传统模式向数字化变革。

青岛 HX 银行地处山东，当前面临的最大竞争则来自四大国有银行，在存贷款等基础业务上，作为国内最早成立的四大银行，具有无法撼动的市场优势。但在近几年才逐渐火热的信用卡营销上，青岛 HX 银行也比较落后。在 2019 年时，参考其他同业银行早已实现了无纸化信用卡办理业务，青岛 HX 银行对信用卡的营销时，仍主要依靠纸质申请表，申请流程较为复杂，而比申请更为复杂的是审批流程，青岛 HX 银行的信用卡审批权限在总行，这就导致审批流程冗长，往往客户在花费较长时间申请之后还需要等待近一个月时间才能得知结果。而与之体量相近的民生银行，申请信用卡仅需扫描二维码资料填写，5 分钟不到就能填完申请资料，而审批权限也关联了大数据技术，在申请后客户即可得知预审批额度，5 天内客户就能收到信用卡。

因此，青岛 HX 银行的信用卡业务在当地营销难度较大，信用卡的精准营销是青岛 HX 银行在激烈竞争中需求突破和发展的一大难点。鉴于大数据的应用有利于商业银行对客户进行精准营销，因此，有针对性地对青岛 HX 银行制定了基于大数据的信用卡大数据精准营销的策略。通过对比 2019 年青岛 HX 银行信用卡新增账户、有效账户情况，动账情况，业务盈利情况、风险情况，测算经过大数据精准营销后 2020 年这四项指标的变化。可以看出，在数据要素支撑下，青岛 HX 银行数字化转型方向得以更加明确。

案例分析

青岛 HX 银行信用卡精准营销方案主要包括 4 个流程：首先通过大数据从多个平台挖掘潜在客户，其次对潜在信用卡客户进行精准刻画，将客户形象进行细分，接着根据刻画的潜在客户形象，识别客户从持有信用卡的真实需求，最后制定合理的信用卡营销价格。具体分析如下：

1. 信用卡客户大数据获取与挖掘

青岛 HX 银行信用卡客户大数据主要基于自身多个系统构建，同时考虑与互联网企业合作，从阿里云数据、专业论坛、微信、微博等接入数据，进一步丰富信用卡客户的大数据；同时信用卡客户使用业务后产生的数据，将反哺青岛 HX 银行的大数据系统。由此以来，通过基础挖掘加长期积累，将从违约记录、个人资产等结构化数据，以及生活偏好、购物习惯甚至潜在需求等半结构化数据方面，对青岛 HX 银行信用卡客户大数据进行充分挖掘。

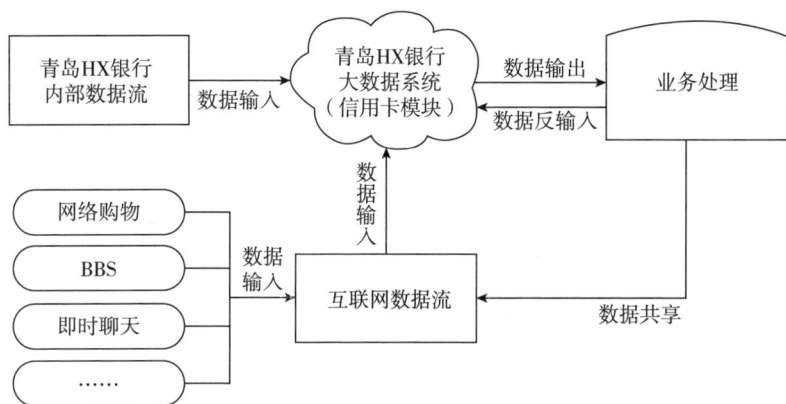

青岛 HX 银行数据挖掘与精准处理简图

2. 大数据对信用卡客户精准刻画

青岛 HX 银行在开展信用卡业务时，将客户形象持续细分，用大数据技术刻画客户需求的动态变化，甚至是极其微小的变动也能准确判断。从整体流程来看，青岛 HX 银行首先根据其大数据平台对客户的精准刻画后，自主对客户按照信用卡具体条件进行细分，快速准确将客户需求与信用卡业务目标一一耦合起来，并针对营销策略、信用卡优惠条件提出适当的调整建议，最终针对每一小类客户制订完整有效的营销方案。与此同时，针对流失的客户也能建立起细分策略，借助大数据从横向与纵向上分析客户流失的原因：从客户营销缓解、客户关系管理环节、信用卡使用环节等方面精准判断不足之处，帮助营销人员有针对性地予以改善；纵向上，分析客户寻求青岛 HX 银行信用卡替代品，或放弃使用信用卡的原因，以此有针对性地开展市场竞争、持续提高其竞争力。

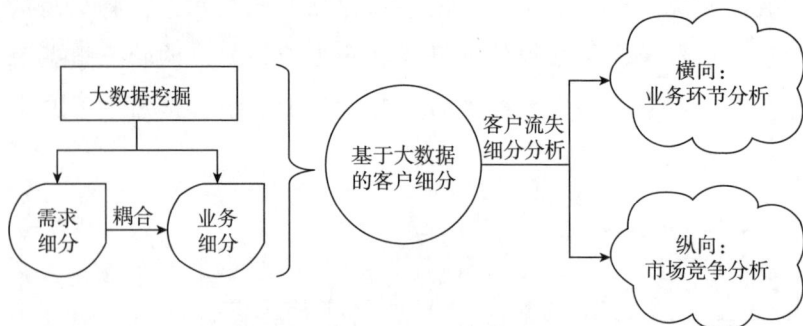

青岛 HX 银行信用卡客户细分简图

3. 基于信用卡客户需求挖掘的产品策略

对于青岛 HX 银行来说，开展信用卡业务大数据精准营销的首要策略是，充分利用大数据挖掘客户的个性化需求。全过程为：在通过内部系统数据、外部接入数据形成大数据平台后，青岛 HX 银行大数据平台中的客户需求挖掘模块开始进入数据处理，主要对客户开卡目的、客户潜在需求展开分析。其中，客户开卡目的分析是指大数据平台在对客户形象进行准确刻画后，精准判断出客户办理本行的信用卡目的是什么，以此为营销人员针对性地开展营销提供条件；客户潜在需求分析是指大数据平台对客户大数据整体分析，预判除了客户已经明显体现出来的需求外，还有哪些潜在的、可能自己暂时也没有预料到的需求开展分析。通过上述两类分析后，对信用卡客户的整体需求有一个精准的描述，即客户开办信用卡无论是为了公务消费、网络购物，还是为了线下消费、信贷业务、出国留学等。

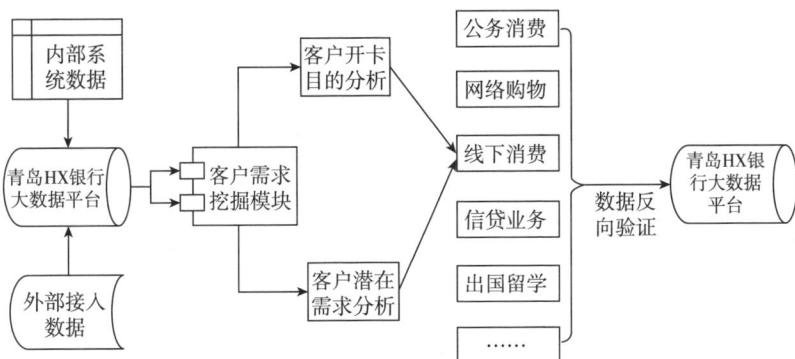

青岛 HX 银行信用卡客户需求挖掘策略简图

4. 基于信用卡客户定价条件的价格策略

在成功识别客户需求后，信用卡业务定价则是客户考虑的另一个重要原因。青岛 HX 银行的信用卡大数据定价策略如下图所示，具体包括以下几个方面：

一是信用卡大数据营销的成本定价策略。二是信用卡大数据营销的竞争定价策略。在青岛 HX 银行大数据平台对客户形象刻画并筛选好定价条件后，再通过与大数据平台中其他竞争产品的定价进行匹配，并自动决策本行信用卡产品定价水平以及调熬策略。三是信用卡大数据营销的高价定价策略。四是信用卡大数据营销的需求导向定价策略。这一定价方法较复杂一些，一般需要在客户刻画、需求分析的基础上，进一步使用大数据平台对消费者预期开展分析，根据客户需求的变化情况制定信用卡产品价格，以此达到营销目的。五是信用卡大数据营销的关系定价策略。通常而言，对于产品以上方法组合定价，通过"组合拳"提升客户的成本感知以及产品忠诚度。

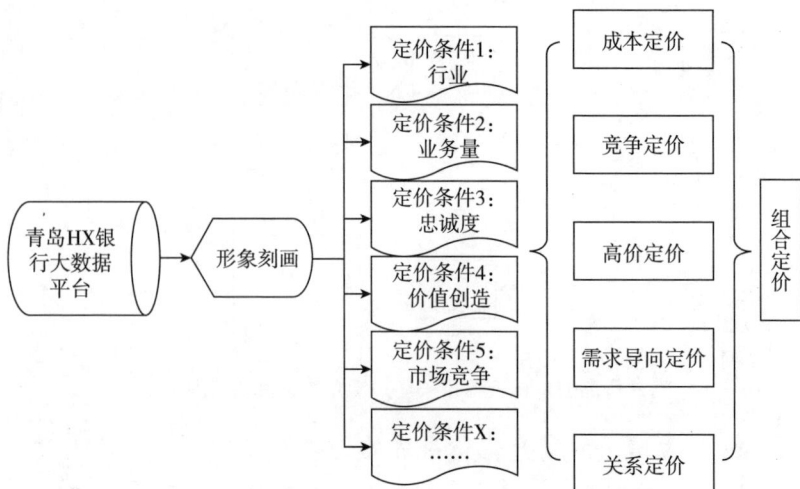

青岛 HX 银行信用卡业务定价策略简图

案例启示

通过以青岛 HX 银行的信用卡业务为例，测算了进行大数据精准营销后的效果，我们能获得以下启示：第一，在信息技术高度发展的今天，利用大数据技术能够提高商业银行的营销效率，保持银行核心竞争力；第二，对于青岛 HX 银行的大数据精准营销而言，构建自己独特的大数据是前提，基于客户需求深入挖掘数据、精准刻画客户形象、成本感知定价才是大数据精准营销策略的核心；第三，在模拟青岛 HX 银行信用卡的大数据精准营销效果后发现，大数据精准营销的确能够有效提高商业银行营销效率，取得良好营销成效。

商业银行要将大数据精准营销工作上升到战略的高度，要在思想上重视大数据精准营销，不能把大数据精准营销看成是一种普通的营销方式，银行一直立足营销服务，但是随着大数据时代的到来，以及其他商业银行的激烈竞争，银行在进行业务营销时的竞争压力会越来越大，因此务必要对大数据精准营销足够重视。

➤ **他山之石**

建设银行：核心算力系统助力贷款业务数据要素化

建设银行推出"民工惠"产品，实现农民工工资实名制、零拖欠和精准到账；开放建行教育培训资源，线上开展"金智惠民"培训，让高端讲座与防金融诈骗、防治果树庄稼病虫害等实用知识"飞入寻常百姓家"。

此外，建设银行依托"新一代核心系统"技术积累和线上化布局较早的优势，快速研发、敏捷投产。2020年9月，建设银行与百度签署战略合作协议。双方将在智慧营销、智能运营等多个领域展开合作，通过百度AI技术、基础设施与运营能力，建设银行进行全面智能化升级。

网上银行方面，2010年，建设银行与微软达成合作，双方基于微软的技术平台共同打造新一代网上银行。2016年，中国建设银行宣布与华为公司合作，推出"华为Pay"产品，建行客户可轻松将个人借记卡/信用卡添加到华为手机上，享受移动支付体验。

第一，通过大数据扩大底层受众人群。建设银行大力发展普惠金融通过推出便利农民工的产品，以及开展金融普及讲座的方式，在底层群众中扩大自己的知名度，进一步扩大了受众人群的规模，实现了底层渗透率的加速提升以及存款规模的稳步增长。在一、二线城市商业银行渗透率难有上升空间的情况下，底层群众庞大的基础数量将带来未来存款数量的增加不可小觑。

第二，精准营销吸引高端客户。基于大数据平台，建设银行的个人网上银行以数字化营销、分客群经营为发展策略，通过丰富投资理财产品种类，提供资产规划、资产配置等服务来吸引客户群体。具体来看，建设银行将通过百度 AI 技术赋能，实现更准确地触达客户、理解客户，提高用户留存率和活跃度。在客户接受营销使用后，手机银行、网上银行、微信银行提供全天候线上服务，通过"云工作室""惠助你""掌上网点"等数字化手段主动满足客户多方位金融需求。新的客户群体在使用了建设银行全面、及时、贴心的服务后沉淀，建设银行的新用户数量进一步扩大带来了存款总量的量级大幅上升，且经过这些渠道沉淀的客户大多质量偏高，将给建设银行的存款质量带来提升。

第三，通过提高用户支付安全及便利沉淀客户。建设银行与微软合作建立的网上银行为账户提供了安全保障，此外建设银行还与华为一起推出了"华为 Pay"产品，能够允许客户添加个人借记卡或信用卡，全面提升了客户终端应用的安全性和便捷性，基于安全、简单、快捷的网上银行体验，网银客户在需要办理存款业务时，建设银行将作为他们的优先选择。

目前的金融科技已经由过去商业银行高速度发展的助力工具，转化为商业银行高质量发展的高级管理者身份，可以说，没有大数据金融科技的综合应用就不会有商业银行高质量发展的今天与明天。基于建设银行对于金融大数据的应用案例，本部分作出以下总结：

一是稳定增长存款，为做强商业银行打下坚实基础。运用金融科技做好长尾客户存款的维护工作，这是发展普惠金融的需要，而且长尾客户存款积少成多，也可以为商业银行提供稳定的资金资源；此外，可以通过金融科技传播金融知识，提升客户的金融意识，远离非法金融，主动拥抱合法金融，增加存款人的综合金融回报率。

二是提高存款质量，降低存款成本，为可持续发展提升了经济通道。一方面，运用金融科技选择优秀的存款客户群体，商业银行宜应用大数据等手段对服务区域内的存款资源进行分析，要按照好中选优的原则，将优质的存款资源吸引过来；另一方面，要大力吸收活期存款客户，其资金成本相对较低，如果达到相当的规模，其存款也相对稳定的，而远程支付、线上结算等技术将是吸引这部分客户群体的重要手段。

三是增强大数据平台的安全性以及业务便利性。加强金融大数据风险管理，为存款人的存款留下最强的安全与保密环境；运用金融科技为存款人提供便利的存取款业务，要通过线上化、移动化，使所有的客户能实现便捷办理业务，减少跑腿排队，提升存款业务的良好体验。

第五节　商业银行要素治理的实施方案："八项能力域"

我国银行业通过多年的探索，逐渐落实了一些数据治理措施，解决了一些数据问题，取得了不少的成效和进步，但整体而言还和数字经济时代对商业银行要求还有一定差距，特别是还缺乏系统性的思路与操作方法。本书参考国内外银行同业的数据治理体系，在深入研究《银行业金融机构数据治理指引》基础上，以2021年最新发布的《金融业数据能力建设指引》为纲目，结合银行数据治理面临的实际问题，提出数据战略、数据治理、数据架构、数据规范、数据保护、数据质量、数据应用、数据生存周期管理能力域的实施对策。

（一）完善数据治理战略：以顶层设计为关键

数据战略是企业发展规划的一个重要组成部分，数据治理需要有一个明确可行的战略规划作为指导。通过战略规划、组织架构、流程设置和资源分配等手段，消除部门之间、集团内部法人之间的隔阂，有目的、有组织、有计划地在银行开展数据治理，实施长期数据战略，从而让数据为银行创造价值。

《金融业数据能力建设指引》（本节简称《指引》）提出，"数据战略规划是基于金融机构对数据的需求，经相关方充分协商达成一致后拆解出可评估、可衡量、可操作的目标，最终形成数据战略内容的过程"。银行董事会、高管层必须突破技术和管理层面，站在战略高度考虑，不仅要将数据治理与公司治理有机结合，还需从自身发展战略与监管要求等角度出发，与全行的总体战略紧密结合制定数据战略规划，建立体系化、制度化、流程化的数据治理方法论，乃至让数据治理成为一种企业文化，有力支持银行业务转型和发展。

将数据战略作为企业发展战略中的重要组成部分，对于数据治理的开展落地具有重要意义。商业银行应当将数据治理纳入发展战略规划中，从战略的高度持续推动全行数字化建设，积极拥抱大数据、云计算、移动互联、人工智能等新技术发展大势，加大科技投入，不断提高全行数字化应用能力与科技应用能力，稳步推进业务的数字化、管理的数字化。

第一，确定数据治理战略目标。愿景是企业的长期战略，目标是企业的短期战略。在制定数据治理的战略目标上，要根据银行的实际情况合理确定短期和长期战略，立足现在，指向未来。在短期的数据治理战略目标上，要提高数据质量，确保数据安全，建立数据治理文化，实现数据共享；在长期战略的确定上，要以本企业数字化转型为目标，挖掘数据价值，整合数据应用，为产品创新和经营管理提供有效支撑。

第二，明确数据战略范围和内容。在数据治理战略范围和内容上，《指引》指出，包括愿景陈述、规划范围、现状分析、主要工作任务和优先级、所选择数据管理模型和建设方法、战略相关方名单、管理层和相关职能部门具体责任和工作任务分工、相关保障措施、量化考核机制、持续优化路线图等方面。而且，还应根据法律法规、监管政策、业务战略、金融科技发展等方面的要求，持续优化改进数据战略。

第三，制定数据战略实施策略。战略的实施策略是要解决"怎么做""由谁做""做的条件""成功原因"等问题，是战略的精髓。数据治理是一个不断更新和发展的过程，实施策略要根据不同阶段数据治理战略目标以及企业实际支撑能力确定。在数据战略实施中，要按照既定目标和路线持续执行数据战略工作任务的过程，做好工作任务责任分解和措施保障，强化过程监督管理，确保达成预期目标。加强数据战略评估，在数据战略实施期间和实施后，对照目标和实施情况全面综合评价数据战略实施的效果，并进行闭环反馈。

此外，在战略规划中，商业银行容易忽略"数据文化"建设。要推动完善数据管治制度、加强数据治理培训、优化数据治理人才激励约束机制等切实有效的工作措施，有力推进数据治理工作常态化、制度化。树立数据即资产的价值观，高层管理人员培养用数据说话的决策意识和习惯，中层管理人员培养用数据分析进行业务创新的思维，基层业务人员培养注重数据质量和数据安全的意识，将数据文化融入日常管理，融入业务发展，融入团队建设，为全行数据战略落实注入精神动力。

（二）打造数据治理体系：以组织体系为根本

随着数据治理工作在银行经营管理中的重要性日益凸显，银行内部迫切需要建立有权威性、实体存在的企业级数据治理专职组织机构，并且这个组织能够一直存在并持续发展壮大。正如《指引》所要求，"加强组织建设包括组织架构、岗位设置、团队建设、数据责任等内容，对数据管理和应用进行职责规划与控制，指导各项数据职能的执行，以确保有效落实数据战略目标"。

数据治理需要银行各机构、各部门之间互相支持、密切协作，因此需要进一步梳理优化数据治理组织架构，发动科技部门、业务部门等各方面通力合作，开展总行、各分支机构的上下联动，形成一套较为完善的管理机制。在前期明确董事会、监事会和高级管理层职责，设立数据治理委员会统筹数据治理工作，数据治理委员会下设数据治理办公室，负责数据治理委员会各项日常工作的组织实施的基础上，成立数字银行管理部牵头开展数据治理工作，建设负责横向治理（各业务条线）与纵向治理（总行—分行—支行）相结合的专职岗位架构，建立多层次、相互衔接的运行机制，保障数据治理的连续性、高效性。数据治理组织架构如图7-1所示。

在下述银行数据治理组织架构中，自上而下划分为决策层、管理协调层以及执行层。在决策层，各相关部门作为数据治理委员会成员，共同参与数据管治履行职责。数据治理委员会下设办公室，是全行数据治理的管理协调机构。数据治理执行层负责全行数据治理工作的具体执行，横向划分公司、零售、风控和内控四个条线，分别由公司金融部、个人金融部、授信管理部和计划财务部牵头，协调管理各自条线下部门的数据治理工作，各部门设置数据管治专职或兼职岗位；纵向在总行层级由数字银行管理部牵头，条线牵头部门和分行设置数据管理专职岗位，其他部门和支行设置数据管理专职或兼职岗位。数据管理岗位应具备一定的计算机、统计、信息管理、金融等相关专业背景，对数据有一定的敏感性。所有的数据管理专职或兼职岗、数据录入人员、数据业务相关技术人员组成数据治理执行组，参与数据治理执行工作，履行数据管理相关职责。三个层次的主要职责如表7-5所示。

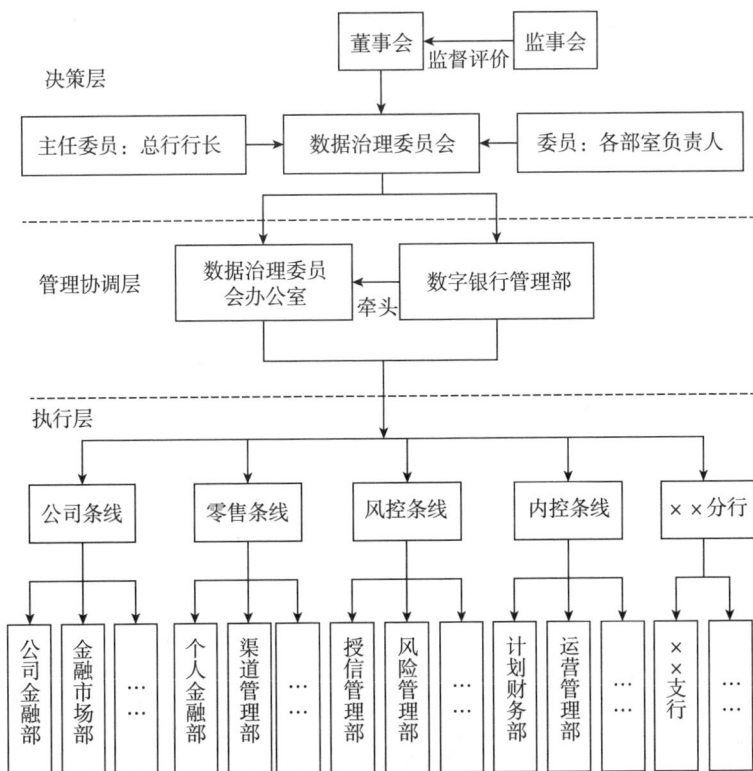

图7-1　数据治理组织架构

表7-5　银行数据治理组织架构各层次分工

组织机构	角色名称	主要职责	人员配置要求
决策层	数据治理委员会	1. 负责对全行数据治理、数字化转型工作进行领导、组织、协调 2. 数据治理相关重大事项的决策	企业高层管理

组织机构	角色名称	主要职责	人员配置要求
管理协调层	数据治理委员会办公室	负责数据管理委员会各项日常工作的组织实施	相关业务部门负责人 数字银行管理部负责人
	数据银行管理部	1. 数据治理制定并优化数据管理流程与制度 2. 制定并优化数据标准 3. 制定并优化数据运营管理制度,保障数据质量、数据安全	数据业务骨干 数据业务专家
执行层	数据主责人	1. 对数据具备拥有权,负责数据的生产 2. 定义数据标准,定义数据质量指标,识别敏感数据	相关业务部门业务骨干 业务专家
	数据使用人	1. 数据浏览和查询 2. 数据申请、下载、使用	相关部门业务人员
	数据录入人	按既定的数据规则进行数据录入	业务部门数据录入员 分支行数据录入员
	系统负责人	1. 负责对数据治理平台的管理和维护 2. 负责对相关业务系统的管理和维护	数字银行管理部负责人 信息技术部负责人 技术人员
	技术支持人	1. 负责对数据集成、数据使用过程的给予技术支持 2. 负责数据相关应用的开发	信息技术部技术人员 数字银行管理部技术人员

值得注意的是,数据治理工作是一个复杂、长期而专业性强的工作,银行需要通过专门的数据部门即数字银行管理部牵头,汇集全行的数据分析人才、管理人才、业务人才围绕数据治理形成合力的同时,广泛吸纳外部高素质金融科技复合型数据人才,采用"内生+外包"模式建立一支满足数据治理工作需

要的数据团队,并将其纳入数据治理的组织规划,对该团队实行持久性、针对性的数据人才储备、培养计划以及与之匹配的激励机制,保证数据治理工作的正常运转以及长期稳定开展。

(三)建设数据架构模型:以"元数据"为核心

在银行的数据仓库中,存储的表、视图等数据对象数以万计,表和视图之间又存在数据抽取、加载和转换的关系,再经过数据挖掘和数据集市的作用,很容易形成错综复杂的"蜘蛛网"现象。解决蜘蛛网现象的关键是元数据管理。元数据,意为关于数据的数据,即对数据的描述。伴随信息科技技术的迅猛发展,元数据管理越来越受到重视,元数据已正式成为解决诸多数据问题必要的抓手之一。《指引》指出,"根据业务、管理、应用等方面的需求,对元数据进行分类,建立元数据标准,保障元数据的互操作性"。

长期以来,元数据主要应用在银行的数据仓库中,主要用来描述数据仓库内部数据的结构和建立方法的数据。有效的元数据管理可以帮助用户理解和使用数据仓库中的数据,同时也是保证数据质量的关键。根据银行业务及系统特征,一般将元数据分为业务元数据、技术元数据和管理元数据(见表7-6)。

表7-6 元数据分类和内容

分类	内容
业务元数据	描述数据的业务含义、业务规则等,包括业务指标、业务规则、数据质量规则、专业术语、专业标准、专业数据等
技术元数据	对数据的结构化描述,方便计算机识别、存储、传输,包括技术规则、接口程序、字段、文件、数据库表等
管理元数据	描述数据的管理属性,包括管理部门、管理责任人、管理元数据,如数据所有者、数据质量定则、数据安全等级等

商业银行应以元数据管理平台为核心、以元数据制度规范为保障、将元数据管理流程与应用系统开发、测试、版本更新等环节紧密结合，建立完整的数据管理体系。

第一，制定元数据制度规范。银行应制定元数据管理办法、技术规范等制度规范，以此为元数据管理的提供依据和约束，并为各业务系统开发进行指导规范。元数据管理该制度规范要明确元数据管理应采用集中式管理的模式，明确元数据管理主要对表结构、文件、接口、指标、公共代码等元数据对象进行管理。

第二，制定元数据管理流程。元数据的管理应采用集中管理的模式，将所有的元数据统一在元数据管理平台中进行管理。将元数据管理与应用系统的日常开发流程有效结合，业务系统的开发环节，在开发需求编写、系统设计、开发、测试、上线运维阶段，业务系统各类数据规范以元数据管理平台为准，在系统开发中产生的新的元数据，及时按照流程纳入元数据管理平台进行管理。

第三，加强元数据对象的管理。元数据管理的具体实施最终要落实在具体的元数据对象上。元数据包含多种对象，主要的元数据管理对象包括表结构、文件、接口和指标等。具体如下：

一是表结构管理。表结构作为一种常用的基本元数据，其管理主要包括：表基本信息、字段信息、管理信息（维护人、维护时间等）、审批信息。表结构属于技术元数据的范畴，表结构的管理要和业务系统的开发、测试、运维等结合起来，由元数据管理平台中的表机构信息驱动业务系统开发、测试和生产环境中数据库表的建立。二是文件管理。文件及文件传输信息属于技术元数据的范畴。文件及文件传输信息要结合银行数据传输的实际情况，制定符合银行自身的传输文件及传输信息规范；文件机构字段设计要以数据标准为指导，字段的业务含义、数据类型、长度、小数位数等与相应的数据标准保持一致。三是接口管理。接口是指不同业务系统之间，为完成账务处理、数据传输等特定功能而形成一种系统之间的约定，包括数据传输的方向、数据量、字段类型和字段长度等内容。对接口的管理主要是对接口程序进行管理，在接口新增或者系统调用某一接口时，要求开发阶段时在元数据管理平台进行登记，接口的修改，作为操作元数据管理平台要自动通知接口使用系统联系人。四是指标管理。指标是基于各应用系统产生的基础数据，根据一定的规则和频度进行统计的量化结果，用于银行内部经营管理和监管报送等需要。指标元数据信息都应在元数据管理平台中进行统一登记管理，对新增指标需要在只报加工前就明确指标元数据信息，并于系统中已存量的指标元数据比对，进行相似度分析，严格控制同名不同义指标的新增。

（四）深化数据规范管理：以优化标准为基础

数据标准是对数据的业务属性（业务定义等）、技术属性（数据类别等）和管理属性（标准编号等）的统一定义，用于在全行范围内规范约束数据交互使用时的正确性和统一性，是评价数据质量的一项重要指标。业务人员及技术人员需要在业务需求书、系统设计中，引用数据标准来规范相关数据项的各项属性。数据标准管理是指数据标准的制定和实施的一系列活动，银行数据标准管理涉及需求确定、标准制定、标准评审、发布执行、使用情况跟踪及变更几个步骤。

第一，确定数据标准需求。数据标准涉及的类别和覆盖的广度需要符合监管要求、业务需要和管理需求。数据标准体系包括基础类和指标类两部分：那些业务运营过程中生成的、具有业务共性的基础性数据被称为基础类数据，可以划分为产品、客户、渠道、交易、协议和代码等主题。那些在基础类数据上根据分析规则和统计需求加工后产生的数据则被称为指标类数据，主要用来满足监管要求和管理需要。各部门可以根据监管要求和业务需求，提出数据标准需求，提交数字银行管理部汇总。

第二，制定数据标准。数据标准的制定是指按照数据标准需求，定义各类数据的业务标准和技术标准。银行数据标准制定应遵循前瞻性和合理性原则：前瞻性，既立足于现实，考虑全行级以及各业务部门的关键数据需求，同时兼顾现有的和未来一段时间的业务需求。合理性，即数据标准的制定应以业务为导向，以现有外部标准为参照，依次遵循国家、行业、行内和国际四类标准。需要注意的是，数据标准的制定不是纯技术的工作，新的数据标准和原有业务系统的数据标准息息相关，可以由数字银行管理部牵头，召集业务人员与技术人员共同协商讨论后确定。

第三，评审数据标准。数据标准制定后，由数据治理委员会办公室组织内部自评、外部专家评审和部门评审。内部自评是数据标准制定小组内部对制定好的数据标准进行评审并达成一致。外部专家评审是邀请行外数据专家结合自身知识和意见，参考行业内的最佳实践对制定的数据标准进行评审并提供建议。部门评审是组织行内相关部门根据自己的业务实际和实操程序对制定的数据标准提出意见。

第四，发布执行数据标准。数据标准通过数据治理委员会审批通过后，由数字银行管理部发布。数据标准的执行是指已发布的数据标准在具体业务操作及 IT 系统中的实施和运用。

数据标准发布后不需要立即改造和替换原有系统标准，而是应用到后续的开发运维工作中。各部门数据管理岗在数据标准发布后，推动本部门据此调整系统管理办法和业务操作细则，规范相应工作流程。全行各 IT 项目组在进行新建或改造 IT 系统时，均应遵循已发布的数据标准开展本系统的设计与实施工作；对于自主开发类 IT 系统，IT 项目组应查询已发布数据标准的详细情况，建立数据标准与该 IT 系统数据项（包括已有代码）之间的映射关系，进行数据模型设计，以及负责标准落地引起的历史数据处理等其他工作；对于外购的商品化软件，其数据模型开放程度应纳入采购评分的依据，由数字银行管理部根据具体情况出具意见，同时负责系统集成的 IT 项目组还应负责标准落地引起的历史数据处理等其他工作（见图7-2）。

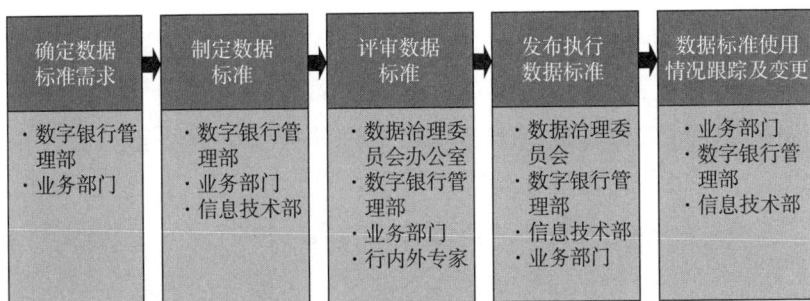

确定数据标准需求	制定数据标准	评审数据标准	发布执行数据标准	数据标准使用情况跟踪及变更
·数字银行管理部 ·业务部门	·数字银行管理部 ·业务部门 ·信息技术部	·数据治理委员会办公室 ·数字银行管理部 ·业务部门 ·行内外专家	·数据治理委员会 ·数字银行管理部 ·信息技术部 ·业务部门	·业务部门 ·数字银行管理部 ·信息技术部

图 7-2　银行数据标准管理流程

　　第五，维护数据标准。数据标准发布执行后，要跟踪使用中发现的各种问题，业务人员和技术人员应及时根据业务发展、系统升级、外部监管要求以及引用的国家标准等外部标准的变化，将数据标准变更、修改需求及时反馈至数字银行管理部，经数字银行管理部和信息技术部分析评估通过后，进行数据标准的修订。但要注意在修订数据标准时，不仅要如实体现业务含义和规则的调整情况，也要充分考虑标准修改对业务运行和系统建设带来的影响，尽量平衡两者的关系。

（五）推动数据保护体系：以数据安全为底线

数据几乎零成本的可复制性以及一些技术特性，使企业对数据资产的管理有别于传统意义上的实物资产。数据是银行的生命线，当重要数据信息受到严重侵扰、破坏和泄露时，银行将面临资产损失、业务中断、社会声誉受损等一系列风险。因此，数据安全管理是数据治理不可或缺的一个环节。数据安全是指保护数据的机密性、完整性和可用性。根据《指引》要求，通过开展数据保护等级划分、数据访问权限控制、用户身份认证和访问行为监控、数据安全风险防护、数据隐私保护等管理工作，满足数据保护的业务需求和监管要求，实现对数据生存周期的安全管理。

第一，制定数据安全管理组织架构。数据安全工作涉及全行各部门、各系统和所有员工，因此银行数据安全管理组织架构的建立可以依托数据治理组织架构，分为决策组织，管理组织，执行组织和审计组织。

决策组织，即为数据治理委员会，根据全行发展战略，结合信息安全策略方针，制定符合银行业务发展的数据安全战略方针，以本行发展战略为指导，以信息安全策略为参考，确定与银行业务发展相适应的数据安全战略。数据安全管理组织接受委员会监督指导，并根据其授权开展数据安全工作。委员会还对审计组织审计出的数据安全问题负有进行督导问责和解决的责任。管理组织，即为数据治理委员会办公室及数字银行管理部，根据数据安全战略方针，完善银行数据安全管理制度，检查指导数据安全执行组织工作，向委员会定期报告数据安全管理工作情况，配合数据安全审计组织的监督检查。执行组织，即为数据治理执行层的各机构和部门，负责具体实施数据安全工作，定期向委员会办公室和数字银行管理部汇报工作，接受数据安全审计组织的监督检查。审计组织，即为银行审计部，负责监督检查委员会、数字银行管理部和数据安全执行组织的数据安全工作，反馈审计结果、跟踪审计问题解决情况等。

第二，确定数据安全分级。建立数据安全等级标准及数据访问权限规则，明确权限变更、数据查询、获取和维护的流程，数据使用管理规则、数据备份管理规则，数据传输安全规则、涉密数据管理规则和数据归档管理规则等。数据安全分级是从数据的机密性角度出发，满足数据保护要求。银行数据安全等级如表 7-7 所示。

表 7-7　银行数据安全等级

等级	数据类别	定义
第Ⅰ级	完全公开	已公开的年报、财报、信息披露报告，以及机构公开信息等
第Ⅱ级	谨慎公开	非敏感涉密，反映银行现存的缺陷或隐患，可能给银行风险评价或声誉带来不利影响的数据
第Ⅲ级	一般	非敏感涉密，支撑业务逻辑，维持信息系统运行，通过分析处理后无法获取银行关键信息、客户隐私、商业秘密或国家秘密的数据
第Ⅳ级	重要	非敏感涉密，但泄露会对银行的竞争力带来不利影响的数据。例如银行未公开的报告、规范、指标、合同、利率、状态等重要信息，通常具有明确的数据主管部门
第Ⅴ级	一般敏感	本身不涉密，但与安全等级不高于本级的其他数据结合处理后，能够得到客户的一般隐私、账户或交易信息等的数据，泄露后会给银行声誉、法律、财务等方面带来损失

续表

等级	数据类别	定义
第VI级	特别敏感	本身不涉密，但与安全等级不高于本级的其他数据结合处理后，能够得到客户的重要隐私或密码等，泄露后不仅会给银行的声誉、法律、财务等方面带来损失，还可能导致客户资金损失
第VII级	商业级秘密	对应一般、重要和核心级商业秘密，泄露后会给银行声誉、信誉、利益等带来不同程度的损害
第VIII级	国家级秘密	对应秘密级、机密级和绝密级国家秘密，泄露后会给国家金融安全和利益带来不同程度的损害

第三，确定数据安全策略应用。根据数据不同的安全分级，结合业务场景，设计数据使用流程和安全防护策略，控制数据访问权限。数据访问权限控制需要银行通过一定手段，控制各类用户对数据的访问内容和访问方式，并对访问的操作痕迹进行记录和审计。根据行内外关系人的划分及其在数据安全管理工作中的职责，为各关系人设置不同级别的数据访问权限，银行数据访问权限规则如表7-8所示。

表7-8　银行数据访问权限规则

安全等级 关系人		第 I 级	第 II 级	第 III 级	第 IV 级	第 V 级	第 VI 级	第 VII 级	第 VIII 级
行内关系人	董事会	R	RUD	R	R	R	R	R	R
	数字银行管理部	R	RUD	R	R	R	R	R	—
	信息技术部	R	CR	R	—	—	—	—	—
	业务主管部门	CRUD	CRUD	CRUD	CRUD	CRUD	CRUD	CRUD	—
	内部牵头部门	R	RUD	R	—	—	—	—	—
	内部使用部门	R	R	R	R	R	R	R	—

安全等级 关系人		第Ⅰ级	第Ⅱ级	第Ⅲ级	第Ⅳ级	第Ⅴ级	第Ⅵ级	第Ⅶ级	第Ⅷ级
行外关系人	外部监管机构	R	R	R	R	—	—	R	—
	外部司法安全机构	R	R	—	R	R	R	R	—
	中介机构	R	R	—	—	—	—	—	—
	合作机构	R	—	—	—	R	R	—	—

注：权限代码释义：新建（C）；读取（R）；修改（U）；删除（D）；无权限（—）。

（六）改进数据质量管理：以提质增效为主题

数据质量是指数据满足业务需求与业务规则的程度，通常从真实性、准确性、连续性、完整性和及时性等维度对数据进行描述和度量。数据质量管理是对数据全生命周期实行的数据质量定义、过程控制、质量监控预警、问题识别处理、结果考核评价等一系列管理活动和流程，它是使数据质量在数据的创建、加工、使用和存储等过程中满足业务要求的保障。

第一，明确数据质量管控目标。数据质量管理是对数据从计划、获取、存储、共享、维护、应用、消亡生命周期的每个阶段里可能引发的数据质量问题，进行识别、度量、监控、预警等一系列管理活动，并通过改善和提高组织的管理水平使数据质量获得进一步提高。数据质量管理的最终目的是提高数据的可靠性和完整性，最终为数据的有效应用提供基础保障，发挥数据价值，有效促进数据应用能力。

第二，完善数据质量管理流程。数据质量问题一般会发生在各个阶段，且各个阶段的数据质量问题内容均有所不同，因此要明确各个阶段数据质量的管理流程，数据质量管理的流程主要分为以下几个步骤。

（1）数据质量问题收集。一是监管机构的审核要求，监管机构对商业银行的基础数据、报表数据定期或不定期地开展审核。二是根据业务条线反馈，业务部门及时将发现的数据质量问题报告至数据管理部门能够有效地防范该问题的持续扩散。三是在系统更新、改造或重建过程中发现质量问题。

（2）数据质量问题分析。一是确定是否数据质量问题。数据管理部门联合问题反馈部门对质量问题进行初步分析，看其是数据质量问题还是数据标准问题。二是定位业务源系统。在确定为数据质量问题后，通过对该数据的使用的原数据库表、文件进行追溯，找到产生该数据的源系统。三是确定问题产生的原因。数据源头找到后，与源系统业务人员对该数据质量问题进行分析，确认问题产生的原因。

（3）数据质量问题解决。数据质量问题最终需要通过采取有效可行的方案去解决该问题。数据质量问题的解决方案不是一个部门能够确定的，在制订解决方案时，相关的业务条线部门要及时参与进来，在数据管理部门的牵头下，联合金融科技部门，对问题产生的原因和影响进行分析，制订合理有效的解决方案。

（4）数据质量整改反馈。一是由数据牵头管理部门会同业务条线管理部门根据解决方案及时下发通知，督促各机构业务人员进行补录或修改，同时对该类问题形成操作规范并下发学习，从根源上杜绝问题再次发生。二是系统或交易优化的数据质量问题由业务部门提出优化需求，科技部门评估技术可行性后交由研发中心落实系统优化或改造。

第三，建立数据质量评价体系。问题只有在被发现之后才能得到有效的解决，数据质量问题也是需要通过有效的途径去发现。一个有效的途径就是对数据质量开展评估，通过评估发现数据质量存在的问题。以全国信息技术标准化技术委员会提出的数据质量考核评价框架为例，该评价框架包含了数据规范性、完整性、准确性、一致性、时效性和可访问性 6 个方面的评价指标（见图 7-3）。

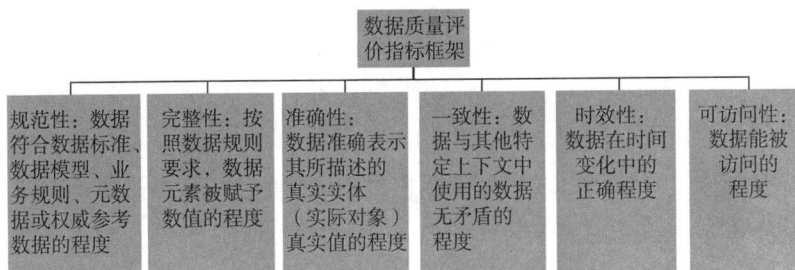

图 7-3　数据质量评价指标框架

业务系统的需求、涉及、开发、测试、运行阶段都应根据实际情况，在数据质量评价指标的基础上设计数据质量相应检核规则，开展数据质量评价，及时发现系统各个阶段的数据质量问题，以便数据质量问题能够及时解决。对数据是否符合数据质量评价指标的要求，表 7-9 明确了数据质量评价指标的评价标准。

表 7-9　数据质量评价标准

序号	指标	衡量标准
1	规范性	数据必须符合数据标准对字段长度、数据类型、值域、代码等的要求
2	完整性	必需的数据是否存在缺失的情况，不允许为空值
3	准确性	数据内容与定义是否一致
4	一致性	数据是否与其他表中数据项一致
5	时效性	数据必须及时，需满足系统对数据时间的要求
6	可访问性	数据是否便于自动化读取

（七）强化数据应用管理：以数据交换为重点

《指引》高度重视数据的应用、交换与共享，指出，加强数据在企业内外部的流转交互，包括按一定策略引入外部数据供内部应用以及有选择地对外提供企业内部数据等。数据交换的主要目的是通过及时高效获取外部数据和安全合规分享内部数据，推进金融数据共享，破除"信息烟囱"，从而更好地发挥数据价值。

就宏观层面而言，政府部门及银行金融机构等主体应协同助推金融数据互联互通，确保金融业持续健康发展、借助金融服务全面赋能经济高质量发展。中央政府应强化顶层设计与整体规划，秉持统筹建设和统一标准的指导原则，加快搭建统一的政务信息共享平台，全面突破不同部门间存在的隐性信息壁垒。行业协会等要充分发挥自身的统筹协调作用，引导支持银行等金融从业机构依法开放金融数据源，鼓励金融机构提高数据流通与共享的频率，将化解"信息孤岛"问题作为构筑数字共享新生态的重中之重。在此基础上，探索构建银行业同其他金融机构、其他行业之间的数据交互机制，搭建全国范围内统一的信用信息服务平台，逐步实现金融机构内部数据与商务、税务等外部数据间的共享与流转。此外，有关部门应起到牵头作用，协同银行、金融机构、大型企业平台方或金融科技企业等主体，依托物联网及云计算等技术，协同推进政府、金融机构、企业等相关方数据流通的平台基础设施建设。

就银行内部而言，应在统一数据建设标准的基础上，对银行内部金融数据资源加以充分整合与利用。可从以下两个方面入手：一是在银行数据采集方面，应致力于构建自上而下的治理体系，进一步明晰各部门、各系统之间金融数据交换标准与流程，以更好地实现数据互联互通。二是在业务运用方面，银行应对内部业务系统加以整合与优化，着手创建统一的用户入口，充分整合移动端金融数据资源。

就银行外部数据而言，《指引》高度重视外部数据的使用和管理，提出数据交换是指数据在企业内外部的流转交互，包括按一定策略引入外部数据供内部应用，通过及时高效获取外部数据和安全合规分享内部数据，从而更好地发挥数据价值。外部数据是指非银行自身营业范围产生，从行外引入的数据。外部数据很大程度上解决了银行数据获取来源片面、单一的问题，对于银行风控系统建设起到关键作用。因此，近年来多家银行通过引入大量外部数据，与银行内部自有数据的结合，实现数据价值最大化。但在外部数据引入使用的过程中，会面临诸如：多部门各自引入造成的重复采购、缺少制度规范引起的数据合规性隐患、分散管理带来的数据难以整合共享等问题。

为解决这些外部数据问题，银行需要建立包含制度规范和平台建设在内的外部数据管理机制。首先，建立以银行外部数据管理细则为中心的外部数据管理规范体系，包含外部数据合同模板、外部数据测试保密协议、外部数据测试流程、外部数据测试模板、外部数据验收模板在内的制度规范。规范外部数据引入、采购、使用、评估、续约和退出等环节操作流程，加强合同协议中合作机构资质要求、数据来源合法、数据标准符合要求、数据使用合规和数据传输安全保障等内容约定和条款设置，保障银行外部数据管理的安全与合规。其次，搭建外部数据管理平台，在外部数据管理平台实现外部数据统一接入、存储、共享功能，采用数据加密、脱敏、水印、日志审计、权限控制等数据安全技术，为外部数据管理提供保障。

（八）构建数据生命周期：以过程管理为抓手

数据生命周期是数据从产生到销毁的全过程，包括数据的采集、创建、使用、归档和销毁。目的是在整个生命周期能够根据业务需求对数据进行及时、有效地访问，提高数据服务效率、降低数据获取成本，减少合规风险，确保数据在整个生命周期中的完整性。要按照"用数据说话、任数据决策"的要求，将数据治理融入信息化建设全流程，在需求管理、模型设计、投产交付等信息系统建设的每一个环节，融入数据标准落标、数据模型设计和数据质量检核，从源头开展大数据治理工作，在数据创建、存储环节增加数据整合清洗、质量准入检核等工作，在数据处理和使用环节加强全流程的数据质量监控，实施自动化、可视化的数据质量监测和分析，使大数据能够全面、准确、有效地反映银行的真实经营信息和客户各维度信息。

第一，明确数据生命周期管理思路。数据生命周期是信息通道建设蓝图中不可或缺的重要组成部分，它既与信息系统的生命周期紧密相连，又有本质的区别，信息系统是生产和制造数据的平台，数据依托信息系统应运而生，经历采集、存储、迁移、备份、归档等过程，它有可能在信息系统的生命周期内经历多个阶段，但也有可能在信息系统剩余的生命周期结束时，依然需要长期保存，比如涉及资金、客户类的数据，它们是会计档案的一种凭证，不能在信息系统停止使用后被销毁。

因此，在对数据生命周期进行规划时，一定要认清数据代表的业务本质，参照外部监管规定和内部管理要求，与业务需求和新系统建设同步规划，形成不同信息系统的数据生命周期管理策略。通过完整的数据生命周期管理解决方案，可以让不同价值及不同访问频率的数据存放在适合的存储设备上，采用适当的技术措施对这些数据进行处理和利用。这样，用户将可以提高现有数据存储的利用率，同时利用自动化的数据管理技术实现数据的自动管理和自动迁移，提高 IT 投资性价比，减少银行的 IT 投入成本，满足银行业务的数据保管和外部监管部门的法规要求。

第二，划分数据生命周期的阶段。根据商业银行的多年实践，数据的生命周期一般分为 4 个阶段。

（1）在线管理阶段：在线管理阶段是指通过信息系统对数据实时的采集、处理和查询，是数据的起源，数据被频繁地使用和处理，存在临时数据、中间数据和最终数据之分，由于需要满足用户的在线实时访问，因此数据保护技术要求为最高等级，一般采用相对性能较高的在线存储，并采取磁盘冗余技术进行数据保护，数据支撑业务活动的正常开展。

（2）近线管理阶段：近线管理阶段的数据已经过了频繁地存取和访问期，但仍有时需要访问，只是访问的频度相对降低，为使计算及存储资源最优地支撑在线业务活动，宜将访问频度相对较低的数据迁移至近线存储进行管理，从而使在线数据的处理获得最佳性能效果，近线数据一般是不能进行修改的在线数据，不再进行加工和处理，仅供查询使用。

（3）离线数据阶段：离线数据是指业务人员不再在业务经营活动中查询和使用，但因政策和制度需要长久保留，或是用于数据挖掘和知识发现需要保留，这样的数据通过备份软件从近线存储迁移至磁带库或光盘库中，或通过数据交换平台传送到数据仓库或大数据平台当中进行长期保留。

（4）数据销毁阶段：当数据不再具有保存的价值时，按照有关规定或策略进行销毁，并不是所有的数据都经历在线、近线、离线和销毁阶段，按照数据清理策略，在线、近线数据可能直接从在线进入销毁阶段。

第三，制定数据生命周期管理规划。数据生命周期管理应该分为以下层次进行：一是信息系统采用自动化的分层数据存储。根据数据的价值不同，采用在线存储、近线存储和离线存储进行分层存储，通过数据镜像、数据备份等方式实现自动化的数据备份迁移、复制和归档。使数据能够在同一层次数据共享，在不同层次采用数据保护技术实现数据的安全保护。二是要求数据能够按照数据对应的业务价值，访问周期和系统的处理及存储能力，采取对应的数据存储备份迁移归档和销毁策略，将数据生命周期管理策略较好地应用到系统运行和管理当中。三是从信息化建设整体规划进行数据生命周期管理，统筹考虑银行整体的业务需求及相关业务规定，对不同类型的信息系统的数据进行分级，在建设开始就制定清晰的生命周期管理规范和策略，通过分级存储和相关工具采取不同层次的数据管理。

第四，制订数据生命周期管理方案。数据生命周期管理方案一般应由数据存储策略、数据迁移策略、数据删除策略、数据保护策略及数据访问策略构成。数据存储策略明确数据的存储方式、费用及期限，采用分层存储的具体实现方式，安保等级较高的存储采用性能较好、可靠性较高的高端存储。在当前的信息技术条件上，在线存储一般采用磁盘阵列，近线存储一般采用网络连接存储或低廉的磁盘阵列，离线存储一般采用磁带库或光盘库。但是，随着存储技术的不断发展，磁盘阵列的价格不断趋向低廉，近线存储和离线存储也可采用磁盘阵列，或在线保留更多的历史数据，从而提高数据访问效率，便于用户访问和查询。数据迁移策略依据数据生命管理模型，确定数据迁移曲线，设置相关系统配置，实现相关数据的自动从在线迁移到近线，从近线迁移到离线。数据删除策略参考监管部门的相关标准，确定数据生命指数据低于最低阈值同时满足监管部门的保存期限时，可启动数据删除指令。不同等级的信息系统及信息系统不同价值的数据，采取不同层次的安全防护措施，建立数据保护策略。对于处于不同生命周期的数据，制定不同的数据访问方式，形成数据访问策略。

综上所述，随着数据的生命周期的运行，数据对应的价值在不断地衰减，对数据的处理方式也随之变化，使信息化投资与其价值相匹配，从而更加具有性价比地管理和使用数据，在合适的投资下保证数据的价值获得充分发挥。信息系统本质是业务活动开展的支撑信息平台，实现和反映业务需求。数据的本质是业务经营活动的记录和反映，因此，应根据业务系统的特征属性，制定与业务活动匹配的数据生命管理策略，在信息系统设计伊始，就要对数据生命周期策略进行设计，遵从监管部门的监管要求及相关管理制度，根据业务连续性要求及支撑业务活动需求，与业务流程的数据支撑匹配，根据业务活动的轨迹确定数据的价值衰减曲线，采取不同层次的数据存储和保护技术，兼顾外部的监管政策，使数据的单位存储成本价值最优。

➢ 他山之石

吉林银行：数据要素助力服务质量全面提升

21世纪是数据信息的时代，全球已经掀起一股大数据研究应用的高潮。作为信息高密度行业，在此过程中，银行业也产生、积累和存储了大量数据信息，吉林银行抓住此契机，以提升服务质量为出发点，力图通过运用大数据为客户提供更加优质、便捷的金融服务和更加实用、高效的金融产品，以此来提升客户的满意度和忠诚度，来维护现有客户资源并争取更多高端客户资源。其中，进行数据治理，强化商业银行数据治理能力，有力提升银行服务质量。

目前，吉林银行基于对客户交易、行为、信用等结构或非结构性的大数据的收集、整理和有效分析，能够将其更准确地应用到提升整体服务质量、创造更多经济效益中去，也为金融风险防控提供了更加精准的监控和预测。从而通过实施科学有效的市场营销和客户服务，来建立一个较为完善、反应迅速的客户服务和营销体系，获取更高的客户满意度与忠诚度、更准确的市场定位和降低营销成本，继而准确把握客户需求和金融市场的未来发展趋势，提高吉林银行自身的核心竞争力，实现健康持续快速发展。

案例分析

吉林银行服务质量的提升主要是通过构建三个工作子系统来实现的，即数据采集子系统、数据分类及分析子系统和数据预测及决策子系统，它们的功能分别是采集数据，分类和分析，预测和决策等功能，这些不同的功能就组成了一个完整的结构。

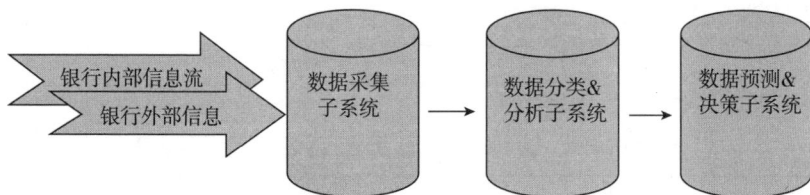

1. 数据采集子系统

吉林银行数据采集的子系统的数据资料来源有两种，分别为银行内部信息和银行外部信息，其中，银行外部信息主要由四大网络提供，以上信息共同构成了吉林银行服务质量提升工作系统数据来源。具体来说，这些数据不仅来自银行内部，也有一部分数据来自银行外部，银行内部的数据主要就是通过对银行经营环节进行监测得出的，监测的数据也是比较全面的，不仅有后勤和生产经营的数据，还有银行基础设施和人力资源的数据。数据的构成是多元化的，通过整合这些内部的信息就可以获得这些数据；银行外部的数据主要是来自其他金融行业和国家宏观环境以及微观环境的数据。

基于大数据分析的吉林银行服务质量提升工作系统的数据主要通过互联网、移动互联网、物联网、社交网络采集：移动互联网不仅可以监测客户的行为，也可以监测员工的行为，根据获得的这些数据就可以给服务考评系统提供一些有力的支持；物联网的监测工具主要就是传感器，用传感器来监测金融产品在各个环节的数据来得出一个最优的营销组合；社交网络主要是通过个人的交往来增加银行来源的渠道，客户银行律师广告公司等都是重要的渠道，无论是其中的组织还是其中的个人都掌握着很大一部分关于银行的数据，如果采取这种方式通过这种渠道就会获得一些别人没有办法获得的信息；互联网对于银行的数据采集是有十分重要的作用，不仅可以分析自身的数据，还可以采集到其他银行的数据，可以知道客户购买或者是浏览过的银行产品，最重要的还可以整合银行内部的数据和信息，同时互联网还可以同物联网以及移动互联网甚至是社交网络相连接，给数据的连接和传输提供一个平台。

2. 数据分类及分析子系统

吉林银行数据分类和分析子系统以大数据为基础，同时还和数据挖掘以及分析的技术相结合，把分散和孤立的数据进行组合，将这些数据整合成一个整体的数据，从而使分散的连接组合变成一个数据网络。除此之外，吉林银行还运用可视化分析，通过把连接的节点分类和排序等方法来将共性模式凸显出来。通过这些方法可以了解到客户的消费行为的数据，找到客户营销的网络，进而锁定可以获得最大利益的客户，以便制定正确的经营策略。

3. 数据预测及决策子系统

基于大数据分析的吉林银行服务质量提升工作数据预测及决策子系统，把分析的结果提交给银行，可以在一定程度上保护知识得到交互，吉林银行继而通过得到的数据分析结果对客户的下一步选择或消费行为作出较为精准的监控和预测，并根据市场综合分析作出相应的决策，从而达到完善和丰富客户各项金融体验，提升整体服务质量、提高核心竞争力、为银行创造更多的经济效益的最终目的。

在此过程中，用于预测或决策的数据的结果集成是通过可视化的技术来完成的。数据可视化技术可以让数据变得更加实用化，在计算机上将数据转化为图形或者图像，对图形或者图像进行处理，使数据看起来更加直观，这种技术的本质就是把抽象的数据转化为可视的数据。

案例启示

1. 转变决策观念，让数据来说话

随着"大数据"时代的不断变化，吉林银行应对数据进行清晰透彻的分析，让数据来说话。实行从多个系统中提炼信息并加以整合，形成客户—产品—协议等主题数据架构；对于海量的数据，首先进行整合，将其放入特定的数据分析模型中去分析，最终获得有效的数据或信息，把大数据技术的应用和发展放到应有的战略高度；加强对成本的控制能力，提高风险认知能力，有效维护现有客户资源，同时加强资产负债管理水平，为高管团队对行内各项管理和未来发展决策做出正确选择奠定基础。

2. 开辟大数据采集范围，加强金融服务与社交网络的兼容

吉林银行要不断摆脱传统数据源的束缚，拓宽获取信息的途径，利用社交媒体等途径，从多个渠道获取相关信息，最终提炼出更加有效、有价值的信息。一方面将外部的社交数据与内部的数据联系起来，形成一个完整的客户视图，这样可以更加高效地管理与客户的关系。另一方面合理利用新兴数据资源，有效利用社交网络资源，并可将其与移动网络数据相结合，实现准确定位和精准的营销。

➤ 他山之石

鹤壁农商银行：打造金融数据平台，推动负债业务增长

鹤壁市是河南省核心发展市区之一，其人口集中度高，在方圆 500 千米的范围内聚集了 4 亿消费人群。在移动支付市场的竞争中，鹤壁农商银行率先开展新型支付数据平台建设，以此为契机，优先抢占大量用户，并在之后的竞争中处于优势地位。

综观来看，其金融数据平台主要由"农商易付""农商易惠"和"农商理财"三大平台构成。"农商易付"是一款集合多种支付手段包括的收单管理工具，应用第三方支付手段，为银行所属商户布放安装收款二维码、PC 端扫码收银台、扫码 POS 机，方便商户顺应消费者支付习惯，接入新型支付方式。"农商易惠"是鹤壁农商银行构建互联网金融生态圈的初步尝试，将全城的商户纳入其中，商户在该平台上可以自建优惠券，消费者可以在线申领优惠券并在购买时完成扫码兑付。"农商理财"发布农商银行的理财产品及存款产品，为客户提供足不出户，线上购买理财产品的相关服务，也会配备人工服

务进行线上答疑。同时也会对近期相关区域性金融机构大事新闻进行集中摘录，为客户提供多样化投资选择。

"农商易付"及"农商易惠"平台通过向客户提供上述金融服务获得客户资金，再通过这两大平台所归集的支付数据进行个性化存款产品设计，最终实现三大平台相互联系、相互服务，以期通过构建鹤壁农商银行金融服务平台完成对存款业务的有效提升。

通过构建金融数据平台，鹤壁农商银行扩大了银行存款总量和客户数量，改善了银行存款用户年龄结构。但是，其构建过程也存在数据平台覆盖度和活跃度还不够大，产业链金融场景也亟待补充等问题。具体特点可从个体户和对公客户两方面展开：

第一，在吸收个体户储蓄方面。首先，数据平台帮助农商银行增加了存款用户。鹤壁农商银行从增多存款用户入手，依托金融数据服务平台，率先吸收中小商户用户。在"农商易惠"线上数据平台，商户可自建优惠券，并且在消费者完成优惠活动后获得银行补贴，补贴金额在0.8%左右，通过此数据平台，银行帮助商户完成全城的营销推广，增加客户黏性、提高人气，这将大大提升商户使用银行数据平台的积极性。在获得足够的用户数据后，通过构建用户画像可以帮助区域性金融机构能及时将信息、产品、服务及时地推送到每个用户手里，以此达到提升区域性金融机构服务质量以及用户黏性的目的。2020年该行率先占领市场，用半年时间完成了遍布全城80%以上商户的吸纳工作。不仅方便鹤壁市商户及消费者的日常支付，还为鹤壁农商银行带来了巨额的日常支付资金的沉淀，实现了存款总量的增加。其次，鹤壁农商银行利用数据平台成功改善了存款用户年龄结构。由于在四线城市中，年轻人更多愿意外出打工，而农商行作为区域性银行，相比全国性股份制银行存在跨区域交易的劣势，年轻人更多选择其他大型银行。在金融数据服务平台推出之后，线上数据平台的快速发展能够让年轻用户获得便利的业务办理服务，鹤壁农商银行的存款客户中年轻用户明显增多，其中 20—30 岁的客户数上涨30.54%，其活期存款总数也由之前的 7.45 亿元上涨至 9.12 亿元。可以看出，金融数据平台对于银行存款客户年龄结构的改善有着绝对的影响，在可以预见的未来，成为存款主力的年轻人以及成熟建立的数据平台将会为银行补充动力，带来更多的存款增量。不过，金融数据平台的覆盖度和活跃度还待提高，从它的影响力和实际使用量来看，与全方位覆盖客户的衣食住行等生活场景还是有较大差距，提供的服务较为单一，活跃度也有待提高。

第二，在吸收企业存款方面。数据平台可以帮助银行扩大对公客户群体。鹤壁农商银行通过线上数据平台在一定程度上抓住高价值对公客户，鹤壁市目前拥有鹤壁煤业（集团）、万和发电有限公司、天淇汽车模具等很多重点优秀企业，具有很强的实体经济发展潜力。鹤壁农商银行与河南信德塑业有限公司达成合作，基于现有数据平台为其开办了"金燕快贷通"贷款，同时开通了"农商易付"平台，成功代理了该公司的社保一卡通、居民健康卡等，增加了中间业务收入和存款量，也进一步提高了客户黏性并增加了客户数量，同时公司企业的相关数据也帮助鹤壁农商银行平台有针对性地进行企业产品设计。然而，现在的金融数据平台缺少丰富的产业链金融场景。从银行存款结构上看，鹤壁农商银行对比同市的国有银行对公存款的占比已经明显落后，并且鹤壁农商银行对于数据的整合也不够到位，没有给予上下游企业沟通交流的平台，业务开展非常零散。

从鹤壁农商银行的情况来看，建设金融数据平台能够帮助银行增加有效存款总量，并且存款稳定性也可以得到提高。从个体户方面看，通过三大数据平台的相互联系，鹤壁农商银行在增加了存款用户的同时改善了存款客户年龄结构，提高了银行的发展潜力。从公司企业方面看，鹤壁农商银行通过线上数据平台为对公客户开办特定的业务、代理相关业务，达到对公客户群体的扩张。

基于鹤壁农商银行运用金融数据平台开展传统存款业务的实例，地方农商银行有以下启示：

一是利用数据平台吸收客户，构建平台优势。在四、五线小城市，大型商业银行对于农村金融服务的下沉度不够，地方农商银行可以梳理行业合作发展的理念，加大与其他互联网金融企业或第三方支付平台的合作力度，主动牵头形成地区发展联盟，全面布局整体规划，构建资源共享平台。利用合作企业的数据优势，实现更快数字化改革，通过合作实现场景与金融的互相促进相互补充，利用数据平台开展业务为当地居民提供更为信任的、安全的、便利的储蓄方式，从而提高银行传统负债业务能力。

二是利用数据平台吸纳更多生活场景，提高覆盖度和活跃度。地方农商银行在跨界进行消费场景拓展时，可以实现吃穿用度全方位的金融圈的打造，将线上线下进行融合，充分发挥支付这一领域在人们日常生活中不可或缺的优势，数据平台覆盖度的提高随之也会提升用户活跃度，通过数据平台银行能够获得更多的客户资源、资金、数据和场景渗透。

三是通过数据平台连接上下游产业链。地方农商银行最大的特点就是与当地的经济发展水乳交融，在建立产业链数据平台时，不需要全行业覆盖，而是要更专注于本地区的优势行业。地方农商银行应该从产业链中的龙头企业入手最先与这部分客户合作开展产业链数据平台建设，然后金融数据平台可以根据已有的对公企业开展业务所沉淀的信息数据，再结合行业特点、上下游企业数量及规模、企业关联度、地域特点等因素，先打造一个在线信息分享沟通的"企业圈"数据平台，这个数据平台可以进一步拓展优质客户资源，实现储蓄银行和数据平台可持续发展。

第六节　数据要素发展的宏观路径："五位一体"

推进我国数据要素市场化配置是一项系统性工程，需要革新理念、统筹规划、强化创新、稳步推进。放眼全球，世界主要国家均在积极抢占国际数字经济竞争的制高点，我国应立足国情，构建与我国实际需要、与国际环境相适应的数据要素市场化配置机制，促进数据要素实现高效安全配置。

（一）加强顶层设计，统筹推进数据产权制度

第一，建立数据产权确立规则。在《民商法》关于信息、数据和隐私权利规定的基础上，加快制定出台《数据产权法》，构建具有制度约束力的数据产权制度，形成一整套完善的数据产权认定、转让、使用、保护等规则，明确数据产权归属及其使用者行为规范，为数据要素市场治理提供产权制度保障。结合数据收集、积累、储存、处理过程的反复性，成本构成的不确定性，经济效益的未知性以及价值转化或确认过程的风险性等因素，通过市场交易、第三方评估等方式科学确定数

据资产价值，加快推动数据资产核算试点工作。建立数据资产知识产权管理制度，强化对数据资产的知识产权管理。

第二，完善个人信息授权制度。个人信息授权制度着力点应从单纯的限制转变为限制与发展并举、规范与促进并重。一方面，针对数据采集者在履行"知情同意"制度要求中普遍存在的默示许可方式，以及在告知和申请用户授权过程中表述的冗长晦涩、隐藏在多级页面之后等问题，应要求数据采集者通过单独授权、明示授权等方式切实保护用户权利。另一方面，针对现实中数据采集者普遍采用脱敏技术处理用户个人数据或者在用户个人数据基础上深入分析挖掘形成大数据应用，支持互联网企业对这部分数据自主使用、共享、开放和交易，但是同时要求数据采集者采取措施防止脱敏后的数据追溯到用户或者被复原。

第三，健全数据产权保护制度。在个人信息授权管理方面，尽快制定出台"个人信息保护法"和"儿童信息保护法"，完善个人和儿童信息保护基本制度，建立个人信息授权许可制度，平衡信息主体、信息业者、国家机关三方主体之间的利益，实现个人信息流通符合场景需要、风险可控和责任可追溯，探索构建具有中国特色、面向未来并且覆盖个人信息收集、使用和流通等内容的个人信息保护体系。首先，应继续强调个人信息的收集、使用和流通不得侵犯信息主体的基本权利，加强对侵权违法行为的打击力度。其次，明确信息主体有权阻止他人以危害个人权益的方式过度收集、滥用和泄露个人信息，并有权获得法律上的救济。最后，积极培养和塑造尊重个人隐私的文化氛围和守法意识，加强行业自律自治，制定具有行业特点的个人信息保护规则和标准。

第四，积极运用现代技术推进数据确权。完善数据溯源体系，制定应用区块链、数字签名、隐私计算、智能合约等新一代信息技术界定数据产权的操作方法和管理办法。一方面，加强区块链等技术基础研究投入，并且依托产学研用的自主创新平台，组建区块链等技术产业发展和应用的联合组织。另一方面，依托产业联盟在标准制定推广中的先发优势，先行先试区块链技术的联盟标准。加强区块链技术在大数据确权中试点应用，鼓励大数据交易所作为区块链的主要节点参与数据确权的网络运营，积极积累一线实践经验，加速形成以点带面、点面结合的示范推广效应。

（二）强化开放共享，推动数据要素自由流动

党的十九届四中全会提出，构建更加完善的要素市场化配置体制机制，加快实现要素"流动自主有序、配置高效公平"。有序流动是生产要素的本质要求。提升数据开放共享水平，推动数据要素自由流动，对于提高经济运行效率具有重要意义。但是我国"数据孤岛"现象较为普遍，数据主权与割据、开放与保护之间的矛盾依旧存在，政企、行业及民众之间的数据信息公开仍有诸多壁垒，限制了数据要素市场的发展。

一是着力推进政府数据开放共享。在完善《政府信息公开条例》的基础上，完善政府数据开放的操作办法，着力构建《政府数据开放共享负面清单》，明确除了列入负面清单的数据，各政府部门应无条件对其他部门提供信息，并确保数据真实和更新及时，确保政府数据开放共享的质量。构建政府数据采集、质量保障和安全管理标准，完善统一的政府数据开放平台和标准体系。创新政府之间数据开放共享模式，加强政府数据开放的标准化，突破部门之间信息壁垒和"数据孤岛"。加快建立国家数据资源目录和数据资产管理制度，推进国家数据

资源价值评估和清查审计。

二是加快推进政企数据资源共享合作。探索推进政府公共数据授权管理制度，推进国家经济治理基础数据库动态优化，打通政企数据库接口，稳步推进脱敏匿名化假名化公共数据社会应用。推进企事业单位、科研院所、社会大众之间数据开放共享利益分享制度建设，引导各方通过市场化行为，运用数据开放联盟、数据创新共同体等"物理分散、逻辑集中"新模式新机制实现数据共享，在自愿互信、互利共赢的基础上开展数据资源共享合作。同时，引导培育公益性数据服务机构发展，探索政府机构、企事业单位、科研院所、社会大众等既确保多方数据所有权利又实现数据整合应用的商业模式。

三是着力加强数据清单化管理。对于个人数据清单化管理，着力构建《个人数据管理负面清单》，设定底线、细化规则，在强化个人信息保护和数据安全的同时，构建个人信息保护的基本框架，促进数据资源开放和自由流动。对于跨境数据流动清单化管理，加快制定《跨境数据流动安全评估办法》，着力构建《跨境数据流动负面清单》，推动数据资源在全球范围内安全高效配置。

（三）创新交易机制，健全数据要素市场体系

第一，培育数据要素市场主体。探索建立正面引导清单、负面禁止清单和第三方机构认证评级相结合的数据要素市场准入管理制度，简化、规范数据要素市场准入管理。支持引导电信、金融、交通、信用、消费互联网、工业互联网等数据密集型行业平台和企业积极参与数据要素市场交易，形成一批合格的数据要素市场交易主体和数据服务中间商。

第二，推动发展数据交易所。数据交易是实现数据资源价

值的重要形式和环节，没有交易的数据资源仅仅只有使用价值，并不是真正意义上的市场化，而数据交易场所是数据交易的前置基础。因此，基于数据资源交易的专业性、安全性等因素，因此，数据资源交易所数量不宜多，原则上一个省设一个数据资源交易所，全国可分别在上海、深圳设国家级的数据资源交易所，主要负责数据供需者交易，数据交易要积极推进线上交易，本着便利性的原则，更好地为数据交易提供全天候交易服务。

第三，推动建立数据要素市场交易制度。交易标准建设方面，围绕数据的生产、采集、存储、加工、分析、服务，建立完善数据资源及应用分级分类标准化制度体系。加强数据标准研制、试验验证和试点示范，构建大数据标准化创新和服务生态，提升数据资源价值和数据产品质量。交易模式创新方面，建立分散与集中、线上与线下有机结合的数据交易组织方式，创新数据交易模式和运营机制，培育壮大一批综合性大数据交易中心和专业性大数据交易平台，开展面向场景应用的数据交易市场试点，鼓励大数据交易平台之间、产业链上下游之间进行数据交换和互联互通，最大限度地激活数据资源潜在价值。交易规则健全方面，加快制定具有中国特色的数据交易规则，创新数据资产估值、数据交易定价以及数据成本和收益计量等方法，完善数据交易（共享）的技术保障、检测认证、风险评估、信息披露和监督审计等相关制度规范，规范数据资产交易流通行为。

（四）强化风险应对，推进数据要素安全管理

第一，健全数据安全管理法律。加快制定出台"数据安全法""个人信息保护法"等数据安全保护法律，加强与《网络

安全法》《刑法》《民法典》等法律的衔接，重点制定分行业分领域数据安全管理实施细则。完善信息采集和管控、敏感数据管理、数据交换、数据交易和合理利用等方面的法规规章，形成比较完备的数据安全管理法律法规体系。

第二，完善分级分类管理制度。进一步落实国家层面关于数据分级分类管理的要求，加强对重要数据的安全保护力度；可根据数据在经济社会发展中的重要程度，以及一旦遭到篡改、破坏、泄露或者非法获取、非法利用，对国家安全、公共利益或者公民、组织合法权益造成的危害程度，对数据实行分级分类保护，制定相应的数据保护策略，鼓励对非敏感数据的依法安全合理使用在对"重要数据"进行重点管理的基础上，鼓励各地区、各行业主管部门对本领域的数据开展分级分类管理，确定本地区、本部门、本行业重要数据保护目录，对列入目录的数据进行重点保护，与其他行业主管部门建立协同监管机制；并根据企业保护能力的不同，结合用户量、信息类型、影响后果等要素，可综合采用自查自纠、审查、监督抽查、公众监督、行业自律等方式实施行业监管。

第三，创新数据安全监管手段。首先，完善数据安全保障、评估体系及安全审查制度，加紧研发和推广防泄露、防窃取、匿名化等数据保护技术，加强以人为中心的隐私和安全设计，积极运用人工智能、区块链、动态加密、隐私计算、可信硬件等技术，对数据开放共享、流动交易过程中的安全风险有效评估，强化数据安全技术防护和安全管理。其次，加强组织建设，设立中国数据保护专门机构，明确其地位和职能，包括监督"个人信息保护法"和"数据安全法"的具体落地执行，制定数据安全保护次级规则和相关指南等。再次，相关职能部门应该积极接受和处理数据安全方面的举报投诉，开展面向全社会的数据安全教育、咨询服务，向政府部门、公共机构等提供关于数据安全的建议和意见，代表中国政府在国际上处理数据安全相关事项，参与国际数据治理有关规则讨论和制定等。最后，明确各类涉数利益主体分级分类安全管理主体责任，构建统一高效、协同联动的数据安全管理体系。

第四，维护国家数据主权安全。围绕数据要素资源全球高效配置和国家数据主权维护，坚持总体国家安全观，明确数据主权，完善跨境数据安全管理办法，平衡好数据本地化存储与数据跨境流动的关系，建立内外有别的跨境数据流动安全保障体系。一方面，充分利用数据体量和数字经济发展优势，加强数据开发利用技术基础研究，支持数据开发利用及数据安全等领域的技术推广和商业创新，培育、发展数据开发利用及数据安全产品和产业体系。另一方面，建立健全数据安全保护管理各项基本制度，提升国家数据安全保障能力，在数字治理国际博弈中维护中国数据主权和国家安全。

（五）完善监管治理，构建数据市场治理体系

第一，加强数据反垄断和市场监管制度建设。首先，加快修订完善以《反垄断法》《反不正当竞争法》《电子商务法》《消费者权益保护法》等为核心的市场竞争监管法律规则体系。重点推进《反垄断法》《数据安全法》等涉数据反垄断和监管治理法律法规完善工作，将数据、算法等相关的市场界定、垄断行为判定标准及监管举措纳入法律框架之下。其次，积极推进数据相关垄断行为与不正当竞争行为监管。全面提升涉数据要素市场秩序监管部门的数字监管能力和数字素养，强化数据要素的市场监管和反垄断执法，坚决打击数据欺诈、数据垄断和各种数据不正当竞争行为，防范数据滥用和不当使用，逐步

建立国内领先的市场监管体系，确保市场公平竞争和健康运行。

第二，完善数据要素市场治理方法和工具体系。引入监管成本收益评估机制，探索数据要素市场，与其他生产要素相比，数据要素有很鲜明的特殊性，而这些特性是数据要素市场化过程中，进行顶层设计必须考量的重要因素。建立可追溯、可审计的数据交易登记管理制度，构建线上线下无缝衔接的数据要素市场全流程全生命周期监管体系。同时，要创新"互联网+监管""信用+监管""大数据+监管"等新型智慧监管方法，积极运用大数据、区块链、人工智能等治理科技手段和信用监管强化数据交易流程治理，形成以数治数、以技治数、以信用治数的数据要素市场监管方法体系，提升涉及数据不当竞争行为的监管效能和灵敏度。

第三，逐步完善多元共治的数据要素市场治理体系。首先，探索推动政府、平台、行业组织、企业以及个人等多元主体参与、协同共治的新型数据要素市场监管机制。加强组织网络、工作机制和技术平台之间的协同，推动建立各类主体实质参与数据治理的制度化交流沟通渠道，搭建数据要素市场协同治理平台，以政府治理为主导，行业自律、平台治理和个人参与的立体化数据监管治理体系，更好地实现不同主体之间利益平衡和协调。其次，引导社会公众、新闻媒体参与数据要素市场治理。充分发挥公众舆论等社会监督对各类市场主体的数据资源利用行为的规范作用，确保数据安全流通配置和高效开发利用，维护消费者合法权益。

第四，强化数据领域竞争政策与监管政策协调。充分认识协同推进反数据垄断与数据要素市场监管工作的重要性，在规则制定、工作推进、调查研究等方面都需要加强部门协同。要完善不同机构之间合作的工作机制，反垄断机构需要与其他执法机构合作，共同追踪有关数据收集和使用的最新发展；不同机构要共同探索确保形成一套协调的执法和监管体系，寻求解决特定问题最合适的监管方式和手段；部门之间应通过建立日常工作交流机制、成立部际联席会等方式加强沟通和协作。

第五，加强数据要素市场治理国际合作。一方面，通过多种方式加强与主要经济体的反数据监管国际合作，通过与国外竞争监管部门及数据要素市场监管部门等签署合作谅解备忘录，将数据治理议题作为双方合作交流的常设议题；就数据要素市场监管的规则制定、执法进展、国际协调与主要经济体反垄断机构开展政策对话，寻求数据要素市场治理共识，推进数据要素市场监管执法、培训等多个领域的合作。另一方面，把数据要素市场治理作为中国参与全球经济和安全治理的重要内容，引领全球数据要素市场治理的建立，在金砖国家峰会、G20、APEC 等国际会议纳入相关议题，在 RCEP 等自贸协定谈判中积极推动各国在数据要素市场治理方面达成共识，充分发挥数据要素市场治理对全球数字经济的促进作用，通过推动数据要素市场治理，抵制数字经济领域的贸易保护主义。

参考文献

［1］胡世良．互联网金融模式与创新［M］．北京：人民邮电出版社，2018．

［2］吴晓求．互联网金融［M］．北京：中国人民大学出版社，2015．

［3］马克思，中共中央马克思恩格斯列宁斯大林著作编译局．资本论：节选本［M］．北京：人民出版社，2018．

［4］黄达，张杰．金融学［M］．北京：中国人民大学出版社，2020．

［5］徐忠，邹传伟．金融科技：前沿与趋势［M］．北京：中信出版社，2021．

［6］邱志刚．金融风险与金融科技：传统与发展［M］．北京：中国金融出版社，2021．

［7］廖理，李鹏飞，王正位．金融科技研究：前沿与探索［M］．北京：中国经济出版社，2020．

［8］刘勇，孙鲁．中国金融科技创新：数字金融应用场景实战［M］．北京：中信出版集团，2021．

［9］赵刚．数据要素：全球经济社会发展的新动力［M］．北京：人民邮电出版社，2021．

［10］王融．数据要素—数据治理—数据政策发展与趋势［M］．北京：电子工业出版社，2020．

［11］杨涛．数据要素：领导干部公开课［M］．北京：人民日报出版社，2020．

［12］Shcherbina T A. Digital Transformation of the Banking Sector：Gcpmed 2018 - International Scientific Conference Global Challenges and Prospects of the Modern Economic Development ［Z］．Mantulenko V. International Scientific Conference on Global Challenges and Prospects of the Modern Economic Development （GCPMED）：2019：57，987-989．

［13］孟小峰，慈祥．大数据管理：概念、技术与挑战［J］．计算机研究与发展，2013，50（1）：146-169．

［14］李国杰，程学旗．大数据研究：未来科技及经济社会发展的重大战略领域——大数据的研究现状与科学思考［J］．中国科学院院刊，2012，27（6）：647-657．

［15］张勋，万广华，张佳佳，等．数字经济、普惠金融与包容性增长［J］．经济研究，2019，54（8）：71-86．

［16］李文莲，夏健明．基于"大数据"的商业模式创新［J］．中国工业经济，2013（5）：83-95．

［17］黄益平，黄卓．中国的数字金融发展：现在与未来［J］．经济学（季刊），2018，17（4）：1489-1502．

［18］邱晗，黄益平，纪洋．金融科技对传统银行行为的影响——基于互联网理财的视角［J］．金融研究，2018（11）：17-29．

［19］杨东．监管科技：金融科技的监管挑战与维度建构［J］．中国社会科学，2018（5）：69-91．

［20］唐松，伍旭川，祝佳．数字金融与企业技术创新——结构特征、机制识别与金融监管下的效应差异［J］．管理世界，2020，36（5）：52-66．

［21］赵涛，张智，梁上坤．数字经济、创业活跃度与高质量发展——来自中国城市的经验证据［J］．管理世界，2020，36（10）：65-76．

［22］俞立平．大数据与大数据经济学［J］．中国软科学，2013（7）：177-183．

［23］荆文君，孙宝文．数字经济促进经济高质量发展：一个理论分析框架［J］．经济学家，2019（2）：66-73．

［24］谢治春，赵兴庐，刘媛．金融科技发展与商业银行的数字化战略转型［J］．中国软科学，2018（8）：184-192．

［25］李晓华．数字经济新特征与数字经济新动能的形成机制［J］．改革，2019（11）：40-51．

［26］张勋，杨桐，汪晨，等．数字金融发展与居民消费增长：理论与中国实践［J］．管理世界，2020，36（11）：48-63．

［27］申卫星．论数据用益权［J］．中国社会科学，2020（11）：110-131．

［28］薛莹，胡坚．金融科技助推经济高质量发展：理论逻辑、实践基础与路径选择［J］．改革，2020（3）：53-62．

［29］刘桂锋，钱锦琳，卢章平．国内外数据治理研究进展：内涵、要素、模型与框架［J］．图书情报工作，2017，61（21）：137-144．

［30］李苍舒，沈艳．数字经济时代下新金融业态风险的识别、测度及防控［J］．管理世界，2019，35（12）：53-69．

［31］郭党怀．商业银行零售业务数字化转型的发展逻辑与思考［J］．银行家，2019（2）：54-56．

［32］李政，周希禛．数据作为生产要素参与分配的政治经济学分析［J］．学习与探索，2020（1）：109-115．

［33］黄建伟，陈玲玲. 国内数字治理研究进展与未来展望［J］. 理论与改革，2019（1）：86-95.

［34］韦颜秋，黄旭，张炜. 大数据时代商业银行数字化转型［J］. 银行家，2017（2）：128-131.

［35］于施洋，王建冬，郭巧敏. 我国构建数据新型要素市场体系面临的挑战与对策［J］. 电子政务，2020（3）：2-12.

［36］田杰棠，刘露瑶. 交易模式、权利界定与数据要素市场培育［J］. 改革，2020（7）：17-26.

［37］蔡跃洲，马文君. 数据要素对高质量发展影响与数据流动制约［J］. 数量经济技术经济研究，2021，38（3）：64-83.

［38］戚聿东，刘欢欢. 数字经济下数据的生产要素属性及其市场化配置机制研究［J］. 经济纵横，2020（11）：63-76.

［39］李向前，贺卓异. 金融科技发展对商业银行影响研究［J］. 现代经济探讨，2021（2）：50-57.

［40］于立，王建林. 生产要素理论新论——兼论数据要素的共性和特性［J］. 经济与管理研究，2020，41（4）：62-73.

［41］赵丹丹. 我国商业银行普惠金融数字化转型研究［J］. 西南金融，2020（12）：35-43.

［42］戴双兴. 数据要素：主要特征、推动效应及发展路径［J］. 马克思主义与现实，2020（6）：171-177.

［43］陆岷峰，周军煜. 数字货币背景下商业银行业务未来发展前景、变革与重构［J］. 西南金融，2020（9）：3-13.

［44］熊巧琴，汤珂. 数据要素的界权、交易和定价研究进展［J］. 经济学动态，2021（2）：143-158.

［45］何玉长，王伟．数据要素市场化的理论阐释［J］．当代经济研究，2021（4）：33-44．

［46］徐翔，厉克奥博，田晓轩．数据生产要素研究进展［J］．经济学动态，2021（4）：142-158．

［47］李海舰，赵丽．数据成为生产要素：特征、机制与价值形态演进［J］．上海经济研究，2021（8）：48-59．

［48］王谦，付晓东．数据要素赋能经济增长机制探究［J］．上海经济研究，2021（4）：55-66．

［49］张勋，万广华，吴海涛．缩小数字鸿沟：中国特色数字金融发展［J］．中国社会科学，2021（8）：35-51．

［50］邱志刚，罗煜，江颖，等．金融科技会颠覆传统金融吗？——大数据信贷的经济解释［J］．国际金融研究，2020（8）：35-45．

［51］宋冬林，孙尚斌，范欣．数据成为现代生产要素的政治经济学分析［J］．经济学家，2021（7）：35-44．

［52］陈晓红，李杨扬，宋丽洁，等．数字经济理论体系与研究展望［J］．管理世界，2022，38（2）：208-224．

［53］李治国，王杰．数字经济发展、数据要素配置与制造业生产率提升［J］．经济学家，2021（10）：41-50．

［54］蔡普华，汪伟，郑颖，等．金融科技发展与商业银行数字化转型：影响与建议［J］．新金融，2021（11）：39-44．

［55］尹西明，林镇阳，陈劲，等．数据要素价值化动态过程机制研究［J］．科学学研究，2022，40（2）：220-229．

［56］魏江，刘嘉玲，刘洋．数字经济学：内涵、理论基础与重要研究议题［J］．科技进步与对策，2021，38（21）：1-7．

［57］冯科．数字经济时代数据生产要素化的经济分析

[J]. 北京工商大学学报（社会科学版），2022，37（1）：1-12.

[58] 任转转，邓峰. 数字技术、要素结构转型与经济高质量发展 [J]. 软科学，2022，1-10.

[59] 罗煜，张雨恬. 数字化转型：商业银行的技术革命 [J]. 现代商业银行，2022（6）：20-25.

[60] 罗煜，崔书言，旷纯. 数字化与商业银行经营转型——基于传统业务结构变迁视角 [J]. 国际金融研究，2022（5）：34-44.

[61] Nambisan S，Wright M，Feldman M. The digital trans-formation of innovation and entrepreneurship：progress，challenges and key themes [J]. Research Policy，2019，48（8）.

[62] Haddad C，Hornuf L. The emergence of the global fin-tech market：economic and technological determinants [J]. Small Business Economics，2019，53（1）：81-105.

[63] Milian E Z，Spinola M D，de Carvalho M M. Fintechs：a literature review and research agenda [J]. Electronic Commerce Research and Applications，2019，34.

[64] Buchak G，Matvos G，Piskorski T，et al. Fintech，regulatory arbitrage，and the rise of shadow banks [J]. Journal of Financial Economics，2018，130（3）：453-483.

[65] Ozili P K. Impact of digital finance on financial inclusion and stability [J]. Borsa Istanbul Review，2018，18（4）：329-340.

[66] Caruso L. Digital innovation and the fourth industrial rev-olution：epochal social changes？[J]. AI & Society，2018，33（3）：379-392.

［67］Lee I, Shin Y J. Fintech：Ecosystem, business models, investment decisions, and challenges ［J］. Business Horizons, 2018, 61（1）：35-46.

［68］Chen Z M, Li Y S, Wu Y W, et al. The transition from traditional banking to mobile internet finance：an organizational innovation perspective - a comparative study of Citibank and ICBC ［J］. Financial Innovation, 2017, 3（1）.

［69］Gabor D, Brooks S. The digital revolution in financial inclusion：international development in the fintech era ［J］. New Political Economy, 2017, 22（4）：423-436.

［70］Vasylieva T A, Leonov S V, Kryvych Y N, et al. Bank 3.0 Concept：Global Trends and Implications ［J］. Financial and Credit Activity-problems of Theory and Practice, 2017, 1（22）：4-10.

［71］黄鑫. 加快数据要素价值转化 ［N］. 经济日报, 2021-12-06.

［72］盘和林. 数据资产化 要发挥企业主体优势 ［N］. 每日经济新闻, 2021-11-17.

［73］"十四五"数字经济发展规划 ［N］. 人民日报, 2022-01-13.

［74］推进数据要素市场化配置 ［N］. 经济日报, 2020-03-03.

［75］孙世芳. 完善数据要素市场 激发经济新动能 ［N］. 经济日报, 2021-09-20.

［76］李国辉. 隐私计算："解锁"数据要素流通难题 ［N］. 金融时报, 2022-01-18.

［77］吕诚伦, 王雄. 加快推动数字经济与实体经济融合

发展［N］．中国经济时报，2021-01-27．

［78］张鹏，冉婷林，杨婷．抢抓重大发展机遇　做大数字经济产业［N］．贵阳日报，2022-03-15．

［79］叶伟．加快培育数据要素市场　激活数据资源价值［N］．中国高新技术产业导报，2022-04-25．

［80］缴翼飞．培育统一数据市场需加速数据流通　专家建议参照证交所设立数据交易所［N］．21世纪经济报道，2022-04-15．

［81］将数据纳入参与分配的生产要素　促进大数据与人工智能行业发展［N］．21世纪经济报道，2019-11-08．

［82］王一鸣．深化要素配置改革释放增长新潜能［N］．经济参考报，2020-08-04．

［83］李春莲．数字化转型亟须建立数据要素市场　大数据变现仍面临定价难等问题［N］．证券日报，2020-11-23．

［84］激活数据要素价值　推动数字经济和实体经济融合发展［N］．贵州日报，2022-05-28．

［85］赵碧．"十四五"大数据产业发展规划发布［N］．中国产经新闻，2021-12-02．

［86］汪子旭．构建数据资产估值体系　推进数据要素市场化［N］．经济参考报，2021-08-11．

［87］改革综述　数据要素市场化配置快速发展，数字经济与新业态引领发展方向［S］．